Henke-Bockschatz | Der Erste Weltkrieg

Reclam Sachbuch

Gerhard Henke-Bockschatz

Der Erste Weltkrieg

Eine kurze Geschichte

Reclam

2., ergänzte Ausgabe

RECLAMS UNIVERSAL-BIBLIOTHEK Nr. 19317

Gestaltung: Cornelia Feyll, Friedrich Forssman
Gesamtherstellung: Reclam, Ditzingen. Printed in Germany 2015

ISBN 978-3-15-019317-4

Auch als E-Book erhältlich

www.reclam.de

Inhalt

Einleitung

Der Erste Weltkrieg ist »die große Urkatastrophe« des 20. Jahrhunderts genannt worden.[1] Er war ein Krieg von bis dahin nicht gekanntem Ausmaß und beispielloser Intensität. Die Menschen sprachen sehr bald einfach vom »Great War«, von der »Grande Guerre«, der »Grande Guerra« usw. Damit unterschieden sie ihn von den vielen ›kleinen‹ Kriegen, die im Zeitalter des Imperialismus an der Tagesordnung waren und an die man sich gewöhnt hatte. ›Groß‹ war der Krieg wegen der Zahl der beteiligten Staaten, unter ihnen alle europäischen Großmächte. In den kriegführenden Staaten wurden insgesamt ca. 70 Millionen Männer eingezogen. ›Groß‹ war der Krieg auch wegen der Zahl der Opfer, unter ihnen ca. 9 Millionen tote Soldaten. Die Zahl der physisch oder psychisch kriegsversehrten Soldaten lag mindestens genauso hoch. Hinzu kamen Zivilisten, die an Seuchen, Hungersnöten, ethnischen Verfolgungen zugrunde gingen. Ein gegenseitiges Vernichten in solchen Dimensionen und mit solcher Konsequenz war welthistorisch gesehen neu, auch wenn in früheren Zeiten schon sogenannte »Weltkriege« geführt worden waren, z. B. der Spanische Erbfolgekrieg (1701–1714), der Siebenjährige Krieg (1756–1763) und die Napoleonischen Kriege (1800–1814/15).

Neben allem menschlichen Leid hatte der Erste Weltkrieg auch grundlegende politische Umwälzungen zur Folge. An seinem Ende standen in einer Reihe von Ländern die Ablösung monarchischer durch republikanische Staatsformen, die Etablierung einer kommunistischen Herrschaft in Russland, die Entstehung neuer Staaten in Mittel- und Osteuropa sowie die rigide Behandlung der unterlegenen Mittelmächte durch die alliierten Sieger. Zusammen mit dem ebenfalls kriegsbedingten Aufstieg der USA zur Weltmacht bargen diese Veränderungen die Keime zu den weiteren großen Konflikten des

20. Jahrhunderts in sich: zum Aufstieg des Nationalsozialismus in Deutschland, der in den nächsten, den Zweiten Weltkrieg und in den Holocaust mündete; und zu der Teilung der Welt in eine kommunistische und in eine marktwirtschaftlich-demokratische Sphäre, die nach 1945 zu jenem Kalten Krieg führte, der einige Male in einen Dritten Weltkrieg umzuschlagen drohte.

Das Ausmaß, die Intensität und die Folgen des Krieges, die ihm einen besonderen historischen Stellenwert verleihen, konnten die Menschen im August 1914 natürlich nicht erahnen. Die meisten Politiker, Militärs und Bürger rechneten mit einer raschen, für ihren Staat günstigen Entscheidung, nur wenige sahen jenen katastrophalen Krieg voraus, zu dem es dann kam. Im Gegenteil: Es gab nicht wenige, die den Krieg regelrecht begrüßten, weil sie davon ausgingen, er werde außen- und innenpolitisch wie ein reinigendes Gewitter wirken und ihre Nation außen- und innenpolitisch von störenden Fesseln befreien. Solche Überlegungen erscheinen im Rückblick auf zwei Weltkriege, nach den Erfahrungen von Verdun, Auschwitz und Hiroshima, kaum begreiflich, geradezu verantwortungslos. Doch sah das Kalkül mit den Erfolgsaussichten und Kosten eines Krieges unter Großmächten bis 1914 wesentlich attraktiver und leichter aus. Aber vielleicht sollte man sich hinsichtlich der modernen Einsicht, dass ein ›großer Krieg‹ heutzutage mit kalkulierbaren Risiken kaum zu gewinnen ist, weil jeder militärische Vorteil von der anderen Seite durch den Einsatz noch zerstörerischer Waffen relativiert werden kann, auch nicht täuschen: Möglicherweise bestehen ja auch zu Beginn des 21. Jahrhunderts zwischen Großmächten kriegsträchtige Gegensätze, die aber aus verschiedenen Gründen nicht ausgetragen werden. Jedenfalls ist es nicht besonders beruhigend zu wissen, dass große Kriege heute nicht mehr geführt werden, weil es schwerfällt, sie zu gewinnen.

Eine weitere Vorbemerkung scheint angebracht zu sein. Wenn der Erste Weltkrieg als »Katastrophe« bezeichnet wird, so ist damit nicht gemeint, dass er wie ein schicksalhaftes, unbeeinflussbares Naturereignis über die Menschen hereinbrach, mag dies auch manchen zeitgenössischen Politikern so vorgekommen sein und mögen auch nicht wenige Historiker ähnlich argumentiert haben. Auch heute muss leider immer noch die altbekannte elementare politische Einsicht betont werden, dass Kriege nicht »ausbrechen«, sondern gemacht werden. Der Große Krieg war das Werk von Politikern und Militärs, denen es um die gewaltsame Behauptung und Durchsetzung ihrer jeweiligen staatlichen Interessen gegen konkurrierende Staaten ging. Sie hatten sich seit langer Zeit auf einen – wenn auch natürlich nicht auf diesen – großen Krieg vorbereitet, ihn umfassend geplant, und sie führten ihn schließlich sehr konsequent durch. Dies taten sie im Rahmen von Gesellschaften, in denen verschiedene Gruppen und Kräfte ihrerseits auf vielfältige Art Kriege für notwendig und legitim hielten und entsprechende Haltungen propagierten. Wenn der Krieg dann nicht so schnell und nicht in dem Sinne entschieden werden konnte, wie es von den Regierungen erwartet worden war, so ändert dies nichts daran, dass er von ihnen gewollt war und zu der machtpolitischen Logik gehörte, der sie schon vor dem Krieg folgten. Kein Staatsmann wird jemals sagen, dass er einen Krieg und die damit einhergehenden Leiden und Zerstörungen »gewollt« habe oder will. Dass es aber »leider« Situationen geben kann, in denen sie »schweren Herzens« und im »Bewusstsein der Verantwortung« Waffen gegeneinander einsetzen »müssen«, ist Staatsmännern damals wie heute geläufig. Auf diese defensive Art wollen sie eben Krieg und bereiten ihn vor – auch dann, wenn sie nicht mehr »Kriegs-«, sondern »Verteidigungsminister« heißen.

Es sei noch auf eine Eigenart der Geschichtsschreibung über

den Ersten Weltkrieg hingewiesen, die die folgende Darstellung zu vermeiden bestrebt ist. Mehr als bei anderen Kriegen wurde und wird beim Ersten Weltkrieg darüber debattiert, wer »Schuld« an ihm hatte. Der Grund hierfür liegt in §231 des Versailler Vertrages, in dem die Alliierten dem besiegten Deutschland und seinen Verbündeten die alleinige Verantwortung zusprachen und damit die Beschränkungen, Reparationen und die territorialen Abtretungen begründeten, die sie den Verlierern auferlegten. Die Verankerung einer solchen Schuldzuweisung in einem Friedensvertrag ist allerdings bemerkenswert. Frühere internationale Friedensschlüsse wie der Wiener Kongress oder der Westfälische Frieden kamen ohne Schuldzuweisungen aus. Die Kriegsparteien verhandelten auf der Basis des erreichten Standes der jeweiligen militärischen Auseinandersetzung darüber, unter welchen Bedingungen sie die Feindseligkeiten aufzugeben bereit waren. Dies geschah unter der Voraussetzung gegenseitiger Anerkennung als prinzipiell gleichberechtigte Souveräne. Wird aber am Ende eines kriegerischen Konfliktes zwischen Staaten die Friedensfrage mit der Schuldfrage verbunden, so nimmt die siegreiche Kriegspartei einen moralisch-rechtlichen Standpunkt gegenüber der unterlegenen Kriegspartei ein und bringt diese ideell vor ein Gericht, bei dem der Sieger Ankläger und Richter zugleich ist. Sie nimmt damit eine Position an, die unter souveränen Staaten bis heute – trotz internationaler Strafgerichtshöfe – keineswegs selbstverständlich ist. Was der Sieger dem Besiegten auferlegt, wird nicht allein mit dem erwiesenen Recht des Stärkeren, sondern zusätzlich als adäquate Strafe für ein politisches Fehlverhalten begründet. Die Geschichte des Ersten Weltkriegs sollte aber nicht mit der Intention erzählt werden, Schuldige oder Verantwortliche für die Katastrophe zu identifizieren. Schon ein erster unbefangener Blick auf die Epoche des Imperialismus macht klar, dass alle maßgeblichen Staaten damals direkt oder indirekt expansiv-aggressiv agierten und dafür hochgerüstet waren. Auch die Kalkulation mit einem ›großen‹, zumindest einem ›größeren‹ Krieg, war permanent präsent. Die Vorstellung, die siegreichen Staaten hätten eine derartige (Auf-)Rüstung eigentlich nur betrieben, um gegen die Aggression der späteren Verlierer gewappnet zu sein, ist ebensowenig einsichtig wie die entschuldigende Gegenauffassung, die Staaten seien alle gemeinsam in den Krieg »hineingeschlittert«.

Nicht nur in älteren, sondern auch in neueren und neuesten Darstellungen des Ersten Weltkriegs wurde und wird gerne die Vorstellung ausgemalt, zum Krieg sei es gekommen, weil die damalige Zeit oder Epoche irgendwie aus dem Ruder gelaufen sei oder weil sich die Welt in einer Art Strudel oder Strom unaufhaltsam in Richtung Krieg bewegt habe. So formuliert der deutsche Schriftsteller und Historiker Philipp Blom, der sein Werk über die Jahre vor dem Krieg »Der taumelnde Kontinent« genannt hat, am Ende unter Anknüpfung an berühmte Zeitgenossen ein sozialpsychologisches Urteil über »die« damaligen Menschen, das sie allesamt als Opfer einer schicksalhaften allgemeinen Entwicklung der gesellschaftlichen Verhältnisse erscheinen lässt, der sie angeblich nicht gewachsen waren: »Die Veränderungen passierten zu schnell, die Vernunft hatte die Erfahrung überholt, die Menschen fühlten sich, als wären sie in einem rasenden Fahrzeug eingeschlossen, wie Henry Adams es formuliert hatte, oder befänden sich, mit Max Weber, in einem Zug, dessen Weichen nicht gestellt waren. Die richtungslose Beschleunigung machte sie schwindelig.«[2] Fahrer, Zugführer, Stellwerke oder Notbremsen, die die Fahrt hätten stoppen können, sind in solchen fatalistischen Bildern, die die hilflose Ohnmacht gegenüber selbst erzeugten Zwängen illustrieren sollen, nicht vorgesehen.

In ähnlichem Tenor lässt auch der australische Historiker Christopher Clark seine 2012 publizierte, vielbeachtete und von vielen Rezensenten gelobte Studie »The Sleepwalkers. How Europe went to War in 1914« enden. Er resümiert bildhaft, es sei nicht sinnvoll, im Fall des Ersten Weltkriegs wie nach einem gewöhnlichen Mord nach einem Schuldigen zu suchen, idealer- und praktischerweise noch mit dem rauchenden Gewehr in der Hand: »There is no smoking gun in this story; or, rather, there is one in the hands of every major character. Viewed in this light, the outbreak of war was a tragedy, not a crime.«[3] Gewiss ist der Erste Weltkrieg – wie jeder Krieg – nicht einfach auf einen einzigen Schurken zurückzuführen, der die Gesetze, Normen und Werte zivilisierten Zusammenlebens missachtet hätte. Die Charakterisierung der damaligen europäischen Staatsmänner als »Schlafwandler«, d.h. als Subjekte, die allesamt zumindest eine Ahnung von den großen Gefahren hatten, auf die sie zusteuerten, sie aber beim aktiven Verfolgen ihrer Ziele nicht weiter beachteten, weil sie davon überzeugt waren, die objektiv hochkomplexe Situation doch noch einer für sie vorteilhaften oder zumindest akzeptablen Lösung zuführen zu können, hat aber auch nur eine begrenzte Überzeugungskraft. Dass Europas Politiker im Sommer 1914 sowohl von Hoffnungen auf einen schnellen und begrenzten Krieg als auch von Ängsten vor einer für ihre Länder ungünstigeren Kriegskonstellation zu späteren Zeitpunkten davon abgehalten worden seien, die mit einem Krieg verbundenen Risiken realistisch wahrzunehmen[4], ist nicht nur eine Überlegung, die sich erst auf der Grundlage des Wissens um den weiteren Verlauf des Krieges mit allen Opfern und allem Leid ergibt. Sie zehrt auch von der optimistisch-vertrauensvollen Vorstellung, die Politiker hätten wohl wesentlich zurückhaltender und vorsichtiger agiert, wenn sie denn »wach« gewesen wären und die Risiken wahrgenommen hätten. Solch ein Vertrauen in nüchtern-realistische Politik blendet jedoch die Überlegung aus, ob und wie die Gründe für die kriegsträchtigen Gegensätze zwischen den Staaten konsequent aus jener weltumspannenden wirtschaftlichen und politischen Konkurrenz erwuchsen, in der sie unbedingt bestehen wollten und mussten. War doch die »Zwangslage«, in der sich viele Politiker 1914 sahen, von ihnen und ihresgleichen schrittweise hergestellt worden. Sie hielten eine kriegerische Entscheidung ihrer außen- und wirtschaftspolitischen Rivalitäten und Gegensätze für zunehmend unausweichlich und bereiteten sich dementsprechend immer intensiver auf den Einsatz der »letzten« Mittel vor. Und für den Sieg im Krieg waren sie selbstverständlich zum Einsatz beträchtlicher personeller und materieller Ressourcen bereit und konnten sich dabei auf die staatsbürgerliche Erziehung ihrer Untertanen im Sinn einer entsprechenden Opferbereitschaft für Nation und Vaterland verlassen. Intensität und Länge des Krieges trieben diesen Preis dann zwar steil nach oben, aber warum sollte das für Staaten ein Grund zum Aufgeben sein, solange noch Aussicht auf das Entscheidende bestand, nämlich auf einen Sieg und auf die damit verbundenen größeren weltpolitischen Freiheiten?

Die vorliegende Darstellung betont hingegen die engen Beziehungen zwischen der wirtschaftlichen und der politischen Expansion der europäischen Staaten in der Epoche des Imperialismus. Alle Darstellungen des Krieges nehmen hierzu einen Standpunkt ein, aber längst nicht alle machen ihren Standpunkt explizit. Allen ist klar, dass es sich um einen Krieg zwischen Nationen handelt, deren Volkswirtschaften in den vorangegangenen Jahrzehnten mehr oder weniger weit industrialisiert worden waren. Die Frage stellt sich, inwiefern diese Entwicklung kriegstreibend war. Es ist beispielsweise nicht zu bestreiten, dass im Deutschen Reich viele wichtige Industrielle und Banker sowie einflussreiche agrarische Interessenverbände aggressive Formen imperialer Expansion unterstützten, insbesondere den massiven Ausbau der Flotte. Es ist aber auch bekannt, dass der aggressive außenpolitische Kurs des Alldeutschen Verbandes von anderen Unternehmern skeptisch bis ablehnend beurteilt wurde, weil sie von ihm eine Beeinträchtigung der einträglichen internationalen Geschäfte befürchteten. Nicht wenige große deutsche Unternehmen wollten einen großen Krieg, zumal mit dem Weltmarktführer England, eher vermeiden. Aber auch wenn Unternehmen bzw. Unternehmer nicht selbst direkt kriegstreibend handelten, so war ihnen doch durchaus bewusst, dass ein starkes und mächtiges Deutschland eine unumgängliche Voraussetzung des Erfolgs ihrer internationalen Geschäftsbeziehungen war.[5]

Blickt man auf den Verlauf des Krieges, so wird der enge Zusammenhang zwischen militärischer, politischer und wirtschaftlicher Macht erneut augenfällig. Die Geschichte des Ersten Weltkriegs war auch ein Prozess der Totalisierung der Kriegsführung, eine Entwicklung hin zu einer quantitativen und qualitativen Ausweitung der Kriegshandlungen und hin zu einer immer umfassenderen Unterwerfung aller personellen und materiellen Ressourcen der Gesellschaften unter die Kriegsnotwendigkeiten. Zwar lassen sich fast alle größeren Kriege in der Form dieses Plots erzählen, wurden doch in ihnen seit jeher in qualitativer und quantitativer Hinsicht jeweils die neuesten Waffen und Strategien eingesetzt.[6] Dies geschah aber über Jahrhunderte hinweg relativ langsam. In der »Fortschritts«-Epoche um 1900, die von einer Flut wissenschaftlicher und technischer Erkenntnisse und Innovationen und von bis dahin unbekannten Produktivitätssteigerungen gekennzeichnet war, änderten sich auch Kriegsführung und Kriegstechnik schnell und umfassend.

Mit seinen enormen Verlust- und Opferzahlen und mit seiner Tendenz zur Totalisierung wirft der Erste Weltkrieg unweigerlich die Frage auf, warum und bis zu welchem Punkt sich die

Bürger all dies gefallen ließen. Jeder Staat verlangt seinen Bürgern den Glauben ab, seine Vorbereitungen für den Kriegsfall seien im Grunde rein defensiver Natur. Begründet wird dies in der Regel damit, selbst der Friedlichste müsse nun mal realistischerweise damit rechnen, dass ihm vielleicht jemand übelwolle, weshalb es nur selbstverständlich sei, dass man sich schütze. Ja, es wäre geradezu grob fahrlässig, dies nicht zu tun. Zu jedem konkreten Krieg wird den Bürgern dann versichert, er sei leider notwendig, weil die Sicherheit, die Grundlagen oder die Existenz des eigenen Staates durch den anderen Staat bedroht seien. Von der Bevölkerung verlangen die Staaten mit dieser Begründung, sich bis zum Letzten für die Fortexistenz des eigenen Staats zur Verfügung zu stellen. An der Argumentation wird auch dann festgehalten, wenn man den eigenen Angriff als »Vorwärtsverteidigung« oder »Präventivschlag« rechtfertigt. Von den Bürgern wird im Kriegsfall praktisch der Beweis verlangt, dass ihnen ›ihr‹ Staat wirklich als unbedingte Voraussetzung ihres Lebens gilt, sie ihn auf jeden Fall erhalten wollen und dafür auch ihr Leben hinzugeben bereit sind. Dergleichen Forderung wird meistens nicht zurückgewiesen, weil sie jenseits aller Unzufriedenheit mit dem konkreten Staat, in dem die Bürger leben, an die grundsätzliche ›Einsicht‹ in die Notwendigkeit des nationalen Zusammenhaltens appelliert. Die Forderung liefe ins Leere, würde ein beträchtlicher Teil der Bürger sagen, es sei ihnen egal, ob sie von deutschen, französischen, englischen oder sonstigen Politikern beherrscht werden, schließlich sei das Alltagsleben in einer modernen Industriegesellschaft so existenziell unterschiedlich denn doch nicht, als dass man sich dafür in Massen gegenseitig abschlachten müsse. Solche Überlegungen waren den allermeisten Bürgern vor, während und nach dem Krieg fremd, weil ihnen jene Parole einleuchtete, die auf so manchem Kriegerdenkmal stand: »Deutschland muss leben, auch wenn wir sterben müssen.«

Der Band geht aus von dem konkreten Kriegsanlass, dem Attentat in Sarajewo, und stellt ihn in den Kontext der damaligen Balkanpolitik und der Entwicklung der Beziehungen zwischen den europäischen Großmächten seit dem Ende des 19. Jahrhunderts. Es folgt eine weitgehend chronologisch angelegte Schilderung des Kriegsverlaufs bis zur militärischen Entscheidung im Sommer 1918. Daran schließen sich systematische Ausführungen an, einerseits zur Charakterisierung der Kriegsführung an den Fronten, andererseits zur Einbeziehung der wirtschaftlichen Potenzen an den Heimatfronten. In dem Kapitel »Kriegskultur und Kulturkrieg« stehen Formen der Zustimmung zum und der Mitwirkung am Krieg in verschiedenen gesellschaftlichen Gruppen und Schichten im Mittelpunkt. Hiernach kehrt die Darstellung zu den Ereignissen am Ende des Krieges zurück, schildert, wie sich zum einen Unzufriedenheit mit und Opposition gegen die Kriegspolitik verbreiteten und wie es zum anderen zum Waffenstillstand und zu Friedensverhandlungen kam. Am Ende wird dargelegt, wie unterschiedlich und gegensätzlich nach dem Friedensschluss die Kriegserfahrungen in den Gesellschaften verarbeitet wurden.

Der Argumentation liegt die Annahme zugrunde, dass die Konkurrenz der imperialistischen Staaten um den Status als Weltmacht die wesentliche strukturelle Ursache für den Krieg war. Demgemäß ging es in diesem Krieg darum, der anderen Seite den Verzicht auf Weltmachtpolitik aufzuzwingen. Weil hierüber eine Entscheidung herbeigeführt werden sollte, war eine Beendigung des Krieges durch eine Rückkehr zum *Status quo ante* von vornherein ausgeschlossen. Deshalb wurde der Krieg letztlich so lange und so intensiv geführt. Ziel war ein Frieden, der für längere Zeit die weitgehende Ausschaltung der anderen Seite als Weltmacht garantieren sollte. Der Kriegsverlauf war allerdings gekennzeichnet durch den Widerspruch, dass von beiden Seiten ein Sieg mit den gängigen Mitteln der Kriegsführung nicht zu erringen war. Das Ausbluten, die Vernichtung von Leben und Material mit der Kalkulation, dabei länger durchzuhalten als der andere, wurde deshalb zu einem eigenen strategischen Ziel. Am Ende waren es die Mittelmächte, die eingestehen mussten, weiteren Kriegsanforderungen nicht mehr gewachsen zu sein. Konsequenterweise verloren sie – und Russland – damit faktisch ihren Status als Großmächte mit anerkannten weltpolitischen Ambitionen. In den letzten Wochen des Krieges setzten aber schon die Überlegungen und Weichenstellungen dazu ein, wie dieses Kriegsergebnis revidiert werden könnte.

Das Attentat von Sarajewo und die Julikrise

Das Attentat von Sarajewo und sein Hintergrund

Am 28. Juni 1914 fuhren der österreichische Thronfolger Erzherzog Franz Ferdinand und seine Frau Sophie in einem offenen Wagen durch die von Menschen gesäumten Straßen Sarajewos. Franz Ferdinand war als »k. u. k. Generalinspektor der gesamten bewaffneten Macht« angereist, um in Bosnien-Herzegowina, das Österreich-Ungarn seit 1878 verwaltet und 1908 schließlich annektiert hatte, Manöver zu beobachten. Es war klar, dass der Besuch des Erzherzogs politisch brisant und gefährlich war, weil slawische Nationalisten einen Anschluss der Provinz an Serbien forderten, und es in den vorausgegangenen Jahren schon mehrere Anschläge auf habsburgische Beamte und Politiker gegeben hatte.

Während der Fahrt durch Sarajewo wurde zunächst eine Bombe auf den Wagen des Erzherzogs geworfen. Sie explodierte jedoch erst unter einem der nachfolgenden Autos. Als der Wagen des Thronfolgers wenig später in einer anderen Straße wendete, gelang es dem 19jährigen Bosnier Gavrilo Princip, aus nächster Nähe zwei tödliche Schüsse auf den Erzherzog und seine Frau abzufeuern. Für den Anschlag wurde Princip, der zur Tatzeit gerade noch nicht volljährig war, später zu 20 Jahren Haft verurteilt. Er starb 1918 und wurde schon bald als jugoslawischer Volksheld verehrt.

Wie sich schnell herausstellte, war Princip kein Einzeltäter. Er war gemeinsam mit mehreren anderen Verschwörern von der »Schwarzen Hand«, einer von Serbien aus operierenden Geheimorganisation, auf den Anschlag vorbereitet und mit Waffen ausgestattet worden. Die Organisation wurde zwar nicht von der serbischen Regierung in Belgrad, wohl aber von nationalistischen Kräften in deren Geheimdienst und in deren

Armee gesteuert. Außer Princip hielten sich noch fünf andere Mitglieder der Geheimorganisation in Sarajewo auf, um den Anschlag auszuführen.

Ort und Umstände des Attentats waren eng verbunden mit der politischen Entwicklung auf dem Balkan im 19. und im beginnenden 20. Jahrhundert. Der Machtzerfall des Osmanischen Reiches ging auch und gerade in dieser Region mit der Gründung einer Reihe selbständiger Staaten einher. In dieses Geschehen mischten sich die unmittelbar benachbarten Großmächte Österreich-Ungarn und Russland permanent mit eigenen Interessen und Kontrollbedürfnissen ein. Wie erfolgreich sie hierbei waren, wurde ebenso permanent von den anderen Großmächten England, Frankreich und Deutschland mit großer Aufmerksamkeit verfolgt und gemäß deren Interessen mal anerkannt, mal in Frage gestellt.

Bosnien-Herzegowina war nach dem Russisch-Türkischen Krieg von 1877/78, in dem das Osmanische Reich eine empfindliche Niederlage hatte hinnehmen müssen, im Berliner Vertrag der Verwaltung Österreich-Ungarns unterstellt worden. Gleichzeitig entstand Serbien als souveräner Staat, in dem von Beginn an starke panslawistische Kräfte auftraten, deren Wurzeln zurück in die erste Hälfte des 19. Jahrhunderts reichten. Sie bezogen sich in ihrer Propaganda auf das spätmittelalterliche Reich Stefan Dušans (Uroš IV.), das nach der Schlacht auf dem Amselfeld (1389) unter dem Ansturm der Türken zerfallen war. Auf der Grundlage der sprachlich-kulturellen Konstruktion einer fortbestehenden slawischen Ethnie propagierten sie eine Ausdehnung der Staatsgrenzen gegenüber Österreich-Ungarn und gegenüber dem Osmanischen Reich, aber auch gegenüber Rumänien und Bulgarien, die ebenfalls 1878 unabhängig geworden waren. Dass Bosnien-Herzegowina 1878 österreichisch-ungarischer Verwaltung unterstellt wurde, sollte die Entstehung eines solchen größeren serbischen Staates verhindern. Dies war gleichbedeutend mit der Beschränkung des zunehmenden Einflusses Russlands auf dem Balkan. Nur um diesen eindeutigen politischen Affront gegen Serbien und dessen Schutzmacht Russland nicht zu weit zu treiben, war pro forma festgelegt worden, dass Österreich-Ungarn Bosnien-Herzegowina lediglich verwalten, nicht aber in sein Herrschaftsgebiet integrieren sollte.

Bis Anfang des 20. Jahrhunderts war das Verhältnis zwischen Serbien und Österreich-Ungarn trotzdem relativ unbelastet. Nachdem es aber 1903 in Serbien zu einem blutigen Staatsstreich gekommen war und das Parlament einen neuen König gewählt hatte, gewannen irredentistische nationale Kräfte an Einfluss. Innerhalb der serbischen Verwaltung, des Militärs und der Justiz dominierte ein Nationalbewusstsein, das auf den Anschluss angrenzender Gebiete mit slawischer Bevölkerung ausgerichtet war. Die serbische Regierung agierte zwar zurückhaltender, war aber doch deutlich um mehr Unabhängigkeit von dem großen Nachbarn Österreich-Ungarn bemüht. Dies zeigte sich nicht nur in einem Zollkrieg mit Österreich-Ungarn, sondern auch in der Neuausrichtung der Anleihepolitik und des Waffenerwerbs auf Frankreich. Wien nutzte schließlich 1908 die innenpolitische Schwächung der »Hohen Pforte« durch die jungtürkische Revolution aus und annektierte Bosnien-Herzegowina. Hierzu hatte sich Österreich-Ungarn zuvor in Geheimverhandlungen der Zustimmung Russlands versichert, dem dafür wiederum diplomatische Unterstützung bei seinem schon lange angestrebten »Zugriff« auf den Bosporus und die Dardanellen in Aussicht gestellt wurde.

Mit der Annexion zog Österreich-Ungarn verstärkt die Feindschaft südslawisch-serbischer Nationalisten auf sich. Es kam zu diversen Attentaten auf Repräsentanten der österreichischen Herrschaft. 1911 wurde die schon erwähnte großserbische Geheimorganisation »Schwarze Hand« bzw. »Vereinigung oder Tod« gegründet. Sie bezichtigte in zunehmendem Maße die Belgrader Regierung des Verrats an der Sache der Serben und versuchte ihrerseits mit terroristischen Anschlägen die »Feinde Serbiens« zu treffen. Aus dem Umfeld dieser klandestinen Organisation, die über großen Rückhalt in der Armee und im Geheimdienst verfügte, stammten die Attentäter von Sarajewo. Der serbischen Regierung war zwar bekannt, dass ein Attentat auf den Großherzog geplant war. Sie ließ auch allgemein gehaltene Warnungen nach Österreich übermitteln. Weiter gingen ihre Aktivitäten aber nicht. Wahrscheinlich wollte sie es vermeiden, von nationalistischen Kräften des direkten Verrats der »serbischen Sache« bezichtigt zu werden. Und sicherlich strebte auch sie nach einer weiteren territorialen Expansion.[1]

Die Annexion Bosnien-Herzegowinas im Jahr 1908 hatte auch eine beträchtliche Abkühlung der Beziehungen zwischen Petersburg und Wien zur Folge. Konnte doch Österreich-Ungarn, nach einer Intervention Großbritanniens, seine geheime Zusage nicht einhalten, Russland bei seinen Interessen am Bosporus zu unterstützen. Am Ende der »Bosnien-Krise« stand Russland nicht nur mit leeren Händen da, es hatte auch eine regelrechte diplomatische Demütigung in Kauf nehmen müssen. Mit der Drohung, ansonsten einen Krieg Österreichs gegen Serbien zu unterstützen, erzwang das Deutsche Reich von Russland und Serbien die Anerkennung der Annexion. Dieser diplomatische Sieg war der entscheidende Wendepunkt in den austro-russischen und in den deutsch-russischen Beziehungen, weil er der russischen Seite sehr praktisch klarmachte, dass Wien und Berlin nicht gewillt waren, Interessen des Zarenreiches zu berücksichtigen. Die massive russische Aufrüstung in den folgenden Jahren war großenteils eine Folge der Einsicht, dass man es in der wichtigen Interessensphäre des

Balkans mit einem österreichisch-ungarischen Konkurrenten zu tun hatte, hinter dem das reiche und mächtige Deutsche Reich stand.

Die Zerlegung des Osmanischen Reiches setzte sich fort mit dem Italienisch-Türkischen Krieg von 1911/12 und den zwei Balkankriegen von 1912/13 und 1913. Istanbul verlor dabei zunächst die Dodekanes-Inseln, Rhodos und Tripolitanien an Italien. Der Erste Balkankrieg wurde dann von einer Koalition aus Serbien, Bulgarien, Griechenland und Montenegro siegreich gegen das Osmanische Reich geführt, das deshalb seine Gebiete auf dem europäischen Festland (bis auf das östliche Thrakien) abtreten musste. Aus diesem Krieg ging vor allem Bulgarien als großer Gewinner hervor. Gemeinsam mit Serbien und Griechenland war es an der Aufteilung Mazedoniens beteiligt. Albanien nutzte die Gelegenheit, um sich mit deutscher und österreichisch-ungarischer Unterstützung für unabhängig zu erklären, womit Serbien, das einen direkten Zugang zur Adria angestrebt hatte, abermals Schranken gesetzt wurden. Nach der Niederlage im Zweiten Balkankrieg musste Bulgarien schließlich fast die gesamte territoriale Beute wieder an seine Gegner herausgeben. Die Verdrängung der osmanischen Herrschaft auf dem Balkan ging in den sich nun ausbreitenden christlich-orthodoxen Staaten vielerorts einher mit der Unterdrückung und Vertreibung der muslimischen Bevölkerung.

So wurde der Balkan gemeinsam von den europäischen Großmächten und den nach nationaler Unabhängigkeit und ethnischer Zusammengehörigkeit strebenden politischen Kräften zu dem sprichwörtlichen »Pulverfass« gemacht, an das mit dem Attentat von Sarajewo abermals eine Lunte gelegt wurde.

Die Julikrise 1914

Die diplomatisch-politischen Aktivitäten in und zwischen den europäischen Hauptstädten in dem Zeitraum zwischen dem Attentat und dem Beginn des Krieges gehören zu den am besten erforschten und dokumentierten Geschehnissen des 20. Jahrhunderts. Immer wieder sind die Absichten und Entscheidungen der verschiedenen Politiker und Militärs in den verschiedenen Ländern analysiert und beurteilt worden. Meistens geschah dies mit der Absicht auszuloten, wo wann wer den unheilvollen Lauf der Dinge noch hätte aufhalten können. Für eine allgemeine Beurteilung des Handelns der Politiker und Militärs ist es aber nicht unbedingt notwendig, den diplomatischen Winkelzügen im Vorfeld des Kriegsbeginns bis in alle Einzelheiten nachzugehen. Muss doch konstatiert werden, dass die europäischen Großmächte seit Jahren von der Wahrscheinlichkeit eines großen Krieges zwischen ihnen überzeugt waren und sich gründlich darauf vorbereitet hatten. Im Juli 1914 waren die europäischen Großmächte in ihrem langwierigen Gegeneinander und in ihren strategischen Planungen und Rüstungsmaßnahmen so weit fortgeschritten, dass sie anlässlich des Attentats aus je eigenen Kalkulationen bereit waren, es auch auf größere militärische Auseinandersetzungen ankommen zu lassen.

Die Regierung in Wien zeigte sich fest davon überzeugt, dass das Attentat von Serbien organisiert, zumindest aber unterstützt worden sei. Sie war fest entschlossen, Serbien eine militärische Lektion zu erteilen, obwohl sie wusste, dass dies Russland als Schutzmacht Serbiens auf den Plan rufen würde. Unterschiedliche Auffassungen bestanden allerdings darin, wie ein solches Vorgehen durch vorherige Forderungen an Serbien diplomatisch vorbereitet und begleitet werden sollte. Für ihr Vorgehen versicherte sich die österreichische Regierung der expliziten Rückendeckung durch das mit ihr verbündete Deutsche Reich.

In Berlin wurde als Reaktion auf das Attentat schon bald ein energisches, vor einem militärischen Konflikt nicht zurückscheuendes Vorgehen Wiens für angebracht erachtet. Dies geht beispielsweise aus kritischen Randbemerkungen hervor, die Wilhelm II. zu einem Bericht des deutschen Botschafters in Wien vom 30. Juni machte.[2] Der Botschafter schrieb, angesichts des in Wien vielfach geäußerten Wunsches, »es müsse einmal gründlich mit den Serben abgerechnet werden«, habe er bei mehreren Anlässen »sehr nachdrücklich und ernst vor übereilten Schritten« gewarnt und auf die Pflicht Österreichs hingewiesen, nicht nur auf die Bundesgenossen, sondern auch auf die europäische Gesamtlage Rücksicht zu nehmen. Solche mäßigenden Töne hielt Wilhelm II. schlicht für »Unsinn«. Eine angemessene Reaktion sei allein Österreichs Sache. Für ihn war klar, was er sinngemäß schon früher gefordert hatte: »Mit den Serben muss aufgeräumt werden, und zwar bald. Versteht sich alles von selbst, und sind Binsenwahrheiten.«

Am 5. Juli 1914 wurde Kaiser Wilhelm II. ein am 2. Juli verfasster handschriftlicher Brief des österreichisch-ungarischen Kaisers Franz Joseph I. überbracht.[3] In ihm wurde ausgeführt, bei dem Attentat handele es sich um ein »wohlorganisiertes Komplott [...], dessen Fäden nach Belgrad reichen«. Es sei »die direkte Folge der von den russischen und serbischen Panslawisten betriebenen Agitation, deren einziges Ziel die Schwächung des Dreibundes und die Zertrümmerung meines Reiches ist«. Wien müsse es zukünftig »auf die Isolierung und Verkleinerung Serbiens« ankommen. Serbien sei nun einmal der »Angelpunkt der panslawistischen Politik am Balkan« und müsse deshalb »als politischer Machtfaktor am Balkan ausgeschaltet werden«. Unter dieser generellen Zielsetzung skizzierte das Schreiben ein Konzept dazu, welche Politik gegenüber anderen Balkanstaaten, v.a. gegenüber Rumänien und Bulgarien, eingeschlagen werden sollte, um sie dauerhaft vor der »Rückkehr zur Russophilie« zu bewahren und auf die Seite des Dreibundes zu ziehen. Der Brief appellierte am Ende an die gemeinsame Überzeugung, »daß an eine Versöhnung des Gegensatzes, welcher Serbien von uns trennt, nicht mehr zu denken ist, und daß die erhaltende Friedenspolitik aller europäischen Monarchen bedroht sein wird, solange dieser Herd von verbrecherischer Agitation in Belgrad ungestraft bleibt«.

Zu dem Brief des habsburgischen Kaisers gehörte als Beilage ein Memorandum des österreichisch-ungarischen Außenministeriums. Es handelte sich um eine aktualisierte und im Ton erheblich verschärfte Fassung einer Denkschrift, die schon vor dem Attentat fertiggestellt worden war.[4] Memorandum und Denkschrift waren dazu bestimmt, dem Deutschen Reich die Lage auf dem Balkan nach den beiden Balkankriegen von 1912/13 darzulegen und es für eine Außenpolitik im Sinne Wiens zu gewinnen, die auf der Überzeugung vom äußerst aggressiven Charakter der Politik Serbiens, vor allem aber Russlands basierte. Deren Politik ziele nicht allein auf die Zerstörung des Habsburgerreiches. Hauptsächlich ginge es ihr darum, den Widerstand Deutschlands gegen die von Russland seit langer Zeit mit allen (wachsenden) Potenzen des riesigen Reiches angestrebte »politische und wirtschaftliche Suprematie« zu verhindern. Es läge deshalb im gemeinsamen Interesse Deutschlands und Österreichs, »im jetzigen Stadium der Balkankrise rechtzeitig und energisch einer von Rußland planmäßig angestrebten und geförderten Entwicklung entgegenzutreten, die später vielleicht nicht mehr rückgängig zu machen wäre«. In einem kurzen schriftlichen Nachtrag zu dem Memorandum[5] wurde das Attentat als neuerlicher »Beweis für die Unüberbrückbarkeit des Gegensatzes zwischen der Monarchie und Serbien« dargestellt. Die Monarchie stehe damit vor der

»Notwendigkeit«, »mit entschlossener Hand die Fäden zu zerreißen, die ihre Gegner zu einem Netze über ihrem Haupt verdichten«.

Brief und Memorandum wiesen eindeutig darauf hin, dass Wien einen entscheidenden militärischen Schlag gegen Serbien für legitim und angebracht erachtete. Nach dem Bericht des österreichisch-ungarischen Botschafters war Wilhelm II. nach der Lektüre die Stoßrichtung der Schriftstücke sofort klar. Er wisse zwar um die »Friedensliebe« Franz Josephs. »Wenn wir aber wirklich die Notwendigkeit einer kriegerischen Aktion gegen Serbien erkannt hätten, so würde er [Kaiser Wilhelm] es bedauern, wenn wir den jetzigen, für uns so günstigen Moment unbenützt liessen.«[6]

In Gesprächen mit dem Kaiser schlossen sich politische und militärische Führer noch am gleichen Tag der Auffassung an, »dass wir auch in ernster Stunde Österreich-Ungarn nicht verlassen würden. Unser eigenes Lebensinteresse erfordere die unversehrte Haltung Österreichs«[7]. Auf der Grundlage dieses Einverständnisses überließ man die Frage, wie mit Serbien verfahren werden solle, ausdrücklich allein Österreich-Ungarn – mit der fadenscheinigen Begründung, es solle dadurch vermieden werden, »dass sich der österreichisch-serbische Streit zu einem internationalen Konflikt auswachse«.[8] Mit dieser Entscheidung, die in den Geschichtsbüchern als »Blankoscheck« bezeichnet wird, ging das Deutsche Reich bewusst das nicht unbeträchtliche Risiko ein, einen lokalen Konflikt anzufeuern, der sich zu einem großen europäischen Krieg ausweiten konnte. Die Unterstützung eines Angriffs Österreich-Ungarns auf Serbien barg nicht nur die Gefahr einer militärischen Konfrontation zwischen Deutschland und Russland, sondern auch zwischen Deutschland und Frankreich in sich. Es musste dann auch damit gerechnet werden, dass England nicht unbeteiligt bleiben und sich auf die Seite Russlands und Frankreichs stellen würde. Dass führende deutsche Politiker ein klares Bewusstsein von diesen möglichen Weiterungen hatten, wird gerade dort deutlich, wo sie die Gefahren dementierten oder relativierten, z. B. wenn Wilhelm II. am 6. Juli darauf verwies, der Zar werde sich schon nicht auf die Seite von »Prinzenmörde[n]« stellen und Russland und Frankreich seien noch nicht kriegsbereit.[9] Oder wenn es über Gottlieb von Jagow, Staatssekretär des Auswärtigen Amtes, heißt, er habe noch am 25. Juli gegenüber Theodor Wolff, Chefredakteur des *Berliner Tageblatt*, die diplomatische Situation als sehr günstig eingeschätzt, denn »weder Russland noch Frankreich, noch England wollten den Krieg«.[10]

Für den Fall eines solchen »großen« Krieges sahen die längst ausgearbeiteten strategischen Pläne in Deutschland zunächst einen schnellen und massiven Feldzug gegen Russlands Verbündeten Frankreich vor, um sich nach dessen Ausschaltung mit aller Kraft dem Zarenreich zuzuwenden. Genau deshalb wurde in Berlin ein rasches und effektives militärisches Vorgehen Wiens gegen Serbien aber auch als eine Chance gesehen, abermals ohne einen großen Krieg einen wichtigen außenpolitischen Erfolg über Russland zu erringen. Deutsche Politiker drängten Österreich-Ungarn dazu, den militärischen Schlag gegen Serbien möglichst umgehend durchzuführen, um das Zarenreich frühzeitig vor vollendete Tatsachen zu stellen. Sie sahen in dem Attentat eine seit längerem erhoffte günstige Gelegenheit, Russland als Schutzmacht Serbiens, damit als Macht auf dem Balkan und folglich als Weltmacht nachhaltig zu schwächen. Sie hofften, dass das autokratische Russland letztlich doch nicht bereit sein würde, dem (angeblichen) Unterstützerstaat eines Mordkomplotts gegen ein Mitglied der Habsburger-Dynastie beizustehen, oder dass es von diesem Beistand durch die *Entente*-Mächte England und Frankreich abgehalten werden würde. Sollte es aber doch zu einem großen Krieg kommen, so müsse man ihn eben ausfechten, weil er früher oder später sowieso unvermeidlich sei. Noch habe man militärisch eine relativ günstige Position, die sich aber in den kommenden Jahren wegen massiver Aufrüstungen in Russland zu verschlechtern drohe. So machten Berlin und Wien dem Zarenreich eine Alternative auf, die auf eine diplomatische Niederlage ersten Ranges oder Krieg hinauslief.

Durch den »Blankoscheck« außenpolitisch abgesichert, stellte die österreichisch-ungarische Regierung nach einigen Verzögerungen, die durch innenpolitische Auseinandersetzungen und diplomatische Erwägungen bedingt waren, am Abend des 23. Juli Serbien ein auf 48 Stunden befristetes Ultimatum, das die rigide Verfolgung der Schuldigen verlangte. Die Forderungen Wiens waren bewusst mit so weitgehenden Eingriffen in serbische Souveränitätsrechte verbunden, dass sie von dem Balkanstaat nicht ohne erheblichen Gesichtsverlust hätten erfüllt werden können. Mit der Übergabe der österreichisch-ungarischen Note an Serbien wurde definitiv der Weg in den Krieg eingeschlagen.[11] Mit seinen harten Forderungen und mit seiner sehr knappen Fristsetzung zeugte das Ultimatum davon, dass es auf Nicht-Erfüllung und damit auf Krieg angelegt war. Es war das unübersehbare Signal, dass Wien den Krieg gegen Serbien wollte, ein Entschluss, der schon Anfang Juli festgestanden hatte und von dem man sich nach dem 23. Juli auf keinen Fall durch Vermittlung anderer Mächte (z. B. Englands) mehr abbringen lassen wollte. Eine Mehrheit der entscheidenden Politiker des Habsburger Reiches meinte, keine andere Wahl zu haben, als Serbien per Krieg in die Schranken zu weisen, um den eigenen Großmachtstatus zu erhalten. Der »Blankoscheck« aus Berlin erweiterte den Spielraum gegenüber der Erwartung, dass Russland dies wohl nicht hinnehmen würde.

Berlin stellte das harsche Vorgehen Österreich-Ungarns gegen Serbien als unausweichlich dar, wolle die Donaumonarchie »nicht auf die Stellung als Großmacht endgültig Verzicht leisten«. Weil dies zudem eine »völlige Isolierung des Deutschen Reiches« bedeuten würde, sei Deutschlands Position eindeutig vorgezeichnet. Allein Russland trage mit seiner Unterstützung Serbiens die Verantwortung, wenn es zu keiner »Lokalisierung« des Konfliktes komme und ein europäischer Krieg entstehe.[12] Umgekehrt implizierte dieser Standpunkt allerdings, dass Russland seinen Großmachtstatus aufgeben, dass es nicht zu seinem Verbündeten stehen, sondern Wien freie Hand bei seinem Vorgehen gegen Serbien lassen solle. Die diplomatische Redeweise von der »Lokalisierung« des Konfliktes war in dem Sinne anmaßend, weil sie, verkündet von einer Großmacht, das beabsichtigte Herausdrängen einer konkurrierenden anderen Großmacht aus einer auch von ihr beanspruchten Einflusssphäre als Konfliktvermeidungsstrategie darstellte.

Serbien kam dem österreichisch-ungarischen Ultimatum weit entgegen. Nur in einem Punkt gab es nicht nach: Es war nicht bereit, Beamte aus dem Nachbarstaat an der juristischen Verfolgung der Attentäter bei sich zu beteiligen. Dies war für Österreich hinreichend, um am 25. Juli die diplomatischen Beziehungen zu Serbien abzubrechen, ihm am 28. Juli 1914 offiziell den Krieg zu erklären und am 29. Juli die ersten Granaten auf Belgrad abzuschießen. Daraufhin mobilisierte Russland zunächst seine Truppen an der Grenze zu Österreich und verkündete schließlich als erste der Großmächte am 30. Juli die Generalmobilisierung seines Heeres. Österreich-Ungarn machte am 31. Juli mobil. Am 1. August erklärte das Deutsche Reich Russland den Krieg. Deutschland und Frankreich riefen am selben Tag die Mobilmachung aus. Am 3. August besetzte das Deutsche Reich Luxemburg und erklärte Frankreich den Krieg. Nachdem Deutschland am selben Tag in das neutrale Belgien, das ihm das Recht zum Durchmarsch verweigert hatte, einmarschiert war, um Frankreich auch von Norden angreifen zu können, erklärte England als Schutzmacht Belgiens am 4. August Deutschland den Krieg: ein – nach deutscher Sprachregelung – »perfider« Schritt, mit dem das Deutsche Reich in seinen Kriegsplanungen nicht unbedingt gerechnet hatte. Schließlich erklärte Österreich-Ungarn am 6. August Russland den Krieg.

Die wechselseitigen Bündnisverpflichtungen, die die europäischen Staaten in den vorausgegangenen Jahren eingegangen waren und die sich innerhalb der zwei Blöcke der *Entente* und der Mittelmächte verfestigt hatten, traten in dieser Situation scheinbar wie Automatismen in Kraft. Diese »Automatismen« waren aber eben von den Politikern gewollt. Kein Staat würde einfach »automatisch« wegen einer vertraglichen Verpflichtung in den Krieg ziehen, wenn ihm der Beistand nicht noch immer aus aktuellen eigenen Interessen einleuchten würde.[13] In der konkreten politischen Krisensituation wirkten zudem die Kriegspläne, die in den Schubladen der Generalstäbe lagen, selber kriegstreibend. War man sich doch allseits bewusst, wie sehr es darauf ankam, möglichst schnell die Truppen zu mobilisieren, um entscheidende zeitliche Vorsprünge vor dem Gegner zu haben bzw. ihm keine zeitlichen Vorsprünge zu gönnen.

Somit standen sich gut einen Monat nach dem Attentat von Sarajewo die fünf wichtigsten europäischen Großmächte mit Millionenheeren kriegerisch gegenüber: Die Mittelmächte, das Deutsche Reich und Österreich-Ungarn, auf der einen, die *Triple Entente* (Russland, Frankreich und England) auf der anderen Seite. Im weiteren Verlauf des Krieges traten auf der Seite der Mittelmächte die Türkei (seit Oktober 1914) und Bulgarien (seit Oktober 1915) in den Krieg ein. Andere europäische Staaten wie Italien (eigentlich Deutschlands und Österreich-Ungarns enger Partner im Dreibund), Rumänien und Portugal blieben zunächst neutral und warteten ab. Italien schloss sich dann, nachdem ihm territoriale Zugewinne in Aussicht gestellt worden waren, 1915 der *Entente* an. Rumänien und Portugal traten 1916 auf der Seite der *Entente* in den Krieg ein. Die USA griffen schließlich 1917 aktiv in den Krieg ein. In Europa blieben lediglich die skandinavischen Staaten, Spanien, Holland, die Schweiz, Luxemburg und Albanien während des gesamten Krieges neutral.

Jenseits der Frage nach der generellen Kriegsschuld lassen sich bei der Julikrise verschiedene Ebenen identifizieren, auf denen jeweils verschiedene Staaten aktiv am Weg in den Krieg beteiligt waren. Mit Blick auf das unmittelbare Geschehen im Juli 1914 kommt gewiss der deutschen Politik entscheidende Bedeutung zu, weil Österreich-Ungarn ohne die Unterstützung und ohne das Drängen aus Berlin den Konflikt mit Serbien höchstwahrscheinlich nicht derartig rücksichtslos gegen die russischen Interessen eskaliert hätte. Wie sich allerdings Frankreich und England auf das Geschehen bezogen, legt zumindest den Verdacht nahe, dass ein kontinentaleuropäischer Krieg auch ihnen in ihr außenpolitisches Kalkül passte. So hätte etwa ein frühzeitiges und unmissverständliches Signal aus England, dass man an der Seite Frankreichs und Russlands in den Krieg eintreten werde, das Deutsche Reich davon abbringen können, mit einer neutralen Haltung der Briten zu rechnen. Die französische Regierung war darüber erleichtert, dass nicht sie Deutschland, sondern Deutschland Frankreich den Krieg erklärt hatte, schweißte doch diese defensive Rolle nicht nur die Nation für den anstehenden Krieg zusammen, sondern trug auch dazu bei, dem Kriegseintritt Italiens auf der Seite der Mittelmächte entgegenzuwirken.[14] Wenn sich der Blick hingegen auf den schon lange schwelenden »Krisenherd« Balkan richtet, so tritt der von eigenen Machtinteressen bestimmte Umgang der beiden Großmächte Österreich-Ungarn und Russland mit den slawischen Völkern in den Vordergrund. Beide wollten von dem Machtzerfall des Osmanischen Reiches auf dem Balkan profitieren, aus panslawistischen Erwägungen, aus Gründen territorialer Expansion, aus strategischen Gründen oder zwecks Verhinderung zu großer neuer Staaten in ihrer Nachbarschaft. Von einer noch höheren, nämlich weltpolitischen Warte aus, gerät schließlich das gesamte System der imperialistischen Konkurrenz in den Blick, das durch den ökonomischen und politischen Aufstieg des Deutschen Reiches erschüttert wurde. Waren doch die traditionellen Großmächte nicht bereit, dem neuen Konkurrenten den Status einzuräumen, den dieser aufgrund seiner Potenzen für sich beanspruchte. Das Attentat von Sarajewo wurde von der deutschen Regierung als eine Gelegenheit betrachtet, um sich zu einem von ihr noch als günstig betrachteten Zeitpunkt aus einer außenpolitischen Defensive zu befreien, in die sie in den Jahren und Jahrzehnten vorher geraten war. Theodor von Bethmann Hollweg, der Reichskanzler, und Gottlieb von Jagow, der Staatssekretär des Äußeren, glaubten, das Attentat von Sarajewo benutzen zu können, um den Zusammenhalt der deutschen Gegner diplomatisch zu sprengen und die angebliche »Einkreisung« des Reiches zu überwinden. Für den Fall eines Misslingens dieser Strategie gingen sie das Risiko eines Krieges bewusst ein. Hierin liegt »die initiierende Verantwortung des Deutschen Reiches für den Verlauf der Julikrise und den Ausbruch des Ersten Weltkrieges«[15]. Das politisch-strategische Denken in Berlin war von einer gewissen Jetzt-oder-nie-Mentalität bestimmt. Man hielt in fatalistischer Manier einen großen Krieg zwischen den europäischen Kontinentalmächten für unumgänglich und setzte sich selbst unter einen verhängnisvollen Zeitdruck, weil man den entscheidenden militärischen Erfolg durch ein möglichst schnelles und massives Losschlagen erzielen wollte.[16]

Die europäische Mächtekonstellation im Sommer 1914

Der Friede vor dem Krieg

Vor dem Sommer 1914 hatten sich die großen europäischen Mächte über mehrere Jahrzehnte hinweg in keiner direkten militärischen Konfrontation gegenübergestanden. Der letzte Krieg unter ihnen hatte 1870/71 zwischen Frankreich und dem Deutschen Bund stattgefunden. Weiter zurück lagen der preußisch-österreichische bzw. italienisch-österreichische Krieg (1866) und der Krimkrieg (1853–56) zwischen Russland einerseits und einer Koalition aus Osmanischem Reich, Großbritannien, Frankreich und Sardinien andererseits. Die napoleonischen Kriege des frühen 19. Jahrhunderts waren der letzte »große« Krieg in Europa gewesen, an dem fast alle europäischen Staaten beteiligt waren und an dessen Ende der Wiener Kongress jene Mächtearchitektur festlegte, die erst in der zweiten Hälfte des Jahrhunderts ins Wanken geriet.

Für den mehr als 40jährigen Zeitraum zwischen 1870/71 und 1914 ist aber auch zu konstatieren, dass die großen europäischen Mächte a) andernorts auf der Welt, v.a. in ihren Kolonien, zahlreiche Kriege führten, mit denen sie sich nicht selten indirekt gegenseitig in die Quere kamen, b) sich auf die Kriege der anderen berechnend bezogen, z. B. indem sie deren Gegner unterstützten und c) daheim ständig mit einem Krieg untereinander kalkulierten und dementsprechend ihre Aufrüstung vorantrieben. Es ist ein Irrtum, die Zeit vor 1914 als »Friedensperiode« oder gar als »gute alte Zeit« zu verherrlichen, nur weil kein »großer« Krieg auf europäischem Boden stattfand. Es war vielmehr eine Periode, in der die Gründe für einen großen Krieg längst vorlagen und in der politisch, strategisch, materiell und auch kulturell-ideologisch Stück für Stück und durch eine Reihe von Konflikten hindurch auf ihn hingearbeitet wurde. Die wachsende Kriegsgefahr in Europa hing eng zusammen mit fundamentalen politökonomischen Entwicklungen, die der Außenpolitik aller großen europäischen Mächte einen expansionistisch-aggressiven Charakter verliehen.

Industrialisierung und Imperialismus

Während des 19. Jahrhunderts, vor allem während seiner zweiten Hälfte, ging in vielen europäischen Ländern in unterschiedlichem Umfang und mit unterschiedlichem Tempo die traditionelle Dominanz der Landwirtschaft verloren. Aus relativ statischen Agrargesellschaften wurden dynamische, wachstumsorientierte Industriegesellschaften. Der Umbruch war nicht einfach und primär das Ergebnis plötzlich entdeckter wissenschaftlicher und technischer Erkenntnisse. Vielmehr ging ihm die Befreiung der Produktion von feudalen, zünftigen und religiösen Rechtsfesseln voraus: Beseitigung von Grundherrschaft und Leibeigenschaft, Abschaffung der Zünfte und Einführung der Gewerbefreiheit, Trennung von Staat und Kirche etc. Diese Aufhebung traditioneller Bindungen war eng verbunden mit der allmählichen, aber konsequenten Durchsetzung der Marktwirtschaft als ökonomischer Grundlage der Gesellschaften. Volkswirtschaften, die unter den neuen Bedingungen über die notwendigen finanziellen Mittel verfügten, hatten nun die Möglichkeit und beanspruchten das Recht, sich mittels der Herstellung kostengünstiger Produkte auf den in- und ausländischen Märkten durchzusetzen und in einem Maße zu bereichern, wie es früher nicht vorstellbar gewesen war. Erst die freigesetzte Konkurrenz stachelte die Produzenten dazu an, ihre Produktivität durch den Einsatz wissenschaftlicher und technischer Erkenntnisse zu steigern. In der Folge bewirkte eine Flut von Innovationen eine so umfassende

Veränderung der Arbeitswelt und der Lebenswelt, dass nicht wenige glaubten, es breche nicht nur eine »Neue Zeit« an, sondern es breche mit der »Moderne« eine Zeit an, die sich das »Neue« selbst zum Zweck gesetzt habe.

Das Ausmaß der marktwirtschaftlichen Reichtumsvermehrung veränderte auch die Positionen der Staaten nach innen und außen grundlegend. Verschaffte ihnen doch die quantitative und qualitative Steigerung der Produktion wichtige neue (Macht-)Mittel: 1.) in Form der Steuern, mit denen sie direkt am Wachstum des kapitalistischen Reichtums bei sich partizipierten; 2.) in der Form der Steigerung ihrer Kreditwürdigkeit, mit der sie sich im Vorgriff auf zukünftige Einnahmen finanzielle Mittel verschafften; 3.) in der Form neuer Geräte und Mittel, die die verwissenschaftlichte Produktion auch für staatliche Zwecke hervorbrachte (z. B. neue Waffensysteme). Damit stellten sich alte Machtfragen auf eine neue Art: Wer vermochte diese Mittel wann erfolgreich einzusetzen, um sich von Beschränkungen durch andere Souveräne zu befreien?

Und nicht nur das. Staaten, die wissen, wie sehr ihr Machtstatus vom Erfolg ihrer freigesetzten Wirtschaft auf dem Weltmarkt abhängt, machen einen entscheidenden Übergang im Verhältnis zu anderen Staaten. Den Machthabern wurde im 19. Jahrhundert zunehmend bewusst, dass sie sich um das Wachstum ihrer Ökonomien kümmern mussten, wenn diese sich auch als ihr Mittel in der zwischenstaatlichen Konkurrenz bewähren sollten. Insbesondere betrachteten es die Staaten mehr und mehr als ihre Aufgabe, gegenüber ihresgleichen dafür zu sorgen, dass ihren privaten Unternehmen weltweit Absatzmärkte, Rohstoffe und Kapitalanlagemöglichkeiten zur Verfügung standen. So waren (und sind seitdem) Staat und Kapital, Politik und Wirtschaft wechselseitig aufeinander angewiesen: Unternehmen brauchen die Macht ihres Staates, um sich auswärtiger Reichtumspotenzen zuverlässig bedienen zu können;

der Staat wiederum braucht die Unternehmen, um sich das Geld und die Sachmittel für den Erhalt und die Ausweitung seiner Herrschaft und seines Einflusses zu verschaffen.

Der augenfällige Zusammenhang zwischen der beschleunigten Entwicklung des Kapitalismus in den großen europäischen Staaten, den USA und Japan und dem Streben dieser Mächte nach direkter oder indirekter Herrschaft über andere Weltgegenden wurde schon von Zeitgenossen bemerkt und als »Imperialismus« bezeichnet. Je mehr die entwickelten Volkswirtschaften in der zweiten Hälfte des 19. Jahrhunderts auf die übrige Welt als Rohstofflieferant, Absatzmarkt und für den Kapitalexport »angewiesen« waren, umso mehr setzten sie ihre gewachsene Macht dazu ein, ihre exklusiven Hoheitsrechte dort auszudehnen, wo es ihnen noch möglich und nötig erschien. In England, dem Mutterland des Kapitalismus, setzte diese Entwicklung des modernen Kolonialismus schon früher ein. In den vier Jahrzehnten vor Beginn des Ersten Weltkriegs wurde dann aber innerhalb eines relativ kurzen Zeitraums ein Viertel der Landoberfläche des Globus (vorwiegend in Afrika und Asien) unter einem halben Dutzend Staaten verteilt.[1] Dabei wurden meistens Landstriche in Besitz genommen, deren konkreter ökonomischer Nutzen für die Wirtschaft der imperialistischen Staaten überhaupt nicht absehbar war. Aber das Hissen der eigenen Fahne über einer abgelegenen Südseeinsel, einem Stück Wüste oder einem Urwald stand ja für den viel weiter gehenden Anspruch, sich als eine Macht ins Spiel zu bringen, die bei der Aufteilung und Benutzung der Welt ein gewichtiges Wort mitzureden hatte. Man wollte beim Kampf um die Ressourcen und Märkte von den Konkurrenten auf eine sehr prinzipielle Art anerkannt sein, wollte beteiligt und berücksichtigt werden, wenn irgendwo auf der Welt die Machtverhältnisse verschoben wurden. Dementsprechend beäugte man sich ständig voller Misstrauen gegenseitig; nicht nur, weil man sich um konkrete eigene wirtschaftliche Interessen sorgte, sondern weil man den Anspruch hatte, überall mit zuständig zu sein, und weil man erwartete, dass die Konkurrenten diese Zuständigkeit anerkannten. Mal schickte man ein Kanonenboot, um den Konkurrenten davor zu warnen, zu eigenmächtig vorzugehen (Beispiel »Zweite Marokko-Krise« 1911); mal gingen alle Konkurrenten gemeinsam mit einer Strafexpedition gegen aufständische Völkerschaften vor (Beispiel Boxeraufstand in China 1900); und immer wieder kam man zu Konferenzen zusammen, auf denen hinsichtlich diverser Weltgegenden die Interessensphären und Einflussbereiche festgelegt wurden: Auf dem Berliner Kongress (1878) hinsichtlich des Balkans und der politischen Ordnung Südosteuropas; auf der Kongokonferenz (1884/85) hinsichtlich des Handels am Kongo und am Niger; auf der Konferenz von Algeciras (1906) hinsichtlich Marokkos usw. Der exklusive nationale Zugriff auf Land und Leute in den Kolonien ging mit einer zunehmend protektionistischen Politik in den Mutterländern – Ausnahme: England – einher, die darauf abzielte, ausländische Konkurrenz vom eigenen Markt fernzuhalten und die inländische Zahlungsfähigkeit für die eigene Wirtschaft zu reservieren.[2]

Die europäischen Großmächte des Jahres 1914, die die wirtschaftliche Dynamik ihrer Volkswirtschaften in den Anspruch auf Weltherrschaft übersetzten, waren – bis auf die republikanischen Staaten Frankreich und die Schweiz – immer noch Monarchien. Auch viele kleinere und mittlere Staaten wurden von Monarchen regiert. Das galt selbst für neue Staaten, wie sie auf dem Balkan entstanden waren. Jedoch bestanden erhebliche Unterschiede in der Machtfülle und dem Einfluss der untereinander vielfältig verwandten und verschwägerten Dynastien. Der russische Zar Nikolaus II. war ein Autokrat, dem durch Verfassung und Parlament keine wesentlichen Schranken der Macht gesetzt waren. Ganz anders der englische König

George V. (1865–1936): Er war von den Schaltstellen der Macht weitgehend ausgeschlossen und erfüllte nur noch repräsentative Funktionen im Staat. Die Stellung Wilhelms II. (1859–1941) im politischen System des Deutschen Reiches war zwar erheblich stärker und einflussreicher als die des englischen Königs, aber auch nicht so eindeutig dominant wie die des Zaren in Russland. Generell unterstützte die wachsende Abhängigkeit der Staaten von dem, was ihre Untertanen als freie Unternehmer auf den Märkten erwirtschafteten, die Partizipationsforderungen der Bürger und entzog den autokratischen Herrschaftsformen nach und nach die Legitimation. – Wie lassen sich nun die Großmächte am Vorabend des Ersten Weltkriegs im einzelnen charakterisieren?

Vereinigtes Königreich – von der Werkstatt der Welt zum Empire und zum globalen Geschäftszentrum

England war im Verlauf des 19. Jahrhunderts zur führenden Weltmacht aufgestiegen, an der andere Staaten notgedrungen Maß nahmen. »Weltmacht« bezeichnet in diesem Kontext eine neue, bis dahin nicht bekannte Form der Machtausübung, bei der der gesamte Globus als Objekt der eigenen wirtschaftlichen und politischen Interessen betrachtet wurde. Damit berührte im Prinzip auch alles, was auf der Welt geschah, britische Interessen. Als Ursprungsland der Industriellen Revolution und »Werkstatt der Welt« verfügte es über ein ökonomisches Potenzial, das einige wenige andere Mächte (Deutschland, USA) erst gegen Ende des Jahrhunderts erreichten. Das Land importierte zwar Rohstoffe, Industrieprodukte und Lebensmittel in einem Ausmaß wie kein anderes; es exportierte aber auch enorme Kapitalien sowie finanzielle, kommerzielle und Transportdienstleistungen. London war damals schon das Weltfinanzzentrum, also der entscheidende Markt für Kapitalanlagen aller Art und Größe. Das Land war darauf ausgerichtet, am industriellen Aufschwung überall auf der Welt mitzuverdienen, und hatte deshalb ein vitales Interesse an der Beibehaltung des Freihandels. Es gab ihn selbst dann nicht auf, als seit den 1870er Jahren konkurrierende Nationalökonomien wegen der nachlassenden Konjunktur protektionistische Maßnahmen ergriffen. Mit Erfolg: Um 1900 standen London als Finanzmetropole und das Pfund Sterling als Währung im Mittelpunkt der Weltwirtschaft. England war die bei weitem führende Kapitalmacht, es besaß 1914 allein 44 % der weltweiten Auslandsinvestitionen.[3]

Die enorme wirtschaftliche Macht Englands wurde durch zwei Faktoren besonders wirksam unterstützt. Zum einen durch das über alle Erdteile verbreitete »British Empire«, dessen Kern die Herrschaft über den indischen Subkontinent war. Zu diesem Weltreich gehörten abhängige Kolonien in Afrika und Asien, aber auch weitgehend selbständige ehemalige Kolonien (*Dominions*) wie Kanada, Australien, Neuseeland und Südafrika. Ungefähr ein Fünftel der Landoberfläche der Erde und ein Viertel der Weltbevölkerung standen 1914 unter mehr oder weniger strikter britischer Herrschaft. Der zweite Faktor, auf den England als führende Weltmacht sich stützte, war die *Royal Navy*, die bei weitem stärkste Seemacht der damaligen Zeit. Durch ein dichtes Netz von Flottenstützpunkten konnten der weltweite Handel, die Schifffahrtsrouten und die kolonialen Niederlassungen nachdrücklich unterstützt werden. Im Verlauf des 19. Jahrhunderts wurde die *Royal Navy* ständig modernisiert, z. B. durch die Umstellung auf Dampfkraft, durch die Verwendung von Stahl als Baumaterial und durch die Ausstattung mit großkalibrigen Waffen.

Deutsches Reich – eine »verspätete Nation« auf dem Weg zur Weltmacht

England erwuchs in dem 1870/71 errichteten Deutschen Reich ökonomisch und politisch der stärkste Konkurrent. War in Deutschland seit den 1830er Jahren zunächst der Eisenbahnbau die wichtigste Triebkraft der industriellen Entwicklung gewesen, so wurde die wirtschaftliche Dynamik seit den 1870er Jahren durch die Branchen der sogenannten zweiten industriellen Revolution, v. a. die Chemie- und Elektroindustrie und den Maschinenbau, enorm verstärkt. Der stürmische wirtschaftliche Aufschwung ließ bei den deutschen Politikern die Einsicht und den Willen entstehen, dass er durch eine Weltpolitik abgesichert und befördert werden müsse. Unter der Kanzlerschaft von Otto von Bismarck hatte das neue Reich in der Mitte Europas sich noch für »saturiert« erklärt, ein Arrangement mit den beiden Großmächten Großbritannien und Russland angestrebt und sich als (angeblich) »ehrlichen Makler« zur Konfliktlösung zwischen den anderen europäischen Mächten angeboten. Nach und nach trat das Reich aber schon unter Bismarck und erst recht danach immer offensiver in die weltpolitische Konkurrenz ein, v. a. durch die Aufnahme einer eigenen Kolonialpolitik (explizit seit 1884) und durch den forcierten Ausbau einer Kriegsflotte seit den ausgehenden 1890er Jahren. Zu Beginn des Ersten Weltkriegs verfügte das Deutsche Reich nach der *Royal Navy* über die zweitstärkste Kriegsflotte der Welt.

Als »verspäteter« Nationalstaat verlangte das Deutsche Reich auf der weltpolitischen Bühne einen gleichberechtigten »Platz an der Sonne« (Bernhard von Bülow, Staatssekretär des Äußeren, 1897) neben den anderen europäischen Großmächten. Das Reich nahm dabei vor allem Maß an den zwei Mächten westlich und östlich von ihm: An der Landmacht Russland und an der Seemacht Großbritannien, die beide seine kriegerische Etablierung 1870/71 hingenommen hatten. Schon der 1879 abgeschlossene Zweibund mit Österreich-Ungarn war eindeutig gegen Russland gerichtet. Er wurde zwar zunächst seit 1887 durch den (geheimen) Rückversicherungsvertrag zwischen Deutschland und Russland relativiert; dessen Nichtverlängerung im Jahr 1890 war aber ein eindeutiges Zeichen dafür, welche grundsätzlichen Bündnisprioritäten das Reich auf dem Kontinent setzte.

Der Außenpolitik des Deutschen Reiches haftete am Vorabend des Ersten Weltkriegs ein unsteter, sprunghafter und unberechenbarer Charakter an. Dies lag einerseits daran, dass die Zuständigkeiten in der Außenpolitik nicht klar zwischen dem Kanzler, dem Außenministerium und dem Kaiser abgegrenzt waren. So litt die deutsche Außenpolitik häufig unter anmaßend-provozierenden Äußerungen und Handlungen Wilhelms II., die gegen diplomatische Rücksichten verstießen und von einer gewissen politischen Unreife und Überheblichkeit zeugten. Am deutlichsten trat dies 1908 in der *Daily-Telegraph*-Affäre zutage, bei der es um gleich mehrere ungeschickt-anmaßende Äußerungen des Monarchen in einem Interview mit der englischen Zeitung ging. Andererseits – und dies ist entscheidend – war die außenpolitische Unberechenbarkeit aber auch Ausdruck der generellen Linie, sich ins Spiel der Großmächte einzumischen, ohne wirklich den letztlich entscheidenden konfrontativen Schritt gehen zu wollen. Dies änderte sich 1914.

Frankreich – republikanischer Patriotismus

Die Niederlage von 1870/71 hatte in Frankreich zum Ende der Monarchie und zur Dritten Republik geführt. Das republikanische Staatswesen war aber nach innen keineswegs gefestigt. Starke monarchistische Kräfte, die über besonderen Rückhalt in der Armee verfügten, stellten es lange Zeit in Frage. Der Kampf spitzte sich schließlich seit 1898 in der mehrjährigen und erbittert geführten Affäre um den jüdischen Offizier Alfred Dreyfus zu, der fälschlicherweise wegen Landesverrats verurteilt worden war und schließlich nach massiven öffentlichen Auseinandersetzungen rehabilitiert wurde.

In Frankreich beschleunigten sich der Industrialisierungsprozess und damit das Wirtschaftswachstum in der Hochkonjunktur seit Mitte der 1890er Jahre, allerdings nicht in dem Umfang und mit dem Tempo wie im Deutschen Reich. Die Landwirtschaft spielte 1914 noch eine relativ große Rolle, ihr Anteil an der Gesamtproduktion lag 1914 bei 44 %. Gut die Hälfte der Bevölkerung lebte zu diesem Zeitpunkt noch auf dem Land.[4] Es gelang Frankreich aber, zur zweitgrößten Finanzmacht der Welt nach England aufzusteigen.

Der französische Staat war bestrebt, seine Großmachtstellung, die 1870/71 durch die Niederlage im Krieg gegen Deutschland erschüttert worden war, über eine koloniale Expansion wiederzuerlangen. Er erweiterte seinen Kolonialbesitz, v. a. in Nord- und Westafrika und in Indochina – was von Bismarck als eine Art Ablenkung Frankreichs von Europa durchaus unterstützt worden war. In der Faschodakrise (1898) stießen allerdings die Interessen Frankreichs und Englands im »Wettlauf um Afrika« heftig aufeinander. Frankreich musste sich nach einer englischen Kriegsdrohung aus dem Sudan zurückziehen und damit seinen Plan aufgeben, einen von West- bis Ostafrika durchgehenden Gürtel von Kolonien zu schaffen. Mit England kam es dann 1904 zu einem Kompromiss in der nordafrikanischen Kolonialpolitik, indem man sich für Ägypten auf eine englische und für Marokko auf eine französische Vorherrschaft einigte. Dies war die Aufgabe der englischen *Splendid Isolation*, also der Abstinenz von dauerhaften außenpolitischen Bündnissen mit den europäischen Festlandsgroßmächten, und die

Geburtsstunde der *Entente cordiale* (»herzliches Einverständnis«) zwischen dem Vereinigten Königreich und Frankreich.

Frankreich hatte 1871 nach seiner Niederlage Elsass-Lothringen an das Deutsche Reich verloren. Revanchegedanken wurden zwar in der Öffentlichkeit permanent gepflegt und kochten von Zeit zu Zeit hoch (z. B. 1886/87 geschürt vom Kriegsminister General Georges Boulanger), jedoch war die französische Außenpolitik nicht primär auf die Rückgewinnung der 1870/71 verlorengegangenen Gebiete ausgerichtet. Man war eher besorgt, bei einem neuerlichen Krieg gegen das übermächtige Deutschland nochmals überrannt zu werden. Deshalb baute man das Festungssystem im nordöstlichen Frankreich entlang der Grenze zu Deutschland stark aus. Daneben war man bemüht, die kontinentale Isolation zu überwinden. Ein wichtiger Schritt hierzu wurde mit dem französisch-russischen Bündnis von 1894 getan, das gegen den Dreibund gerichtet war, und zu dem einige Jahre später die Verständigung mit England hinzutrat. In den Jahren unmittelbar vor dem Ersten Weltkrieg stellte sich Frankreich verstärkt auf den Ernstfall ein, z. B. mittels der Marinekonvention mit Russland (Juli 1912) und der Verlängerung der 1889 eingeführten allgemeinen Wehrpflicht von zwei auf drei Jahre (Juli 1913).

Österreich-Ungarn – zerbrechlicher Vielvölkerstaat

In Österreich-Ungarn schritt die Industrialisierung um 1900 voran, wenn auch mit großen regionalen Unterschieden. In den österreichischen und in den tschechischen Gebieten wuchs die Wirtschaft zwar stark, die slawischen Gebiete hingegen hinkten dieser Entwicklung deutlich hinterher. Im Vergleich zu den anderen europäischen Großmächten und im Verhältnis zu den eigenen politischen Ambitionen wies Österreich-Ungarn die geringste wirtschaftliche Dynamik auf. Auch war das Habsburgerreich als einzige europäische Großmacht nicht an dem globalen Wettlauf um Kolonien beteiligt.

Österreich-Ungarn hatte 1859 im Sardinischen Krieg gegen Frankreich (Schlacht von Solferino) und 1866 gegen Preußen (Schlacht bei Königsgrätz) zwei empfindliche militärische Niederlagen hinnehmen müssen. Sie schwächten nicht nur seine Stellung in Mitteleuropa (u.a. durch den Verlust Venetiens), sondern trugen auch dazu bei, den Ungarn als zweitgrößter Volksgruppe innerhalb des Gesamtstaates den gleichen Status wie den Deutschen zuzugestehen. 1867 konstituierte sich so die kaiserlich-königliche Doppelmonarchie mit getrennten Verwaltungen und getrennten Parlamenten, in denen Parteien unterschiedlichster ethnischer und politischer Couleur agierten. Nur die Außen- und die Verteidigungspolitik wurden gemeinsam betrieben. Kaiser Franz Joseph, seit 1848 Regent und 1914 84 Jahre alt, hatte sich zwar aus den Entscheidungsprozessen an der Staatsspitze weitgehend zurückgezogen, blieb aber weiterhin Oberbefehlshaber und letzte Instanz der Entscheidung über Krieg und Frieden. Der innerste Führungszirkel der Monarchie bestand fast ausschließlich aus Mitgliedern des Außenministeriums und des Kriegsministeriums. Andere gesellschaftliche und politische Gruppen, z.B. aus der Industrie, aus Parteien, aus den Kirchen etc. hatten allenfalls indirekt Einfluss auf die außenpolitischen Entscheidungen.

In den Jahrzehnten vor dem Ersten Weltkrieg stand die Doppelmonarchie vor allem vor dem Problem, wie angesichts der vielfältigen Autonomie- und Unabhängigkeitsbestrebungen der Kroaten, Slowenen, Serben, Tschechen, Polen, Rumänen, Ruthenen und Italienern der Fortbestand des Gesamtstaates gesichert werden konnte. Die Außenpolitik Wiens konzentrierte sich auf den Balkan. Es galt, den dortigen Machtzerfall des Osmanischen Reiches zu befördern und auszunutzen und gleichzeitig die Entstehung und Ausdehnung neuer und alter Staaten zu kontrollieren. Letzteres war insbesondere mit Blick auf die eigenen ethnischen Minderheiten von Belang, weil für sie die neuen, sich national definierenden Staaten attraktive politische Alternativen sein konnten. Außerdem sollte den Bestrebungen Russlands entgegengewirkt werden, die Situation auf dem Balkan zur stärkeren Einflussnahme auszunutzen. 1878 wurde Österreich-Ungarn gegen den Widerstand Russlands von den übrigen Großmächten das Recht zur Verwaltung Bosniens und der Herzegowina zugesprochen. Die Annexion der Gebiete im Jahr 1908 konnte nur mit Unterstützung des Deutschen Reiches, das dem Partner »Nibelungentreue« gelobte, gegen den Widerstand Serbiens und Russlands durchgesetzt werden. Österreich-Ungarn sah sich deshalb zunehmend in der Gefahr, im Norden und Süden mit feindlichen oder schwer kalkulierbaren Staaten konfrontiert zu sein. Ob sich im Westen Italien und im Osten Rumänien im Falle eines österreichisch-serbisch-russischen Krieges neutral verhalten würden oder ob sie die Gelegenheit nutzen würden, sich auf die Seite der Feinde zu stellen, um eigene Ambitionen an der adriatischen Küste oder in Transsilvanien zu verfolgen, war nicht absehbar. Unter diesen Umständen wurden in Wien die Stimmen der »Falken« (wie z. B. die von Generalstabschef Baron Franz Conrad von Hötzendorf) lauter, die nur noch in einem militärischen »Befreiungsschlag« gegen Serbien einen Ausweg sahen. Hiervon zeugt beispielsweise das sogenannte Matscheko-Memorandum vom 24. Juni 1914, mit dem Franz von Matscheko, ein Mitarbeiter des Außenministeriums, Überlegungen zusammenfasste, Bulgarien als Verbündeten gegen Serbien zu gewinnen.

Russland – autokratische Modernisierung einer Landmacht

Russland war vor dem Ersten Weltkrieg der flächenmäßig größte und der bevölkerungsreichste Staat in Europa. Die Wirtschaft war noch großenteils von der Landwirtschaft dominiert. Das Land hatte 1853–56 den Krimkrieg gegen die Türkei geführt, musste aber eine Niederlage hinnehmen, weil England, Frankreich und Sardinien die Türkei unterstützten, um eine Ausdehnung des russischen Einflusses zu verhindern. In der Folge wurden eine Reihe von Reformen (v.a. die Aufhebung der Leibeigenschaft 1861) durchgeführt und die Industrialisierung vorangetrieben. Punktuell entstanden einige Industrieregionen, jedoch lebte der weitaus größte Teil der Bevölkerung weiterhin in ärmlichen Verhältnissen und in Abhängigkeit von Großgrundbesitzern von der Landwirtschaft. Das Land wurde von den Zaren aus der Dynastie der Romanows autokratisch regiert, seit 1894 von Nikolaus II. Soziale Proteste von Arbeitern, Bauern und Intellektuellen wurden blutig niedergeschlagen und Oppositionsbewegungen hart verfolgt.

Im Unterschied zu den anderen europäischen Großmächten war der russische Imperialismus im 19. Jahrhundert primär auf die Eroberung und die Integration angrenzender Gebiete ausgerichtet: In Zentralasien (Kasachstan, Turkmenien und Turkestan), in Sibirien (das 1891–1904 durch die Transsibirische Eisenbahn erschlossen wurde) und in Fernost (Amur-Provinz und Mandschurei). 1874 wurde die allgemeine Wehrpflicht mit der relativ langen Dienstzeit von sechs Jahren eingeführt. Als Russland 1905 gegen Japan den Krieg verlor, löste dies eine Revolution aus, in deren Verlauf der Zar ein Parlament (»Duma«), eine Verfassung und eine einheitliche Führung der Ministerien zugestehen musste. Außenpolitisch verschaffte sich Russland 1907 einen größeren Spielraum, indem es sich mit Großbritannien über die Abgrenzung der Interessensphären im Mittleren Osten verständigte, womit die Gefahr eines kriegerischen Konfliktes mit der führenden Weltmacht gebannt war. In der Folge konzentrierte sich das Land stärker auf die Balkan- und Meerengenpolitik, v. a. durch die Unterstützung des serbischen Panslawismus.

Nach dem Rücktritt und der kurz darauf erfolgten Ermordung des reformorientierten Premierministers Pjotr Arkadjewitsch Stolypin im Jahr 1911 gelang es dem Zaren zwar, sich wieder mehr Einfluss auf die Exekutive zu sichern[5], der außenpolitische Kurs war aber innerhalb der führenden Eliten des Zarenreiches umstritten. Konservative Kräfte favorisierten einen Ausgleich mit Berlin, sahen in Großbritannien den wahren Feind russischer Interessen und plädierten für eine zurückhaltende Balkanpolitik.[6] Liberale aus den Reihen der »Kadettenpartei« suchten eher eine engere Bindung an Frankreich und England, um den Machtverfall zu stoppen, u. a. durch eine aktive Politik auf dem Balkan.

Osmanisches Reich – die »orientalische Frage«

Das Osmanische Reich befand sich im 19. Jahrhundert wegen der Expansion der imperialistischen europäischen Mächte und wegen des Unabhängigkeitsstrebens vieler Völker in seinem Herrschaftsbereich in einem stetigen Zerfallsprozess. Die überhebliche Redeweise vom »Kranken Mann am Bosporus« war weit verbreitet, wobei sie geflissentlich davon absah, wie viel die europäischen Großmächte selbst direkt und indirekt zu der »Krankheit« beigetragen hatten. In Nordafrika musste die Hohe Pforte Algerien (1830/47) und Tunesien (1881) an Frankreich, Ägypten an Großbritannien (1882/1914) und Tripolis und die Cyrenaica an Italien (1911/12) abgeben. Auf dem Balkan war das Osmanische Reich mit Autonomiebestrebungen konfrontiert, die mal von Österreich-Ungarn, mal von Russland, das als Schutzmacht der orthodoxen Christen und der Slawen auftrat, unterstützt wurden. Schon 1830 hatte sich Griechenland die Unabhängigkeit erkämpft. Nach dem russisch-türkischen Krieg (1877/78) wurde Konstantinopel im Frieden von San Stefano bzw. mit dem Berliner Vertrag gezwungen, die Unabhängigkeit der neuen Staaten Rumänien, Serbien und Montenegro zu akzeptieren und Bulgarien den Status eines autonomen Fürstentums einzuräumen. 1908 musste die vollständige Unabhängigkeit Bulgariens und der endgültige Verlust Bosnien-Herzegowinas hingenommen werden. Nur dank der Unterstützung durch Großbritannien und Österreich-Ungarn, die eine Ausdehnung des russischen Einflusses auf dem Balkan in Form eines Großbulgariens verhindern wollten, behielt das Osmanische Reich noch Gebiete auf dem südlichen Balkan. Die gingen allerdings mit dem Ersten Balkankrieg (1912) gegen das Bündnis aus Serbien, Montenegro, Bulgarien und Griechenland bis auf das östliche Thrakien verloren. An seiner nordöstlichen Grenze war das Osmanische Reich zudem mit Autonomiebestrebungen der christlichen Armenier konfrontiert, die dabei auf die Unterstützung Russlands zählen konnten.

Der territoriale Zerfall des Osmanischen Reiches war verbunden mit einer finanziellen und wirtschaftlichen Schwächung, die nicht nur durch entfallende Steuereinnahmen und Tribute, sondern auch durch Handelsverträge (»Kapitulationen«) mit den Europäern verursacht wurde, die den osmanischen Markt einseitig für Produkte der industrialisierten Staaten öffneten. Der Staat verschuldete sich bei ausländischen Geldgebern und musste sich 1875 für bankrott erklären. Die Finanzverwaltung ging zu einem großen Teil an ein europäisches Bankenkonsortium über, das zwecks Schuldentilgung das Monopol der Steuererhebung in verschiedenen Provinzen und auf verschiedene Waren (Salz, Tabak, Alkohol u.a.) erhielt. Parallel kam es zu einem steigenden Kapitalimport europäischer Anleger, die an Rohstoffen (z.B. Erdöl) und Infrastrukturprojekten (z.B. Bagdadbahn) interessiert waren.

Der territoriale, wirtschaftliche und finanzielle Machtverlust führte zu einer Verschiebung der innenpolitischen Machtverhältnisse. Mit den »Jungtürken«, die im »Komitee für Einheit und Fortschritt« organisiert waren, entstand seit den 1870er Jahren eine politische Bewegung, die auf liberale Reformen und eine konstitutionelle Verfassung hinarbeitete, um dadurch das Osmanische Reich zu retten. Der autokratisch regierende Sultan wurde 1908/09 faktisch entmachtet und die Verfassung von 1876 wieder in Kraft gesetzt. Allerdings ermunterte der zunehmende Einfluss der Jungtürken, die 1908 erstmals und 1913 ein zweites Mal die Macht übernahmen, separatistische Bewegungen und andere Staaten eher dazu, dem Osmanischen Reich verstärkt zuzusetzen.

Aus dem Machtverfall des Osmanischen Reiches auf dem Balkan ergaben sich für die europäischen Großmächte Chancen und Gefahren. Russland versprach sich von der Schwächung des Osmanischen Reiches einen leichteren Zugang zum Mittelmeer, eine Ausweitung des Panslawismus auf dem Balkan und mehr Einfluss in Transkaukasien. Großbritannien wollte dies verhindern, zumindest aber erschweren. Österreich-Ungarn war bestrebt, einen größeren (süd)slawischen Staat an seiner Südgrenze nicht zuzulassen. Das Osmanische Reich selbst sah wiederum in der Kooperation mit dem Deutschen Reich die beste Möglichkeit, sich gegen russische und englische Ansprüche zu behaupten. So wurde die zwar große, aber schlecht ausgerüstete und schlecht ausgebildete türkische Armee seit 1913 von deutschen Offizieren reorganisiert und zum Teil auch befehligt. Die Planung und der Bau (ab 1903) der Bagdadbahn lag ebenfalls in deutschen Händen, an der Finanzierung waren neben deutschen aber auch noch französische, italienische u. a. Banken beteiligt.

Am 28. Juli 1914, unmittelbar vor Beginn des großen Krieges, machte das Deutsche Reich dem Osmanischen Reich ein Bündnisangebot: Es werde das osmanische Territorium garantieren, sofern Istanbul seine Armee einem deutschen Militärkommando unterstelle. Berlin versprach sich von diesem Bündnis einerseits die Möglichkeit zur Aufstachelung der muslimischen Welt gegen die Kolonialmacht England und andererseits eine Chance, die Seeverbindung zwischen Russland und den Westalliierten durch die Dardanellen zu unterbrechen. Am 2. August wurde der geheime deutsch-türkische Bündnisvertrag geschlossen.

Die Bündnisse gehen in Stellung

Die europäischen Bündnisblöcke, die sich im Sommer 1914 gegenüberstanden, hatten sich seit ca. 1890 herausgebildet und verfestigt. Bismarck war noch bestrebt gewesen, eine Annäherung zwischen Frankreich und Russland zu verhindern, um Deutschland für den Fall der militärischen Konfrontation mit einer dieser beiden Mächte den Rücken freizuhalten. Unter Kaiser Wilhelm II. trat das Deutsche Reich jedoch zunehmend selbstbewusst auf und nahm auf die mächtigen Nachbarn immer weniger Rücksicht. Der Rückversicherungsvertrag mit Russland wurde 1890 von Deutschland nicht verlängert. Folgerichtig vereinbarten Russland und Frankreich zunächst 1892 eine Militärkonvention und schließlich 1893 einen Allianzvertrag. Französische Kredite flossen nach Russland und dienten dort unter anderem zur Finanzierung von Aufrüstungsmaßnahmen. Auch England zeigte sich zunehmend besorgt über die außenpolitischen und militärischen Ambitionen des Deutschen Reiches, insbesondere über dessen gigantische Flottenaufrüstung, die an der Stärke der *Royal Navy* Maß nahm, und über ehrgeizige auswärtige Projekte wie den Bau der Bagdadbahn, die von großer strategischer Bedeutung für den arabischen Raum war. All dies führte dazu, dass England seine Position der *splendid isolation* aufgab und sich, vermittelt über kolonialpolitische Absprachen, die einerseits Nordafrika (Marokko und Ägypten), andererseits Vorder- und Mittelasien betrafen, sowohl Frankreich (1904) als auch Russland (1907) annäherte. Ein Symbol der englisch-französischen Annäherung war der Staatsbesuch Edwards VII. in Paris 1903, der in der Öffentlichkeit auf sehr große Resonanz stieß.

Das Deutsche Reich wurde in diese Regelungen nicht einbezogen, sein Anspruch auf weltpolitische Mitsprache also ignoriert. Mit der Landung Wilhelms II. in Tanger im März 1905 wies Deutschland zwar nachdrücklich auf seine Interessenlage hin, jedoch musste es auf der daraufhin im April 1906 einberufenen Konferenz von Algeciras die Erfahrung machen, dass außer Österreich-Ungarn keine andere europäische Großmacht bereit war, ihm Konzessionen zu machen. Das formell weiterhin souveräne Marokko wurde als spanisch-französische Interessensphäre anerkannt. Die *Entente cordiale*, deren Schwäche Deutschland mit seiner diplomatischen Intervention zu Marokko hatte demonstrieren wollen, ging aus der Krise gestärkt hervor. Was damals deutsche Politiker jeglicher Couleur (und lange Zeit auch deutsche Historiker) als aggressive »Einkreisung« durch die *Entente*-Mächte anprangerten, wird heutzutage von der Geschichtswissenschaft im allgemeinen eher als eine »Selbstisolierung« oder »Auskreisung« des Deutschen Reiches beurteilt. Nichtsdestoweniger entfaltete die Vorstellung, von missgünstigen und neidischen Großmächten umgeben zu sein, die auf keinen Fall den Deutschen ihren »Platz an der Sonne« zugestehen wollten, innerhalb Deutschlands eine verhängnisvolle Dynamik.

Auch auf dem Gebiet der maritimen Aufrüstung wurde zunehmend deutlich, dass die ehrgeizigen deutschen Absichten das Land diplomatisch eher isolierten, als ihm mehr Einfluss zu verschaffen. Seit 1896 wurde der Ausbau der Hochseeflotte verstärkt mit dem Ziel, im Kriegsfall auch die stärkste Seemacht England entscheidend schwächen zu können. England reagierte auf den deutsche Flottenausbau nicht nur mit einer quantitativen Verstärkung seiner Seestreitkräfte, sondern auch qualitativ, indem es ab 1905 mit dem Bau von neuartigen Großkampfschiffen (»Dreadnoughts«) begann. Dass Deutschland diese »Herausforderung« der etablierten Seemacht Nr. 1 annahm und seinerseits den Bau von Schlachtschiffen aufnahm, wurde in England als praktische Bestätigung des Verdachtes aufgefasst, es gehe dem »Störenfried« Deutschland mit seinem Flottenprogramm nicht nur um machtvolle Mittel zur Selbstverteidigung, die man ihm eventuell zugestehen konnte, sondern um eine generelle Bestreitung der britischen Suprematie auf den Weltmeeren. In dem Rüstungswettlauf, der auf dieser Grundlage entbrannte, hinkte Deutschland deutlich hinterher: Den vier Schlachtschiffen, die es seit der Flottennovelle von 1908 jährlich baute, standen jährlich acht »Dreadnoughts« auf der Seite Englands gegenüber. Bei Kriegsausbruch verfügten die Mittelmächte nur über 20 große Kriegsschiffe, die *Triple Entente* aber über 43.[7] Großbritannien reagierte aber nicht nur auf der Ebene der Seestreitkräfte auf die militärische Herausforderung durch das Deutsche Reich. Das Bündnis mit Frankreich veranlasste London auch zur Aufstellung einer British Expeditionary Force, einer Art schnellen Eingreiftruppe, die Frankreich im Fall eines Krieges gegen Deutschland unterstützen sollte. Demselben Zweck dienten engere militärische Absprachen mit Paris sowie Pläne zur Einbeziehung der *Dominions* in einen solchen Krieg.

Die Unberechenbarkeit der deutschen Außenpolitik trat besonders in der Affäre um das Interview mit Wilhelm II. hervor, das der englische *Daily Telegraph* am 28. Oktober 1908 veröffentlichte. Die kindische Selbstbeweihräucherung des Kaisers wurde in der deutschen Öffentlichkeit mit Empörung aufgenommen und führte erstmals zu einer gewissen Distanzierung der Regierung von dem »persönlichen Regiment« des Staatsoberhaupts. Wilhelm II. war gezwungen, öffentlich die außenpolitische Zuständigkeit und Kompetenz des Reichskanzlers von Bülow und der Regierung anzuerkennen. Indirekt trug die Affäre aber mit dazu bei, dass von Bülow im Parlament den Rückhalt bei monarchisch und konservativ gesonnenen Abgeordneten verlor und deshalb nach einer Abstimmungsniederlage zur Reform der Reichsfinanzen auf eigenen Wunsch (am 14. Juli 1909) entlassen wurde. Sein Nachfolger wurde Theodor von Bethmann Hollweg, der bis dahin in Preußen und im Reich in der Innenpolitik tätig gewesen war.

In der Krise um die österreichisch-ungarische Annexion von Bosnien-Herzegowina (Herbst 1908), mit der Wien die jungtürkische Revolution für sich ausnutzen wollte, konnte Berlin sich durchsetzen und Serbien sowie dessen Schutzmacht Russland dazu bringen, diesen Schritt zu akzeptieren. Der russische Außenminister Izvolsky hatte – hinter dem Rücken des Ministerpräsidenten Stolypin und allein nach Rücksprache mit dem Zaren – Zustimmung zu der Annexion signalisiert, weil er im Gegenzug von Österreich-Ungarn ein Entgegenkommen hinsichtlich des russischen Zugriffs auf den Bosporus und die Dardanellen erwartet hatte. Österreich-Ungarn preschte mit der Annexion jedoch vor, bevor sich Izvolsky mit anderen europäischen Staaten verständigen konnte. Nachdem sich dieses eigenmächtige Agieren als Fehlkalkulation herausgestellt hatte, konnte der Ministerrat seinen Einfluss gegenüber dem Zaren stärken. Izvolsky wurde 1910 von Sergei Sazonov abgelöst. Die »Bosnien-Krise« von 1908, aus der Russland und Serbien als Verlierer hervorgingen, ließ den Zweibund zwischen

Deutschland und Österreich-Ungarn in einem neuen Licht erscheinen: Deutschland stand zu seinem Verbündeten anlässlich eines Schrittes, der keinen defensiven, sondern einen eindeutig aggressiv-expansionistischen Charakter hatte.

Die Spannungen zwischen Frankreich und Deutschland eskalierten erneut, als 1911 französische Truppen nach Marokko geschickt wurden, um einen Aufstand niederzuschlagen. Angeblich geschah dies allein zu dem Zweck, bedrohte Europäer zu schützen, jedoch verstieß die Entsendung von Truppen gegen den Vertrag von Algeciras. Deutschland sah deshalb in dem französischen Vorgehen einen Bruch der internationalen Abmachungen und ließ am 1. Juli demonstrativ das Kanonenboot »Panther« in den Hafen der südmarokkanischen Stadt Agadir einlaufen. Die »Kanonenbootpolitik« sollte der Forderung an Frankreich Nachdruck verleihen, es habe für die militärische Handlungsfreiheit in Westmarokko an Deutschland Zugeständnisse zu machen. Das Deutsche Reich beschwor damit aus Anlass eines eher nebensächlichen Konfliktes das Risiko eines großen Krieges zwischen den europäischen Mächten herauf. Nachdem England mit der »Mansion House Speech« von Schatzkanzler David Lloyd George am 21. Juli 1911 eindeutig die Unterstützung Frankreichs auch im Falle eines Krieges signalisiert hatte und nachdem die deutschen Bündnispartner Italien und Österreich-Ungarn sich unwillig gezeigt hatten, in dieser Angelegenheit, die ihre Interessen nicht unmittelbar berührte, mitzuziehen, musste sich Deutschland mit einem eher symbolischen Gebietstausch im französischen Kongo zufrieden geben. Das sehr magere Ergebnis der »Zweiten Marokko-Krise« wurde von einer aufgeheizten deutschen Öffentlichkeit als nationale Demütigung empfunden. Es meldeten sich nur wenige distanziert-kritische Stimmen zu Wort, beispielsweise August Bebel, der am 9. November im Reichstag auf die Gefahr einer blutigen »Götterdämmerung der bürgerlichen

Welt« hinwies.[8] Eine Folge der aufgeputschten Stimmung in Deutschland war die Gründung des Wehrvereins im Februar 1912. Die außerparlamentarische Organisation propagierte angesichts der angeblichen Überlegenheit der *Entente*-Mächte eine sehr viel weiter gehende personelle und materielle Aufrüstung der Armee, als bis dahin geplant und diskutiert worden war.

Die Krise von 1911 bildete nicht nur in den internationalen Beziehungen, sondern auch im öffentlichen Bewusstsein einen wichtigen Wendepunkt.[9] Sie heizte das Wettrüsten in Europa weiter an. Das Deutsche Reich beschloss im Mai 1912, die Friedenspräsenzstärke seiner Armee zunächst um 39 000Mann zu erhöhen. Veranlasst durch den Ersten Balkankrieg, der Ende September 1912 begann und bei dem ein von Russland unterstütztes Bündnis aus Bulgarien, Griechenland, Serbien und Montenegro die Türkei schlug, drängte der Generalstab seit Herbst 1912 aber auf eine noch sehr viel umfassendere Verstärkung. In der aktuellen Situation wurde diese Forderung damit begründet, dass England zur gleichen Zeit dem Deutschen Reich gegenüber explizit zum Ausdruck brachte, man werde nicht tatenlos zusehen, wenn Deutschland Österreich-Ungarn bei einem Angriff auf Serbien unterstützen und damit einen Krieg gegen Russland und Frankreich riskieren würde. Für Generalstabschef Moltke war klar, dass das »Menschenmaterial« des Reiches besser ausgenutzt werden müsse: »Wir müssen wieder das Volk in Waffen werden, zu dem wir einst in großer Zeit durch große Männer geschaffen wurden.«[10]

Am 8. Dezember 1912 fand ein Treffen des engsten militärischen Führungskreises des Reiches (anwesend waren Wilhelm II., die Chefs des Generalstabes, des Admiralstabes, des Marinekabinetts und des Reichsmarineamtes) statt, das als »Kriegsrat« in die Geschichtsschreibung eingegangen ist. Aus der Unterstützung, die Großbritannien Russland und Frankreich für den Fall eines Krieges mit den Mittelmächten signalisiert hatte, zog der »Kriegsrat« die Konsequenz, dass ein Krieg unvermeidlich sei und »je eher desto besser« geführt werden sollte. Auch wenn es sich um ein informelles Treffen handelte, auf dem wegen der Abwesenheit der politischen Spitze (Reichskanzler, Kriegsminister u. a.) keine Beschlüsse gefasst werden konnten, so dokumentiert es doch die Entschlossenheit zu einem großen Krieg innerhalb wichtiger Kreise der Staatsführung.[11]

Eine Denkschrift des Chefs des deutschen Generalstabs, die dem Reichskanzler am 21. Dezember 1912 zuging und durch die er erstmals über die Grundzüge des Schlieffen-Plans in Kenntnis gesetzt wurde, betonte die Notwendigkeit, das Heer um 300 000 Mann (d. h. um ca. 50 %) zu verstärken.[12] Die Aufstockung der Präsenzstärke sollte hauptsächlich durch eine erheblich striktere Umsetzung der allgemeinen Wehrpflicht erreicht werden. Dieser Forderung stand allerdings das Kriegsministerium skeptisch gegenüber. Man befürchtete dort, eine solche personelle Erweiterung werde sowohl auf der Ebene der Mannschaften als auch im Offizierskorps die Integration von politischen und sozialen Kreisen notwendig machen, die man bis dahin recht erfolgreich von der Armee ferngehalten hatte. Man war besorgt um die »politische Zuverlässigkeit der Armee und die Homogenität des Offizierskorps«. Schließlich kam es zu einem Kompromiss, dem Anfang Juli 1913 auch der Reichstag zustimmte: Die Friedenspräsenzstärke des Heeres sollte um 136 000 Mann wachsen, allerdings zum größeren Teil erst ab 1916. Die Kosten sollten durch eine einmalige Sonderabgabe auf Vermögen und höhere Einkommen und durch eine direkte Steuer auf Vermögenszuwächse erbracht werden. Aus steuerpolitischen Gründen stimmte auch die SPD dieser ersten direkten Reichssteuer zu, obwohl sie die Heeresvorlage selbst als ineffektiv und verfehlt ablehnte. Der Beschluss der Heeresverstärkung stellte einen gravierenden Einschnitt in der gesellschaftlichen und politischen Entwicklung des Kaiserreiches dar, weil er eine weitgehende Neuausrichtung bzw. Fortentwicklung der Rüstungspolitik bedeutete. Er konfrontierte das Ausland mit einer erheblichen Ausweitung der personellen deutschen Erstschlagskapazität; und er beanspruchte, mit breiter Zustimmung der Öffentlichkeit und der Bürger, einen erheblich größeren Teil der gesellschaftlichen Ressourcen für das Militär.

Durch den raschen Sieg des Balkan-Bündnisses wurde die Türkei 1912 fast vollständig vom Balkan verdrängt. Wegen der Aufteilung der territorialen Beute brach das Bündnis allerdings sofort wieder auseinander. Aus dem Zweiten Balkankrieg (1913), der von Bulgarien begonnen wurde, ging neben Griechenland vor allem Serbien als großer Sieger hervor, weil es seine großen territorialen Zugewinne in Mazedonien behaupten konnte. Damit hatte sich an der Südgrenze Österreich-Ungarns ein Staat von erheblicher Größe gebildet, der von der Großmacht Russland protegiert wurde und der für serbische Minderheiten in den angrenzenden Staaten von beträchtlicher Attraktivität war. Eindeutiger Verlierer des Zweiten Balkankrieges war Bulgarien, das viele der Gebiete, die es im Ersten Balkankrieg erobert hatte, an Griechenland, Serbien und die Türkei abtreten und zudem die Dobrudscha Rumänien überlassen musste. Diese Zurückweisung seiner Ansprüche, die auf der fehlenden diplomatischen Protektion durch Russland beruhte, trug mit dazu bei, dass Bulgarien sich im Ersten Weltkrieg den Mittelmächten anschloss.

Militärischer Verlauf und Kriegsschauplätze

Westfront 1914

Im Falle eines Krieges gegen eine französisch-russische Allianz bestand für das Deutsche Reich das zentrale Problem darin, dass der Krieg an zwei Fronten geführt werden musste. Das Problem sollte durch den »Schlieffenplan« gelöst werden, an dem sich die militärische Führung auch 1914 orientierte. Der Plan war von Alfred Graf von Schlieffen (Chef des deutschen Generalstabs von 1891–1906) entwickelt worden und wurde nach seinem Ausscheiden aus dem Dienst noch mehrmals modifiziert. Schlieffen sah die direkte deutsch-französische Grenze durch die Reihe der starken Festungen von Verdun bis zur Schweizer Grenze blockiert. Deshalb sollte der Vorstoß der Hauptmacht des deutschen Heeres durch Südholland und Belgien erfolgen, um von dort aus das erheblich schwächer fortifizierte Nordfrankreich anzugreifen. Die französische Hauptarmee sollte so auch von Westen her angegriffen und gegen deutsche Stellungen östlich von ihr gedrückt werden. Dieser Plan ging davon aus, von Beginn an erheblich schneller als der Feind zu sein, die Truppen schneller aufstellen, transportieren und marschieren lassen zu können. Materielle Voraussetzung des Vormarsches und seiner Koordination waren die modernen Transport- und Kommunikationstechnologien (v.a. Eisenbahn, Funk, Telefon). Die Aufgabe der militärischen Führung wurde dabei primär darin gesehen, von einer Zentrale aus die großräumigen Bewegungen der Truppen minutiös zu planen und zu steuern. Gleich einem aufgezogenen Uhrwerk sollte der Feldzug ohne Rast und Pause nach einem konsequent eingehaltenen Drehbuch durchexerziert werden.[1] Nach dem schnell errungenen Sieg über Frankreich sollte das deutsche Heer dann gegen Russland, für das der deutsche Generalstab mit einer knapp sechswöchigen Mobilisierungsdauer rechnete, eingesetzt werden.

Der Schlieffen-Plan war geboren aus dem Wissen um die personelle und materielle Überlegenheit der Feinde, wollte diese Überlegenheit aber durch das Konzept eines massiven »Blitzkrieges« gar nicht erst zur Entfaltung kommen lassen. Der Plan hatte mindestens zwei Schwächen: Er blendete die Unwägbarkeiten eines jeden Krieges weitgehend aus. Und er missachtete die im Vertrag von London 1831 von den europäischen Großmächten garantierte Neutralität Belgiens.

Auch Frankreich verfügte für den Fall eines Krieges mit seinem großen östlichen Nachbarn über einen Kriegsplan. Der französische Plan XVII aus dem Jahr 1911 wurde von General Ferdinand Foch entwickelt. Im Vertrauen auf die Bündnisse mit England und Russland war er im Unterschied zu früheren Plänen im Geist einer *Offensive à outrance* (dt.: Offensive bis zum Äußersten) ausgerichtet und sah ein Vordringen in Lothringen und in den Ardennen vor. Er beruhte auf den Überlegungen, dass Deutschland im Falle eines Krieges Frankreich nicht über Belgien angreifen werde, weil dies zu einem Kriegseintritt Englands führen musste, und dass es einen großen Teil seiner Truppen zunächst gegen Russland einsetzen werde. Der Plan scheiterte in den ersten Kriegswochen schnell an der starken deutschen Verteidigung im Elsass und an der Mosel und führte zum Rückzug der französischen Truppen auf ihre Ausgangsstellungen.

Hingegen schien der Schlieffen-Plan in den ersten Augustwochen des Jahres 1914 zunächst aufzugehen. Fünf deutsche Armeen marschierten in der Augusthitze im Eiltempo durch Belgien auf Paris zu und verbreiteten dabei Angst und Schrecken. Am 2. September floh die französische Regierung aus der bedrohten Hauptstadt nach Bordeaux. Frankreich hatte offenbar die deutsche Truppenstärke unterschätzt, war vor allem nicht auf den schnellen Einsatz deutscher Reservetruppen vorbereitet. Doch wegen der unerwartet schnellen Mobilisierung Russlands und dem Eindringen der russischen Streitkräfte nach Ostpreußen waren an der Ostfront mehr deutsche Truppen gebunden als ursprünglich vorgesehen. Zudem stellte sich heraus, dass die Zahl der Soldaten, die wegen Krankheit oder für Nachschub- und Sicherungsmaßnahmen zurückgelassen werden mussten, viel zu niedrig angesetzt worden war. So schwächte sich der deutsche Vormarsch ab.

Ab dem 5. September tobte östlich von Paris die Schlacht an der Marne. Auf beiden Seiten starben ca. 250 000 Soldaten – die höchsten Verluste in einer einzigen Schlacht während des ganzen Krieges. Im Verlauf der Schlacht schafften es die französischen Truppen mit Unterstützung britischer Entlastungsangriffe schließlich, den deutschen Vormarsch zum Stehen zu bringen. Am 9. September wurde den beteiligten zwei deutschen Armeekorps befohlen, sich geordnet zurückzuziehen und sich nördlich der Aisne einzugraben. Möglich wurde das »Wunder an der Marne«, weil der deutsche Vormarsch ins Leere lief. Die englischen Truppen (von denen lange Zeit nicht klar war, ob sie kämpfen oder sich heimwärts einschiffen würden) und die französischen Truppen zogen sich unter heftigen Abwehrkämpfen zunächst immer weiter zurück, während es den Alliierten gleichzeitig gelang, neue Truppen zu rekrutieren und Truppen massiert dorthin zu verlegen, wo sie strategisch erforderlich waren. Legendär wurde der Einsatz von Taxis für den Truppentransport in der Umgebung von Paris. Der Umfang und die Schnelligkeit, mit der Truppen verlegt wurden, ergaben sich hauptsächlich daraus, dass das Eisenbahnnetz rund um Paris wesentlich dichter und besser ausgebaut war als in den entfernteren nördlichen Départements. Der Sieg in der Gegenoffensive an der Marne ist deshalb auch als »Sieg der französischen Eisenbahn«[2] bezeichnet worden. Er führte zur Erstarrung der Front im mittleren nordfranzösischen Abschnitt, wozu auch die enormen Verluste und der Munitionsmangel auf beiden Seiten beitrugen. Das Kriegsgeschehen an der Westfront verlagerte sich danach hauptsächlich auf den Versuch der Deutschen, größere Abschnitte der Kanalküste unter ihre Kontrolle zu bekommen, um den Nachschub des Feindes über See zu erschweren. Doch auch an der nördlichen Westfront bei Ypern vermochten die Deutschen keinen Durchbruch durch die feindlichen Linien, die hier hauptsächlich von Engländern verteidigt wurden, zu erzielen. Die für ihren Nachschub wichtigen Kanalhäfen blieben somit in der Hand der Alliierten.

Generaloberst Helmuth von Moltke, der seit 1906 Generalstabschef des deutschen Heeres war und in den Septembertagen fern der Front im Luxemburger Hauptquartier weilte, war sich der Reichweite der Entscheidung zum Rückzug bewusst. Am 8. September schrieb er seiner Frau: »Es handelt sich hier um Wahrung oder Verlust des bisher mit unendlichen Opfern Errungenen, es wäre furchtbar, wenn all dies Blut vergossen sein sollte, ohne einen durchschlagenden Erfolg.« Und einen Tag später teilte er seiner Frau mit: »Der so hoffnungsvoll begonnene Anfang des Krieges wird in das Gegenteil umschlagen. – Ich muß das, was geschieht, tragen, und werde mit meinem Lande stehen oder fallen.«[3] Letztendlich gab nicht Moltke selbst, sondern der von ihm an die Front geschickte Oberstleutnant Richard Hensch, Chef der Nachrichtenabteilung, den entscheidenden Befehl, wobei wohl beiden in den wichtigen Phasen der Gesamtüberblick über das Schlachtgeschehen an der 400 km breiten Front fehlte. Der Rückzug an der Marne und damit das Scheitern des Schlieffen-Plans kosteten Helmuth Graf von Moltke seinen Posten. Neuer Generalstabschef wurde – zunächst in Personalunion – der preußische Kriegsminister General Erich von Falkenhayn.

Unter deutschen Militärs, Politikern und Journalisten entbrannte schon bald ein heftiger Streit darum, wer für das Desaster an der Marne verantwortlich gewesen sei. Dabei wurden in erster Linie angebliche Eigenmächtigkeiten und Fehler der militärischen Führung hervorgehoben. Eine Anerkennung des Feindes für sein geschicktes Defensivverhalten und für die dann organisierte Gegenoffensive kam ebenso wenig in Frage wie Zweifel an der Grundkonzeption des Schlieffen-Plans selbst und an der Möglichkeit seiner Umsetzung unter den politisch-strategischen Bedingungen des Jahres 1914.

Die Schlacht an der Marne war der entscheidende strategische Wendepunkt des Krieges an der Westfront: Der »Bewegungskrieg« ging in den »Stellungskrieg« über, die Zeit der großräumigen und schnellen Truppenbewegungen war zu Ende. Deutliches Zeichen für den Wandel war die Rückkehr der französischen Regierung nach Paris gegen Ende 1914. Auch wenn das gängige Bild des Ersten Weltkriegs von dem Massensterben in den Schützengräben dominiert wird, so sollte nicht vergessen werden, dass der August und der September 1914, also die Zeit des »Bewegungskrieges«, die beiden verlustreichsten Monate des gesamten Krieges waren.[4] Der Übergang zum Stellungskrieg bedeutete gleichzeitig, dass das Deutsche Reich in Nordfrankreich, Belgien und Luxemburg faktisch zu einer dauerhaften Besatzungsmacht wurde.

Generalstabschef Falkenhayn war schon Mitte November 1914 bewusst, dass an einen Sieg, der dem Deutschen Reich einen Diktatfrieden über seine Gegner ermöglicht hätte, nicht mehr zu denken war. Nach seiner Auffassung konnte nur ein auf Verhandlungen beruhender Separatfrieden mit Russland dem Reich jenen Spielraum verschaffen, den es für einen Sieg an der Westfront benötigte. Mit dieser durchaus realistischen Einschätzung stieß er aber sowohl bei Kanzler Bethmann Hollweg als auch bei den scheinbar so erfolgreichen Kommandeuren des Ostheeres auf Unverständnis.[5]

Ost- und Südostfront 1914–1916

Die Erinnerung an den Großen Krieg war und ist im allgemeinen geprägt von den gewaltigen Abnutzungs- und Materialschlachten an der Westfront. Demgegenüber treten die Geschehnisse an der fast 2000 km langen Ostfront zwischen Ostsee und Schwarzem Meer zurück, obwohl auch dort Millionen Menschen umkamen und die dortigen militärischen Entscheidungen den Ausgang des Krieges wesentlich beeinflussten. Die ungleiche Erinnerung resultiert(e) einerseits aus dem Bewusstsein, dass die zentrale politische und strategische Auseinandersetzung im Westen zwischen Deutschland und England stattfand. In Russland ist andererseits die Erinnerung an den Großen Krieg klar von den Ereignissen seit 1917 – Revolution, Bürgerkrieg, Kollektivierung, Massenhungersnot und Zweiter Weltkrieg – und von der Geschichtspolitik der Bolschewiki verdrängt worden.

Gemäß einer Absprache mit Frankreich aus dem Jahr 1913 und damit entgegen den Annahmen des Schlieffen-Plans griff die russische Armee das Deutsche Reich an, noch bevor die Mobilisierung in Russland vollständig durchgeführt war. Schon Mitte August drangen große russische Truppenverbände, die den deutschen Truppen im Osten im Verhältnis 3:1 überlegen waren, in Ostpreußen erfolgreich auf deutsches Territorium vor. Die überraschte deutsche Führung bezichtigte daraufhin die Führungsspitze der Ost-Armee des zögerlichen Handelns, setzte sie ab und übergab das Kommando über die VIII. Armee an General Paul von Hindenburg und an Erich Ludendorff als Generalstabschef. Hindenburg war schon 1911 aus dem militärischen Dienst verabschiedet worden, wurde aber nun reaktiviert. Ludendorff galt als einer der fähigsten Offiziere des Generalstabes. Er hatte zu Beginn des Krieges wesentlich die Eroberung der Zitadelle von Lüttich organisiert und war als »Held von Lüttich« berühmt und mit höchsten Orden ausgezeichnet worden. Von Hindenburg und Ludendorff erwartete die OHL die »Rettung des Ostens« durch ein offensiveres Vorgehen, wobei von Anfang an klar war, dass die bestimmende Rolle in dem Tandem eindeutig bei Ludendorff lag. Während der nächsten vier Kriegsjahre arbeiteten die beiden ständig eng zusammen, zunächst an der Ostfront, dann ab 1916 als Führungsduo der Obersten Heeresleitung, unter dessen Kommando der Krieg endgültig totalisiert wurde.

Um die Ostfront zu stärken, wurden zwei Armeekorps vom vordringenden rechten Flügel der Westfront abgezogen und an die Ostfront geschickt, was die Offensive im Westen erheblich schwächte. Noch vor dem Eintreffen dieser Truppen wurde jedoch Ende August 1914 der russischen Armee in Ostpreußen eine klare Niederlage beigebracht. Anschließend wurde sie in den ersten Septemberwochen vom deutschen Territorium vertrieben. Der Sieg begründete den legendären Ruf Paul von Hindenburgs und Erich Ludendorffs als »Retter des Vaterlandes«. Auf Vorschlag Ludendorffs erhielt die entscheidende Schlacht nach einem dreißig Kilometer entfernten Ort den Namen »Schlacht von Tannenberg«. Damit sollte der aktuelle Kampf zwischen Deutschen und Russen symbolisch in die Tradition der mittelalterlichen Osteroberung durch den Deutschen Ritterorden gestellt werden, der 1410 bei Tannenberg von einem polnisch-litauischen Heer geschlagen worden war.

Für Österreich-Ungarn verlief der Krieg von Beginn an ungünstig. Zwar gelang es zunächst, Belgrad zu erobern, die serbische Hauptstadt musste aber schon bald wieder aufgegeben werden. In Galizien erlitt Österreich-Ungarn Anfang September 1914 schwere Niederlagen gegen Russland und musste sich weit zurückziehen. Von Januar bis April 1915 nahm die k.u.k. Monarchie in der Winterschlacht in den Karpaten Verluste von ca. 800 000 Mann (Tote, Verwundete, Gefangene und Vermisste) hin, ein Schlag, von dem sie sich nicht mehr erholte und der eine immer größere Unterstützung durch den Bündnispartner Deutschland erforderlich machte. Allerdings hatte auch Russland, das rein numerisch über die größte aller Armeen verfügte, sehr hohe Verluste. Sie waren zu einem beträchtlichen Teil auf strukturelle Probleme zurückzuführen, hatte doch die russische Armee aufgrund fehlender industrieller Ressourcen erhebliche Schwierigkeiten mit der Waffen- und Munitionsversorgung, v.a. bei Gewehren und schwerer Artillerie. Ferner war das relativ weitmaschige russische Eisenbahnnetz in vielen Regionen den Anforderungen des militärischen Nachschubs nicht gewachsen, so dass Materialien und Truppen über große Strecken auf häufig schlechten Straßen und Wegen an die Front gebracht werden mussten. Generell litt die russische Strategie zu Kriegsbeginn darunter, dass nicht klar entschieden wurde, gegen wen zunächst hauptsächlich vorgegangen werden sollte: Gegen Deutschland in Ostpreußen, wie es von Frankreich gewünscht wurde, oder gegen Österreich-Ungarn in Galizien, was innerhalb der russischen Eliten favorisiert wurde.

Ab Anfang April 1915 drangen die Mittelmächte unter deutschem Oberkommando dann aber weit nach Osten vor, verzeichneten ihre größten Siege des gesamten Krieges (Schlacht von Gorlice-Tarnów, 2. Mai – 22. Juni 1914), besetzten Litauen, Kurland und Polen und eroberten Galizien zurück. Unter hohen Verlusten versuchte Russland, so viele Truppen wie möglich geordnet aus Polen zurückzuziehen. Parallel zu dem »großen Rückzug« verfolgte das Zarenreich eine Strategie der »verbrannten Erde«, um dem Feind das Land möglichst unbrauchbar zu hinterlassen. Dies führte wiederum dazu, dass der militärische Rückzug mit der Flucht von Millionen von Zivilisten nach Osten einherging. Je weiter allerdings die Heere der Mittelmächte nach Osten vordrangen, umso größer wurden die logistischen Probleme. Trotz aller Erfolge erstarrte deshalb auch die Ostfront im Herbst 1915. Hindenburg und Ludendorff gaben die Schuld hieran dem deutschen Oberkommandierenden Falkenhayn. Sie warfen ihm, wie schon zu Beginn des Jahres 1915, mangelnde Unterstützung bei der einmaligen Chance vor, Russland entscheidend zu schlagen. Das Verhältnis zwischen der OHL und dem Oberkommando Ost blieb deshalb bis zur Ablösung der OHL im August 1916 äußerst gespannt. Das Hauptquartier von Hindenburg und Ludendorff, seit Mitte Oktober 1915 in Kowno, wurde zu einer Anlaufstelle für all diejenigen, die mit der auf die Westfront konzentrierten Ermattungsstrategie der OHL unzufrieden waren und auf einen endgültigen »Siegfrieden« gegen Russland drängten.[6]

Die Erfolge der Mittelmächte an der Ostfront veranlassten das bis dahin neutrale Bulgarien, sich ihnen im September 1915 offiziell anzuschließen. Hierfür wurden ihm von den Mittelmächten jene Gebiete in Aussicht gestellt, die sich das Land schon im Ersten Balkankrieg von der Türkei angeeignet, dann aber nach dem Zweiten Balkankrieg an Serbien und Griechenland hatte abgeben müssen. Auf der Grundlage dieser neuen Konstellation konnte Serbien im Oktober 1915 von zwei Seiten aus angegriffen und innerhalb von vier Wochen erobert werden. Ungefähr 100 000 serbische Soldaten und viele Zivilisten flohen daraufhin im Herbst und Winter über Albanien an die Adria.[7] Schiffe der Alliierten brachten sie nach Korfu, das kurz zuvor von französischen Truppen besetzt worden war und nun zum Sitz der serbischen Exilregierung wurde. Das eroberte Serbien wurde einer Militärverwaltung unterstellt, die mit der einheimischen Bevölkerung äußerst brutal umging und auch vor Massenerschießungen nicht zurückschreckte. Die Truppen der Mittelmächte setzten ihren Vormarsch auf dem Balkan fort, verdrängten die Italiener aus dem nördlichen und mittleren Albanien und eroberten im Januar 1916 auch Montenegro.

Russland versuchte ab Anfang Juni 1916 mit den drei sogenannten Brussilow-Offensiven unter General A. A. Brussilow die Lage in Galizien und in der Bukowina wieder zu seinen Gunsten zu entscheiden. Trotz erheblicher Raumgewinne und einer großen Zahl an Opfern auf der Seite der Mittelmächte hatten die Angriffe aber keinen wirklich nachhaltigen Erfolg. Immerhin wurde das bis dahin neutrale Rumänien durch das russische Vordringen ermutigt, im August 1916 auf der Seite der Alliierten in den Krieg einzutreten. Dafür hatte die *Triple Entente* dem neuen Verbündeten Gebiete im Habsburgerreich in Aussicht gestellt, in denen überwiegend Rumänen lebten (Siebenbürgen, Banat, Bukowina). Die rumänische Rechnung ging allerdings zunächst nicht auf, weil die schlecht ausgerüstete und unzureichend ausgebildete rumänische Armee trotz russischer Unterstützung schnell von den Mittelmächten geschlagen wurde. Anfang Dezember 1916 wurde die rumänische Hauptstadt Bukarest erobert, womit die Mittelmächte Zugriff auf die beträchtlichen Rohstoff- und Nahrungsmittelressourcen des Landes (Weizen, Bauholz, Öl u. a.) erhielten. Zudem hatten sie nun einen weiteren strategischen Vorteil, weil Russland von anderen Fronten Truppen abziehen musste, um auf einen Angriff der Mittelmächte von Rumänien aus vorbereitet zu sein. Schon Ende 1916 schien an der Ostfront zwischen der Ostsee und dem Schwarzen Meer der Krieg eindeutig zu Gunsten der Mittelmächte entschieden zu sein. Allerdings hätte sich das Habsburgerreich allein und ohne beträchtliche deutsche Unterstützung wohl kaum so behaupten können. Der Tod des greisen, seit 1848 regierenden Kaisers Franz Joseph im November 1916 war eine Art Symbol für den Niedergang des alten Habsburgerreiches.

Italien 1915/16

Italien, seit 1882 mit dem Deutschen Reich und mit Österreich-Ungarn im Dreibund verbündet, erklärte sich zu Kriegsbeginn für neutral. Begründet wurde dies damit, dass die Mittelmächte keinem Angriff ausgesetzt gewesen seien, der Krieg vielmehr von ihnen ausgegangen sei und sie zudem in der »Juli-Krise« die italienische Regierung nicht informiert und konsultiert hätten. Diese Begründung war nicht die ganze Wahrheit. Ausschlaggebend waren vielmehr die Spannungen, die schon seit längerer Zeit zwischen Italien und Österreich-Ungarn bestanden und die die formal noch fortbestehenden Bündnispflichten schon vor Kriegsbeginn mehr und mehr unterminiert hatten. Hierzu zählten u. a. die österreichisch-ungarische Parteinahme für den Papst in der Auseinandersetzung zwischen ihm und dem italienischen Staat, die irredentistischen Ansprüche Italiens auf Gebiete mit italienischsprachiger Bevölkerung in Südtirol, im Trentino und an der nordöstlichen Adria (Triest), das italienisch-österreichische Wettrüsten nach der Jahrhundertwende sowie Gegensätze zwischen Rom und Wien in der »Bosnien-Krise«, während des Libyenkrieges und hinsichtlich der Albanien-Politik.[8] Zwischen dem jungen Nationalstaat Italien, der noch einige territoriale Ansprüche hatte und der sich anschickte, in der Adria und im Mittelmeerraum seinen Interessen Geltung zu verschaffen, und dem Habsburgerreich, das an den Resten seines ehemaligen oberitalienischen Herrschaftsgebietes entschlossen festhielt, bestand seit Jahrzehnten alles andere als ein freundschaftliches und gutnachbarliches Verhältnis.

Maßgebliche italienische Politiker waren zu Kriegsbeginn fest entschlossen, die Situation im Sinne eines *sacro egoismo*, der ausschließlichen Orientierung an nationalen Interessen, für eine territoriale Expansion auszunutzen. Bis in das Frühjahr 1915 führte Rom sowohl mit den Mittelmächten als auch mit den Alliierten Verhandlungen. Im Frühjahr 1915 entschloss man sich dann zum Eintritt in den Krieg auf der Seite der *Entente*. Das zögerlich-zaudernde, auf Zeitgewinn berechnete Verhalten Österreich-Ungarns, das sich lange dagegen sperrte, von sich aus Gebiete anzubieten, um die Gefahr einer weiteren Front abzuwenden, scheint Italien in die Arme der Alliierten getrieben zu haben. Allerdings konnten London, Paris und Petersburg für den Fall eines Sieges Italien allemal mehr versprechen als das, was Wien bieten konnte. Im Londoner Abkommen vom 26. April 1915, der ersten von vielen Geheimabsprachen des Krieges, verpflichtete sich Rom dazu, spätestens einen Monat nach Vertragsunterzeichnung mit allen Kräften auf der Seite der Alliierten in den Krieg einzutreten und keinen Sonderfrieden abzuschließen. Die Alliierten sicherten ihrerseits Rom Unterstützung bei der Kriegsführung zu, z. B. in Form von Entlastungsangriffen oder bei der Bekämpfung der österreichisch-ungarischen Flotte in der Adria. Nach einem Sieg sollte Italien Tirol bis zum Brenner, das Trentino, Triest und Istrien, das nördliche und mittlere Dalmatien und den Dodekanes vor der südwestlichen türkischen Küste erhalten. Ferner sollte Rom der Besitz des von ihm besetzten Libyen garantiert werden, es sollte die Außenpolitik Albaniens leiten dürfen und es sollte einen Teil der ehemals deutschen Kolonien in Afrika übernehmen.

Der Londoner Vertrag blieb bis Februar 1917, als er von der Izvestija, der neuen kommunistischen Zeitung in Russland, veröffentlicht wurde, geheim. Niemandem in Italien konnte allerdings verborgen bleiben, dass die Regierung und regierungsnahe Kreise mit einem Kriegseintritt kalkulierten. Es kam deshalb zu heftigen innenpolitischen Auseinandersetzungen zwischen den Bellizisten und den Neutralisten, die im Parlament die Mehrheit stellten und auch von der katholischen

Kirche unterstützt wurden. Kriegswillige Interventionisten entfalteten eine breite publizistische Kampagne. Unter den italienischen Sozialisten, die bis dahin einen Kriegseintritt abgelehnt hatten, wurde eine von Benito Mussolini vertretene Strömung immer stärker, die die Neutralität vehement ablehnte und sich im Interesse nationaler Expansion und Stärkung vehement für einen Kriegseintritt aussprach.

Am 3. Mai 1915 kündigte Italien offiziell den Dreibund, ein deutliches diplomatisches Signal, dass bald mit seinem Kriegseintritt zu rechnen war. Die Mittelmächte versuchten noch, die neutralistischen Kräfte in der italienischen Öffentlichkeit zu stärken, indem sie ihre auf den ersten Blick großzügigen territorialen Zugeständnisse veröffentlichten, zu denen sie ohne Krieg bereit waren. Den daraufhin angebotenen Rücktritt des Kabinetts nahm jedoch König Viktor Emanuel II. nicht an. In dieser Situation schreckten die Kräfte, die den Krieg ablehnten, davor zurück, die Konfrontation weiter voranzutreiben und die Macht an sich zu reißen, was den revolutionären Übergang zur Republik bedeutet hätte. Am 20. Mai 1915 stimmte das Parlament mit großer Mehrheit einem Antrag zu, mit dem die königliche Regierung weitgehende Vollmachten zur Kriegsführung erhielt. Einer verhältnismäßig kleinen, aber lautstarken und einflussreichen Gruppe war es »durch das Ausspielen der nationalen Karte«[9] gelungen, die Nation in den Krieg zu führen. Dem Eintritt Italiens in den Krieg kam für den Kriegsausgang insofern große Bedeutung zu, weil dadurch beträchtliche österreichische Kräfte gebunden wurden.

Nach der Kriegserklärung an Österreich-Ungarn am 23. Mai 1915, die Kaiser Franz Joseph als einen in der Geschichte beispiellosen »Treubruch« bezeichnete[10], wurde eine Front gegen Österreich-Ungarn am Isonzo-Fluss und in den Dolomiten aufgemacht. Der Krieg in den Bergen dauerte sehr viel länger als ursprünglich geplant und führte zu einer starken Belastung der Bevölkerung. Die schlecht ausgebildeten, unerfahrenen und desorganisierten italienischen Soldaten verzeichneten gerade in den ersten Monaten sehr hohe Verluste. Italien verlor an der ca. 600 km langen, oftmals im schwer zugänglichen Hochgebirge verlaufenden Front gegen Österreich-Ungarn in elf großen Offensiv-Schlachten bis August 1917 insgesamt ca. 1,5 Millionen Mann, davon über 600 000 Tote und ca. 450 000 Invalide.[11] Als sich im Spätsommer 1917 endlich Erfolge auf der Seite der Italiener zeigten, forderte Österreich-Ungarn massive Unterstützung durch deutsche Truppen an. Die Gegenoffensive, die Ende Oktober 1917 bei Caparetto mit starkem Artilleriefeuer und Giftgas eröffnet wurde, führte zum militärischen Zusammenbruch der italienischen Armee. Hunderttausende Soldaten flohen überstürzt oder wurden gefangengenommen, wobei große Waffenbestände aufgegeben wurden. Erst mit britischer und französischer Hilfe gelang eine neuerliche Stabilisierung der Front an der Piave. Das beträchtliche nordöstliche italienische Terrain, das damit in die Hände der Mittelmächte fiel, wurde auf eine ähnliche Weise für den Krieg ausgebeutet, wie es schon in Nordfrankreich und Belgien geschehen war. Hierzu zählten auch Terrormaßnahmen gegen die Zivilbevölkerung.[12]

Westfront 1915/16

Nachdem der Krieg in Frankreich im Winter 1914/15 zum Stellungskrieg erstarrt war, setzten beide Seiten ungeheure Mengen an Menschen und Material ein, um eine Entscheidung herbeizuführen. Jedoch gab es trotz aller Attacken und Materialschlachten das ganze Jahr 1915 hindurch keinerlei größere Veränderungen an der Front. Keiner Armee gelang es, die gegnerischen Verteidigungslinien zu durchbrechen und damit die Freiheit zu jenem Bewegungskrieg zu erlangen, von dem man sich eine Entscheidung versprach. Dies gilt insbesondere für die großen Herbstoffensiven der Franzosen und Engländer im Artois und in der Champagne. Auch die großen und überaus verlustreichen Schlachten des Jahres 1916, der deutsche Angriff auf Verdun, die größte französische Festungsanlage, von Februar bis Juni 1916 und die englisch-französische Offensive von Ende Juni bis November an der Somme, brachten keiner der Kriegsparteien nennenswerte Vorteile. Im Kampf um Verdun verloren die Armeen insgesamt ca. 700 000 Soldaten (Gefallene, Vermisste, Verwundete). Im Kampf an der Somme beliefen sich die Verluste insgesamt auf ca. 1,1 Millionen Soldaten, davon ca. 420 000 Briten (unter ihnen viele Soldaten aus den englischen *Dominions*), 205 000 Franzosen und 465 000 Deutsche.[13] Die Offensiven an der Somme und um Verdun zielten nicht allein auf strategisch wichtige Durchbrüche und größere Geländegewinne. In ihnen ging es auch darum, den Feind auszubluten – menschlich und materiell. Allerdings ist es fraglich, ob der deutsche Angriff auf Verdun von Beginn an von einer expliziten »Ausblutungsstrategie« bestimmt war. Der einzige Beleg hierfür findet sich in den 1920 veröffentlichten Memoiren Falkenhayns, in denen er schildert, wie um Weihnachten 1915 die Entscheidung für den Angriff fiel. In diesem Rückblick ist zwar von der Absicht des »Ausblutens« die Rede, jedoch kann es sich hierbei durchaus auch um eine nachträgliche strategische Beschönigung der Tatsache handeln, dass der deutschen Armee trotz der hohen Verluste die Einnahme der Festung nicht gelungen war.[14] Wie auch immer: Das Kriegsjahr 1916 forderte an der Westfront insgesamt rund 1,3 Millionen Verletzte und Gefallene, »es war das größte Blutbad aller Zeiten«[15]. Auf beiden Seiten brachte die Erfolglosigkeit die Oberkommandierenden und höchste Politiker um ihre Posten: In Deutschland wurde Falkenhayn Ende August 1916 von Paul von Hindenburg und Erich Ludendorff abgelöst. Damit fand das fast zwei Jahre dauernde Ringen zwischen den Feldherren von Ober-Ost und der Zweiten OHL ein Ende. In Frankreich wurde im Dezember 1916 Joseph Joffre von Robert Nivelle, dem Sieger von Verdun, auf dem Posten des Oberbefehlshabers abgelöst. Und in Großbritannien übernahm David Lloyd George das Amt des Premierministers von Herbert Asquith. In Deutschland war der Übergang von der Zweiten zur Dritten OHL mit einer deutlichen Machtverlagerung von den politischen zu den militärischen Instanzen verbunden. Kanzler Bethmann Hollweg hatte die Ablösung zwar unterstützt, verlor aber an Einfluss und musste sein Amt Mitte Juli 1917 auf Betreiben der OHL schließlich an den relativ einflussarmen Georg Michaelis abtreten. Auch der Kaiser trat im Zuge der Militärdiktatur immer weiter in den Hintergrund.

Entscheidender als die personellen Konsequenzen war allerdings, dass sowohl in London und Paris als auch in Berlin und Wien die Entscheidung getroffen wurde, noch größere Rüstungsanstrengungen als bisher zu unternehmen. Dazu zählte vor allem die Ausweitung der Produktion von Waffen und Munition sowie die forcierte Entwicklung neuer Waffengattungen (z. B. Panzer auf der Seite der Alliierten). Im Deutschen Reich verlangte die Armeeführung beispielsweise, die Herstellung von Maschinengewehren zu verdreifachen und die Munitionsproduktion zu verdoppeln.

Der Krieg zu See

Gleich zu Beginn des Krieges verhängten die Alliierten eine Seeblockade über das Deutsche Reich, um die deutsche Wirtschaft von der Zufuhr wichtiger Rohstoffe und Waren abzuschneiden. Schiffe, die als »Konterbande« definierte Ladungen für Deutschland an Bord hatten, mussten damit rechnen, aufgebracht zu werden. Deutschen Handelsschiffen drohte die

Versenkung. Ein großer Teil der deutschen Handelsflotte lief deshalb zu Beginn des Krieges neutrale Häfen an und verblieb dort, ein anderer Teil wurde tatsächlich versenkt. Die Blockade war auf dem Kanal sehr einfach durchzusetzen. In der nördlichen Nordsee zwischen Schottland und Norwegen hielt die englische Heimatflotte, die *Grand Fleet*, die in der Bucht von Scapa Flow auf den Orkney-Inseln stationiert war, die Blockade aufrecht. Das von dieser geballten Seemacht ausgehende Bedrohungspotenzial reichte weitgehend aus, um Blockadebrecher und deutsche Kriegsschiffe abzuschrecken. Für England ergaben sich Probleme eher daraus, wie mit Schiffen umgegangen werden sollte, deren Ladungen Deutschland über neutrale Staaten wie Holland oder Dänemark erreichten. Hier war diplomatisches Geschick angesagt, um diese Staaten nicht zu sehr zu verprellen.

Betrachteten die Mittelmächte die Blockademaßnahmen anfangs noch relativ gelassen, so wurden sie mit längerer Kriegsdauer und mit zunehmendem Druck der Alliierten auf neutrale Staaten zu einem gravierenden Problem, insbesondere nachdem England die gesamte Nordsee zur Kriegszone erklärt hatte. England weitete zudem die Definition von »Konterbande« immer mehr aus, so dass immer mehr Warenarten darunterfielen. Es ging auch dazu über, neutralen Staaten beim Import bestimmter Waren nur gewisse Kontingente zuzugestehen, wenn der Verdacht des Exports nach Deutschland bestand.

Obwohl die Blockade die deutsche Wirtschaft empfindlich traf und obwohl sich das Deutsche Reich eine große Flotte zugelegt hatte, die der führenden Seemacht Großbritannien ernsthaft Konkurrenz machen sollte, blieb die deutsche Seestreitmacht zunächst in ihren Häfen. Diese Zurückhaltung ergab sich einerseits aus der immer noch in vielen Bereichen bestehenden Überlegenheit der *Royal Navy* über die deutsche Marine. Andererseits waren die strategischen Planungen der

Reichsmarine seit langer Zeit von einer »engen« Blockade ausgegangen, auf die mit einer Entscheidungsschlacht in der Deutschen Bucht hätte reagiert werden sollen. Mit der »weiten« Blockade in der nördlichen Nordsee war diese Voraussetzung hinfällig. Zur ersten und einzigen größeren Seeschlacht zwischen deutschen und britischen Kriegsschiffen kam es erst am 31. Mai 1916 im Skagerrak. Aus ihr ging aber kein eindeutiger Sieger hervor. Danach kehrten die verbliebenen deutschen Kriegsschiffe in ihre Häfen zurück. Sie spielten erst in der Novemberrevolution wieder eine Rolle, als die Matrosen sich weigerten, zu einer letzten, sinnlosen und nur der soldatischen Ehre dienenden Schlacht auszulaufen.

Seit Kriegsbeginn 1914 setzte Deutschland die neue Waffe der U-Boote ein, zunächst gegen einzelne feindliche Kriegsschiffe, später auch und vor allem gegen Handelsschiffe, die die Alliierten mit Nachschub versorgten. Die Bedeutung der U-Boote für die Kriegsführung zu See war noch kurz vor dem Krieg von der deutschen Admiralität als gering eingeschätzt worden. Sie ging vielmehr davon aus, dass es zu einer größeren Entscheidungsschlacht gegen die *Royal Navy* kommen werde, bei der U-Boote allenfalls eine Nebenrolle spielen würden. Zu Kriegsbeginn verfügte das Reich deshalb nur über 24 U-Boote[16], von denen lediglich neun von Dieselmotoren angetrieben wurden und so den Atlantik erreichen konnten. England besaß zwar 73 U-Boote, maß ihnen aber auch keine besondere strategische Bedeutung bei.[17] Die Rolle der U-Boote änderte sich aber grundsätzlich, als deutlich wurde, dass England keine definitive Entscheidungsschlacht herbeiführen wollte und die *Royal Navy* in erster Linie für die Durchsetzung und Überwachung der Seeblockade verwendet wurde. In dieser Situation, in der die deutsche Flotte nicht wie vorgesehen eingesetzt werden konnte und tatenlos in den Häfen liegen musste, erkannte das Deutsche Reich in den U-Booten eine wichtige Waffe, um seinerseits den Nachschub für die Alliierten anzugreifen. Damit waren aber auch Konflikte mit dritten, bisher neutralen Staaten (v. a. den USA) absehbar, deren Handelsschiffe die Alliierten belieferten.

Schiffe, die Nachschub für die Feinde transportierten, wurden zunächst gemäß internationalen Konventionen (»Prisenordnung«) aufgebracht. Sie durften versenkt werden, wenn den Besatzungen vorher Gelegenheit zum Verlassen der Schiffe eingeräumt worden war. Für die U-Boote war mit diesen völkerrechtlichen Vorgaben aber die Gefahr verbunden, frühzeitig entdeckt und damit ihrerseits zum Ziel von Geschützen der Handelsschiffe oder begleitender Kriegsschiffe zu werden. Deshalb ging Deutschland im Februar 1915 zum unbeschränkten U-Boot-Krieg über: Es kündigte an, auch Handelsschiffe aus neutralen Staaten ohne Vorwarnung zu versenken. Der deutsche Kanzler Bethmann Hollweg hatte zwar Bedenken gegen die Entscheidung, weil er befürchtete, sie könne die neutralen Staaten in die Arme der *Entente* treiben, er konnte sich aber gegen die Befürworter aus der OHL und der Marine nicht durchsetzen.

Von Februar bis Mai 1915 versenkten die deutschen U-Boote 115, im Juni 114, im Juli 86 und im August 107 Schiffe.[18] Die generelle Begründung lautete, es handele sich um eine Reaktion darauf, dass England mit seiner Blockade zuerst gegen das See- und Völkerrecht verstoßen habe. Insbesondere habe Großbritannien den Begriff der »Konterbande« unzulässigerweise auch auf Nahrungsmittel ausgedehnt und schade damit systematisch der deutschen Zivilbevölkerung. Am 7. Mai 1915 wurde der englische Passagierdampfer »Lusitania« vor der irischen Küste von einem deutschen U-Boot versenkt. Unter den 1198 Toten waren auch 128 amerikanische Staatsbürger. Der scharfen Note der USA gegen den »barbarischen Akt« traten die Deutschen noch mit dem Verweis auf eine angebliche

Sprengstofffracht des Schiffes entgegen. Nachdem Mitte August 1915 ein weiteres Passagierschiffe versenkt worden war und die USA abermals energisch protestierten, wurde der unbeschränkte U-Boot-Krieg aufgegeben. Reichskanzler und Kaiser wollten den USA keinen Anlass geben, auf der Seite der Alliierten in den Krieg einzutreten.

Deutschland weitete seit Ende Februar 1916 den U-Boot-Krieg zwar wieder aus, hielt sich dabei aber zunächst weitgehend an die Regel, die Schiffe zuerst anzuhalten und nach Konterbande zu durchsuchen. Über die Frage, wer die Verantwortung für den U-Boot-Krieg trage, kam es im Dezember 1916 zum Bruch zwischen OHL und Bethmann Hollweg. Die OHL setzte sich durch und ging Anfang Februar 1917 wieder zu dem »unbeschränkten« U-Boot-Krieg über, der ohne Vorwarnung geführt wurde und sich potenziell gegen Schiffe aller Nationen richtete, die (angeblich) Kriegsfracht geladen hatten. Ludendorff hatte sich die Auffassung von Marine- und Wirtschaftsexperten zu eigen gemacht, England durch die konsequente Unterbrechung der Nahrungsmittelversorgung innerhalb eines halben Jahres in die Knie zwingen zu können. Kanzler Bethmann Hollweg hatte zwar Bedenken und bezeichnete den Entschluss als »die letzte Karte«, ließ sich aber von der OHL und der Admiralität überzeugen, man werde so »bis zur nächsten Ernte England klein haben«.[19] Der Beschluss zur Wiederaufnahme des unbeschränkten U-Boot-Krieges war für die USA der Anlass, die diplomatischen Beziehungen zu Deutschland abzubrechen (3. Februar 1917) und am 6. April 1917 offiziell auf der Seite der *Entente* in den Krieg einzutreten.

Für den neu eröffneten unbeschränkten U-Boot-Krieg verfügte Deutschland über 121 U-Boote, von denen 41 ständig auf See sein konnten. Der Schritt war zunächst sehr erfolgreich und führte zu einer realen Gefährdung der englischen Versorgung. Schiffseigner aus den verschiedensten Ländern waren immer weniger bereit, englische Häfen anzusteuern. Viele Zeitgenossen im Deutschen Reich waren angesichts der Erfolgsmeldungen über die versenkte Bruttotonnage des Feindes voller Optimismus, dass der Krieg noch vor dem Eintreffen der amerikanischen Truppen auf dem europäischen Kriegsschauplatz eine entscheidende Wende nehmen würde. Jedoch war die Zusammenstellung von Frachtschiffkonvois und deren Begleitung durch Kriegsschiffe eine sehr effektive Gegenmaßnahme. Ab August 1917 ging die Zahl der von den Deutschen versenkten Schiffe stetig zurück, ab dem Frühjahr 1918 wurde die U-Boot-Waffe endgültig stumpf.

Osmanisches Reich: Armenien, Gallipolli, Mesopotamien

Das Osmanische Reich trat im November 1914 ohne offizielle Kriegserklärung in den Krieg ein, indem seine Flotte unangekündigt russische Marinebasen am Schwarzen Meer angriff. Vorausgegangen war ein am 2. August 1914 abgeschlossenes Geheimabkommen mit dem Deutschen Reich, das für den Fall eines russischen Eintretens in den Krieg den Beitritt des Osmanischen Reiches zu den Mittelmächten vorsah. Erste türkische Kriegshandlungen zu Land fanden im Herbst und Winter 1914/15 am Kaukasus gegen Russland statt, endeten aber in einem Desaster. Der russische Gegenvorstoß nach Anatolien im Frühjahr 1915 wurde von Armeniern unterstützt, die nach nationaler Unabhängigkeit und Autonomie strebten. Hierfür ließ die jungtürkische Regierung das gesamte armenische Volk büßen, das dem neuen türkischen Nationalismus schon zuvor suspekt gewesen war. Man veranlasste die Deportation derjenigen Armenier, derer man habhaft werden konnte, aus der Region. Auf dem anschließenden Marsch in Richtung Syrien kamen über eine Million Armenier durch Hunger, Erschöpfung oder Hinrichtungen ums Leben, ein Massensterben, dessen Beurteilung als »Völkermord« noch heute von der Türkei bestritten wird.

Im Februar 1915 startete Großbritannien eine große Offensive gegen das Osmanische Reich, indem es die Dardanellen bei der Halbinsel Gallipolli angriff, um den Nachschub für Russland durch den Bosporus zu erzwingen und die russischen Truppen an der Front im Kaukasus zu entlasten. Der Angriff, an dem auch eine beträchtliche Zahl von *Dominion*-Truppen aus Australien und Neuseeland beteiligt waren, scheiterte aber unter hohen Verlusten. Bis Ende des Jahres wurden die alliierten Truppen deshalb wieder abgezogen.

Erfolgreicher waren zunächst indische Streitkräfte des britischen Empire in Mesopotamien, die dort mit dem Auftrag landeten, britische Ölförderanlagen zu schützen. 1915 drangen sie von Basra aus den Euphrat und Tigris aufwärts nach Bagdad vor. Im Dezember wurden sie aber in Kut von osmanischen Truppen eingeschlossen und mussten schließlich Ende April 1916 kapitulieren. Die Gefangenen, eine ganze Division, wurden nach Bagdad gebracht und dort auf eine demütigende Art der Bevölkerung präsentiert.

Mitte 1916 schien die militärische Lage für die Türkei zunächst weitgehend gefestigt zu sein. Jedoch verschlechterte sich die Situation gegen Ende des Jahres erheblich. Russland setzte seinen Vormarsch in Anatolien fort. Im arabischen Raum führte seit Juni 1916 ein Stammesaufstand, der von Briten unterstützt wurde, zum Verlust von Bagdad (März 1917). Englischen Truppen, die von Ägypten aus gegen die Türkei marschierten, gelang im Dezember 1917 die Einnahme Jerusalems.

Krieg in den Kolonien und in Übersee

Der große Krieg zwischen den Alliierten und den Mittelmächten fand hauptsächlich an den Fronten im westlichen und östlichen Europa und im östlichen Mittelmeer statt. Weltweit entstanden jedoch Nebenschauplätze, zumal dort, wo das Deutsche Reich über Kolonialbesitz und Kolonialtruppen verfügte. Der deutschen Regierung war von Anfang an klar, dass eine Verteidigung der verstreuten deutschen Kolonien schon wegen der englischen Seeblockade nicht möglich, für die entscheidende Kriegsführung in Europa aber auch nicht ausschlaggebend sein würde. Faktisch überließ sie den Gouverneuren und Befehlshabern vor Ort die Entscheidung, wie vorgegangen werden sollte. Implizit erwartete sie von ihnen eine Schwächung der Feinde – in welcher Form auch immer.

Auch die Alliierten, v.a. die beiden großen Kolonialmächte England und Frankreich, maßen den deutschen Kolonien und den dort stationierten Truppen keine allzu große Bedeutung für den Ausgang des Krieges bei. Sie verließen sich darauf, dieses »Problem« nebenbei mit Hilfe verbündeter Staaten, hauptsächlich mit Hilfe der Truppen aus den britischen *Dominions*, erledigen zu können. Lediglich Togo wurde am 27. August 1914 direkt von französischen und britischen Truppen besetzt. Ende August 1914 übernahm Neuseeland Samoa, und Australien eroberte Mitte September 1914 das nordöstliche Neuguinea (»Kaiser-Wilhelm-Land«). Deutsch-Südwestafrika fiel im Mai 1915 an die Südafrikanische Union. In Kamerun konnte sich eine kleine deutsche Truppe im schwer zugänglichen Hochland bis Anfang 1916 halten. Die deutsche Festung Tsingtau an der ostchinesischen Küste, von der aus das gepachtete Kiautschou gesichert und beherrscht wurde, fiel im November 1914 an Japan, das dem Deutschen Reich am 23. August den Krieg erklärt hatte. Das dort stationierte Ostasiengeschwader unter Vizeadmiral Graf von Spee wurde auf dem Rückweg nach Deutschland im Dezember 1914 im Südatlantik vor den Falklandinseln von einem britischen Geschwader vernichtend geschlagen.

Lediglich in Deutsch-Ostafrika, auf dem Territorium der heutigen Staaten Tansania, Burundi und Ruanda, setzten deutsche Truppen unter Paul von Lettow-Vorbeck den Briten und ihren Verbündeten (Südafrikanern, Indern, Portugiesen und Belgiern aus dem Kongo) zähen Widerstand entgegen. Sie operierten in kleinen, sehr beweglichen Verbänden und konzentrierten sich auf Anschläge und Sabotageakte. Lettow-Vorbeck, dessen Truppe zum größten Teil aus einheimischen Soldaten, sogenannten Askaris, bestand, kapitulierte erst im November 1918 – auf Befehl der Reichsregierung. Während der Weimarer Republik, während des Dritten Reiches und auch noch während der ersten zwei Jahrzehnte der Bundesrepublik wurde er als Kriegsheld verehrt. Dabei sah man geflissentlich davon ab, dass er für seine Truppenbewegungen im unwegsamen und tropischen Gelände auf viele schwarze Träger angewiesen war, von denen ca. 100 000 unter den Strapazen starben.[20]

Die USA und ihr Kriegseintritt

Als einzige imperialistische Großmacht waren die USA bis 1917 nicht direkt an dem Großen Krieg beteiligt und konnten sich somit sehr frei nach eigenem Ermessen auf ihn beziehen. Seit 1912 stellte die demokratische Partei mit Woodrow Wilson den Präsidenten, dessen innenpolitischer Kurs auf eine gewisse Beschränkung der Macht der großen Unternehmen und auf einen Ausbau der Sozialpolitik ausgerichtet war. Mit Kriegsbeginn profitierte die Wirtschaft der USA erheblich von der steigenden Nachfrage aus den kriegführenden Staaten, v. a. aus *Entente*-Staaten, die wiederum zu einem beträchtlichen

Teil durch amerikanische Kredite finanziert wurde. Obwohl die USA faktisch mit ihrer Wirtschaftskraft die *Entente*-Mächte stützten und die britische Blockade in der Nordsee tolerierten, nahm ihre politische Führung offiziell die Stellung eines neutralen Vermittlers ein. In welchem Maß bei dieser Positionierung auch die Befürchtung eine Rolle spielte, bei einem Kriegseintritt könne es zu Spannungen zwischen europäischen Einwanderergruppen innerhalb der eigenen Bevölkerung kommen, ist schwer einzuschätzen. Präsident Wilson propagierte jedenfalls immer wieder Friedensverhandlungen, die einerseits vom Recht der Völker auf Selbstbestimmung und andererseits vom Verzicht auf Annexionen getragen sein sollten. Dabei wusste er sehr wohl, dass nicht nur die Mittelmächte, sondern auch England und Frankreich den amerikanischen Plänen für eine auf Selbstbestimmung beruhende liberale Weltwirtschaftsordnung kaum zustimmten.

Die Aufgabe der Neutralität erfolgte schließlich aus verschiedenen Gründen. Der stark angewachsene Handel mit den Alliierten entwickelte sich zu einer wichtigen Einkommensquelle für die amerikanische Industrie und Landwirtschaft. Dieser Handel wurde durch den unbeschränkten U-Boot-Krieg empfindlich getroffen. Die Öffentlichkeit in den USA registrierte zudem sehr aufmerksam die eigenen zivilen Opfer des deutschen U-Boot-Krieges. Auf ein scharfes amerikanisches Ultimatum hin gaben die Deutschen zwar den unbeschränkten U-Boot-Krieg vorübergehend auf, kehrten dann aber ab Februar 1917 wieder zu ihm zurück. Für die USA war dies der Anlass, in den Krieg einzutreten. Die Entscheidung der USA hatte England mit dem Angebot unterstützt, den dadurch bedingten Ausfall amerikanischer Geschäfte mit den Mittelmächten finanziell zu kompensieren. Der Beschluss, aktiv in den Krieg einzugreifen, war aber auch durch die deutsche Ablehnung der Friedensvorschläge von Präsident Wilson begünstigt worden. Als besonders skandalös wurde außerdem eine Nachricht aufgefasst, die einem entschlüsselten deutschen Geheimtelegramm (»Zimmermann-Depesche«) vom 19. Januar 1917 entstammte. Demnach hatte Deutschland auf diplomatischem Weg Mexiko amerikanische Territorien für den Fall zugesagt, dass es militärisch gegen die USA vorgehe.[21]

Regierung und OHL in Deutschland hatten mit der Reaktion der USA gerechnet, ihre unmittelbare Bedeutung aber als gering eingeschätzt, weil die USA erst ein schlagkräftiges Expeditionsheer aufstellen und nach Europa verschiffen mussten. Man spielte abermals auf Zeit und war optimistisch, währenddessen dem Sieg an der Westfront einen entscheidenden Schritt näher zu kommen.

Der Kriegseintritt löste in den USA eine ähnliche nationale Begeisterung aus, wie sie im August 1914 in Europa aufgetreten war. Parallel dazu durchlief eine Welle aus Fremdenhass, Spionageverdacht und Boykottmaßnahmen gegen deutsch- oder österreichischstämmige Bürger das Land. Wilson begründete die Entscheidung gegenüber der Öffentlichkeit damit, dass die USA nicht eigennützig handelten, sondern lediglich die Menschenrechte und die Demokratie verteidigten. Innerhalb weniger Monate gelang es den USA, die auf einen großen Krieg nicht vorbereitet waren, eine Armee von vier Millionen Soldaten aufzustellen und auszurüsten. Auf anfängliche Rekrutierungsprobleme reagierte man mit der Einführung der Wehrpflicht. An der Westfront wurden amerikanische Soldaten dann erstmals gegen Ende März 1918 zum Kampf eingesetzt. Am 1. Juli standen 785 000, gegen Ende des Krieges ca. 1 900 000 amerikanische Soldaten auf dem Kriegsschauplatz. Als die ersten amerikanischen Truppen am 4. Juli 1918 durch Paris marschierten, wurden sie von der Bevölkerung jubelnd begrüßt. Der moralische Effekt auf die erschöpften und kriegsmüden alliierten Zivilisten und Soldaten war nicht zu übersehen.

Ostfront 1917

Im Unterschied zum Westen entwickelte sich die Lage für die Mittelmächte im Osten günstig. Hierzu trug in erster Linie die innenpolitische Entwicklung in Russland bei. Im Zarenreich litten große Teile der Bevölkerung unter Hunger, Inflation und einer schlecht entlohnten Arbeitspflicht. Millionen von Flüchtlingen aus den von Deutschland besetzten Gebieten irrten durch das Land. Die Moral an der Front brach allmählich zusammen, was sich u.a. in der Bereitschaft der Soldaten zeigte, sich gefangennehmen zu lassen oder zu desertieren. Seit dem Winter 1917 kam es in Petersburg und anderen Industriestädten zu Streiks, Demonstrationen und Kundgebungen, auf denen zunächst »Brot«, dann aber auch das Ende des zaristischen Herrschaftssystems und des Krieges verlangt wurden. Diesen Forderungen schlossen sich viele kriegsmüde Soldaten an, die oft auch mit dem arrogant-herablassenden und brutalen Verhalten der Offiziere gegenüber den Mannschaften unzufrieden waren. Gegen Ende Februar 1917 verloren Regierung und Duma innerhalb weniger Tage ihre Machtbasis, während gleichzeitig mit den »Sowjets« überall im Land neue Machtorgane der Aufständischen entstanden, in denen zumeist gemäßigte Sozialisten den Ton angaben. Unter diesen Soldaten-, Arbeiter- und Bauernräten nahm der von Petersburg eine zentrale und koordinierende Stellung ein. Mit seinem »Befehl Nr. 1« vom 1. März 1917 drängte er auf eine Demokratisierung der Armee und auf eine Disziplin, die auf das militärisch gebotene Maß beschränkt sein sollte.[22]

Nach Verhandlungen zwischen der Duma und den Sowjets wurde eine neue Regierung unter Prinz Georg Jewgenjewitsch Lwow gebildet. Die Armeeführung musste, bei aller Sympathie für den Zaren, die neue Regierung anerkennen. Zar Nikolaus II. wurde bedrängt abzudanken, was am 2. März ohne Widerstand geschah. Als auch sein Bruder Michail die Nachfolge ablehnte, war das Ende der Herrschaft der Romanows besiegelt. Die Zarenfamilie wurde zunächst unter Arrest gestellt, kam später in Gefangenschaft und wurde am 17. Juli 1918 in Jekaterinburg am Ural von den zwischenzeitlich an die Macht gelangten Bolschewiki umgebracht.

Die neue Regierung war allerdings nicht gewillt, den Krieg durch einen Sonderfrieden, der den Abmachungen mit den Alliierten widersprochen hätte, zu beenden. Sie ging vielmehr davon aus, dass das Ende der Zarenherrschaft, die Aussicht auf eine parlamentarische Staatsordnung und Reformen in der Armee die Bevölkerung noch einmal zu neuerlichen Kriegsanstrengungen bewegen würden. Mit einem militärischen Sieg im Rücken wäre auch Bestrebungen nach einem radikalen Umsturz der Gesellschafts- und Eigentumsordnung leichter entgegenzutreten gewesen. Der Wille den Krieg fortzusetzen, ergab sich für die russische Regierung also nicht nur aus den Bündnisverpflichtungen, er ergab sich auch aus der Absicht, die gesellschaftliche Ordnung des Landes im Sinne demokratisch-liberaler Prinzipien zu konsolidieren. Bis zu diesem Punkt wurde die politische Umwälzung von den Verbündeten durchaus begrüßt.

Allerdings trug die provisorische Regierung mit ihrem Kurs doch eher zur weiteren Steigerung der Unzufriedenheit in der kriegsmüden Bevölkerung bei. In dieser Situation fanden sozialrevolutionäre und kommunistische Bewegungen besonders günstige Agitations- und Propagandabedingungen vor. Das Deutsche Reich schürte die Unruhen gezielt dadurch, dass es im April 1917 30 russischen Revolutionären, unter ihnen Wladimir Iljitsch Lenin und Leo Trotzki, ermöglichte, aus ihrem politischen Exil in der Schweiz nach Russland zurückzukehren. In einem verplombten Zug gelangten die Revolutionäre über Deutschland nach Schweden und von dort aus nach Russland. Es handelte sich um führende Mitglieder der Sozialdemokratischen Arbeiterpartei Russlands (SDAPR)/Bolschewiki (»Mehrheitler«), einer radikalen Richtung innerhalb der russischen Sozialdemokratie, die sich 1912 als eigenständige Partei konstituiert hatte. Im Unterschied zu den sozialdemokratischen Menschewiki (»Minderheitler«) lehnten die Bolschewiki, die als Kaderpartei organisiert waren, parlamentarisch-bürgerliche Herrschaftsformen ab und arbeiteten auf eine grundsätzliche Umwälzung der Produktions- und Eigentumsverhältnisse im marxistischen Sinn (»Expropriation der Expropriateure«) hin. Anders als die Sozialdemokraten anderer Länder hatten die Bolschewiki von Beginn an die Beteiligung des eigenen Landes an dem Krieg abgelehnt. In ihren Augen war der Krieg eine Auseinandersetzung unter konkurrierenden imperialistischen Mächten, in dem die kleinen Leute, die Arbeiter und Bauern, nur als Kanonenfutter vorgesehen waren. Deshalb setzte die deutsche Führung darauf, dass die Bolschewiki nach ihrer Rückkehr nach Russland dort Stimmung für einen Separatfrieden mit Deutschland, also für ein Ausscheren aus der *Entente*, machen würden.

Im April 1917 publizierten die Bolschewiki Forderungen nach sofortigem Frieden, entschädigungsloser Umverteilung des Landes und »Umwandlung des Krieges in einen Bürgerkrieg« (»Aprilthesen«[23]). Unter Lenins Führung gewannen sie mehr und mehr Einfluss bei unzufriedenen Arbeitern in den Städten, Bauern auf dem Land und unter den Soldaten. Während des Frühjahrs und des Sommers 1917 setzten Arbeiter und Bauern vielerorts Forderungen durch, z. B. den Achtstundentag, Lohnerhöhungen oder die Inbesitznahme von Ländereien (»Schwarze Umverteilungen«).

Trotz der prekären innenpolitischen Lage, die durch den unentschiedenen Schwebezustand zwischen der Macht außerparlamentarischer Oppositionsbewegungen einerseits und der bürgerlich dominierten Regierung andererseits gekennzeichnet war, startete Russland unter Kriegsminister Alexander Fjodorowitsch Kerenski Anfang Juli 1917 eine größere Offensive an der Südwestfront in Galizien. Sie geriet aber schon nach wenigen Tagen wegen Meutereien der Mannschaften und eines Gegenstoßes der deutschen Truppen ins Stocken und musste Mitte Juli abgebrochen werden. Auf den Zusammenhalt der russischen Armee hatte dies katastrophale Auswirkungen: In den folgenden Sommermonaten waren schätzungsweise eine Million Deserteure in Russland unterwegs, vorwiegend Bauern, die an der erwarteten Landumverteilung teilnehmen wollten.[24] Während der Kerenski-Offensive organisierten die Bolschewiki einen Aufstand in Petrograd und Moskau. Weil er misslang, mussten führende Bolschewiki für eine Weile fliehen bzw. untertauchen. Nachdem Ende August auch ein Putschversuch des Militärs gescheitert war, »gab es faktisch keine russische Regierung und auch keine russische Armee mehr«[25]. Damit fanden die Bolschewiki besonders günstige Bedingungen vor, die es ihnen u.a. ermöglichten, die Führung der Sowjets in Petersburg und Moskau zu erlangen.

Im Oktober beschlossen die Bolschewiki, die Regierung gewaltsam zu stürzen und die Macht zu übernehmen, obwohl ihnen klar war, dass zwar ein beträchtlicher Teil, jedoch nicht die Mehrheit des Volkes hinter ihnen stand. Unmittelbar am Vorabend und am Morgen des II. Gesamtrussischen Kongresses der Arbeiter- und Soldatendeputierten am 26. November gelang der Staatsstreich: In Petersburg wurden die strategisch wichtigsten Punkte besetzt, das Winterpalais, der Sitz der Regierung, erobert und das dort versammelte Regierungskabinett verhaftet.

In den folgenden Wochen und Monaten war die Politik der Bolschewiki einerseits durch das Eingehen auf populäre Forderungen und Stimmungen, andererseits durch das weitere Zurückdrängen der bürgerlichen und menschewistischen Parteien bestimmt. Unmittelbar nach ihrer Machtergreifung trafen die Bolschewiki mit dem »Dekret über Land und Boden« und mit dem »Dekret über den Frieden«[26] zwei wichtige Grundsatzentscheidungen. Sie legitimierten die Enteignung des Großgrundbesitzes und die Verteilung des Landes als Privatbesitz an Kleinbauern. Und sie bekundeten ihre Bereitschaft zu einem sofortigen Frieden ohne Annexionen und Kontributionen. Der Einfluss derjenigen Parteien, die für eine parlamentarische Demokratie als Staatsform eintraten, wurde im Zuge der Auseinandersetzungen um eine neue Verfassung endgültig gebrochen. Obwohl die Bolschewiki bei der Wahl zur Konstituierenden Versammlung nur ca. ein Viertel der Stimmen erhalten hatten, lösten sie die Versammlung bei ihrem ersten Zusammentreten Anfang Januar 1918 einfach auf. Im Sommer 1918 legten sie dann selbst eine Verfassung für die »Russische Sozialistische Föderative Sowjetrepublik« vor.[27] Durch sie wurde nicht einem Parlament im bürgerlichen Sinn, sondern den Sowjets, in denen die Bolschewiki über großen Einfluss verfügten, eine zentrale Rolle im Staat zugeschrieben.

Für die Mittelmächte wurde die günstige Wendung an der Ostfront noch verstärkt durch Erfolge an der österreichisch-italienischen Front im Süden. Österreichischen und deutschen Truppen gelang es im Herbst 1917, die Italiener aus ihren Stellungen am Isonzo zu vertreiben. Erst an der Piave, 300 km weiter westlich, kam der teilweise chaotische und äußerst verlustreiche italienische Rückzug mit britisch-französischer Hilfe und dem Ausbau neuer Stellungen zum Stehen.[28]

Westfront 1917

Überzeugt von der durchschlagenden Wirkung des U-Boot-Krieges und in Antizipation einer großen Frühjahrsoffensive der Gegner entschied sich die deutsche OHL für das Jahr 1917 zu einer strategischen Defensive an der Westfront. Gleichzeitig wurde der starre Stellungskrieg durch flexiblere Formen der Truppenführung modifiziert, indem man Stoßtrupps einen gewissen Spielraum für eigene Entscheidungen ließ und sie dadurch für den Gegner unkalkulierbarer machte. Wegen der defensiven Ausrichtung verkürzte die deutsche Armee Mitte März 1917 planmäßig ihre Front in der Picardie und zog sich in die sogenannte »Siegfried-Stellung« zurück. Die Operation »Alberich« hinterließ einen breiten Streifen »verbrannter Erde«, um dem nachrückenden Gegner die Bewegungsmöglichkeiten zu erschweren und ihm nichts Nützliches in die Hände fallen zu lassen. Systematisch wurden Gebiete durch den »Abschub« der Einheimischen entvölkert, wurden Ortschaften, Straßen, Eisenbahnlinien, Kanäle, Stromleitungsnetze, Wasserleitungen etc. zerstört. Mit der Rigidität und in der Totalität, mit der das Gebiet westlich der Linie Arras–Vailly/Laon verwüstet wurde, wurde eine neue Eskalationsstufe der Kriegsführung erreicht.

Der Bau der Siegfried-Stellung auf einer Länge von 150 km war »die wohl größte Baumaßnahme des Weltkrieges«[29]. Für die umfangreichen und meistens sehr schweren Arbeiten, die im November 1916 begannen, wurden hauptsächlich Kriegsgefangene und Zwangsarbeiter eingesetzt. Von der Siegfried-Stellung aus konnten die Deutschen die Großoffensiven der Franzosen am Höhenzug des Chemin des Dames (seit Mitte April 1917) und der Engländer in Flandern (Juni bis November) wesentlich besser aufhalten und einen Durchbruch verhindern. Strategisch betrachtet war der Rückzug das praktische

Eingeständnis der besonderen Bedeutung der Defensive in diesem Krieg. Für viele Offiziere, die traditionellerweise einen »Kult der Offensive« pflegten, kam die Maßnahme jedoch fast einer Niederlage gleich, obwohl sie sich als geschickter Schachzug bewähren sollte. Auch in der OHL war der Rückzugsvorschlag erst nach intensiven Auseinandersetzungen durchgesetzt worden.

Nicht zuletzt wegen der verstärkten und effektivierten Defensivstellungen der deutschen Armee führten die französischen Offensiven am Chemin des Dames zu extrem hohen Verlusten. Ermuntert durch die Vorgänge um die Februarrevolution in Russland kam es unter den französischen Soldaten zu einer Welle an Meutereien und Befehlsverweigerungen, die, aus französischer Sicht glücklicherweise, von den Deutschen nicht bemerkt oder in ihrem Ausmaß falsch eingeschätzt wurden. Zur Beruhigung der Lage wurde Ende April der Oberkommandierende Robert Georges Nivelle, ein Anhänger des »Angriffs bis zum Äußersten«, abgesetzt. Unter den Soldaten war er der »Blutsäufer« genannt worden, weil er mit aller Härte Truppen in einen aussichtslosen Kampf an die Front schickte. Nivelles Nachfolger, Henri Philippe Pétain, unter dem die Verteidigung von Verdun gelungen war, griff zwar einerseits hart durch und ließ ca. 3500 Soldaten vor Gericht stellen und 554 Todesurteile aussprechen, von denen 49 vollstreckt wurden. Andererseits sorgte er aber auch für eine bessere Versorgung der Truppen und für ihre regelmäßige Auswechslung an der vordersten Front. Pétain gab der Defensive den Vorzug, setzte aber auch verstärkt auf Panzer und Flugzeuge als neue Waffengattung und auf den aktiven Eintritt der USA mit ihren riesigen materiellen und personellen Ressourcen in den Krieg. Verfügte die französische Armee zu Beginn des Krieges nur über 156 Flugzeuge, so waren es 1918 2639 Flugzeuge. Hinzu kamen 1918 als ganz neue Waffengattung über 3000 Panzer.[30]

Ostfront 1918: Brest-Litowsk

Die neue russische Regierung forderte mit dem Friedensdekret vom 8. November 1917 unmittelbar alle kriegführenden Mächte zu einem Frieden auf, der im wesentlichen auf der Grundlage des Selbstbestimmungsrechts der Völker geschlossen werden sollte. Formal wurde damit an die Diktion angeknüpft, derer sich auch US-Präsident Wilson bediente, die aber von ihm primär auf Völker im Herrschaftsbereich der Mittelmächte bezogen war. Die Bolschewisten hingegen stellten bald heraus, dass ihr Eintreten für das Selbstbestimmungsrecht sich auch auf die Völker Asiens und Afrikas bezog, die sich vom »Joch des Imperialismus« befreien wollten. Dies richtete sich eindeutig gegen England und Frankreich, die beiden großen Kolonialmächte.

Für die *Entente*-Mächte war das russische Friedensangebot ein klarer Bruch der Bündnisverpflichtungen, für die Mittelmächte hingegen eine einmalige Chance, der Zwickmühle des Zweifrontenkrieges zu entkommen. Nach dem Waffenstillstand mit Russland am 15. Dezember 1917 nutzte die deutsche Oberste Heeresleitung die massive militärische Überlegenheit an der Ostfront aus, um den neuen russischen Machthabern einen »Frieden« zu diktieren, der ihnen extreme Zugeständnisse abpresste. Im Zuge der »Verhandlungen«, die in der polnisch-russischen Grenzstadt Brest-Litowsk geführt und am 3. März 1918 abgeschlossen wurden, musste Russland nicht nur die Ablösung seiner westlichen Randgebiete (Polen, Finnland, Baltikum), sondern auch die Selbständigkeit der Ukraine, seiner bisherigen Kornkammer und seines wichtigen Rohstoffgebiets, und die Abdrängung vom Schwarzen Meer (Abtretung großer Teile Georgiens an die Türkei) hinnehmen. Hinzu kamen hohe Reparationszahlungen. Aus national-russischer Perspektive war der Vertrag äußerst schmachvoll, verlor doch das Land nicht nur riesige Territorien und über 60 Millionen Menschen, sondern auch 90 % der Kohlegruben, die Hälfte der Industrie und fast die gesamte Öl- und Baumwollproduktion. Es handelte sich um einen schieren »Eroberungs- und Gewaltfrieden, wie es ihn in der neueren Geschichte noch nicht gegeben hatte«[31]. Wenn man sich in Deutschland später über die rigiden Bedingungen des Versailler Vertrags beklagte, so wurde im allgemeinen vergessen, mit welcher Härte man selbst in Brest-Litowsk Russland die Friedensbedingungen diktiert hatte.

Die Bolschewisten hatten bei den Verhandlungen zunächst eine Verzögerungstaktik verfolgt, weil sie hofften, gemäß ihrem Beispiel würden auch in den Ländern der Mittelmächte revolutionäre Kräfte an die Macht gelangen. Als »Volkskommissar des Äußeren« plädierte Leo Trotzki unter der Parole »Weder Krieg noch Frieden« dafür, den Friedensvertrag mit den Mittelmächten nicht zu unterzeichnen, den Krieg jedoch für beendet zu erklären und die russische Armee zu demobilisieren. Die russische Führung stimmte den Bedingungen erst endgültig zu, nachdem die Mittelmächte zwischenzeitlich im Februar 1918 den Krieg wiederaufgenommen hatten und noch weiter ins Land vorgedrungen waren. Innerhalb der Bolschewiki setzte sich schließlich Lenin – unter der Androhung, ansonsten das Zentralkomitee und den Rat der Volkskommissare zu verlassen – mit der Auffassung durch, es müsse zunächst jeder noch so schlechte Frieden angenommen werden, um im Inneren Zeit für die wirtschaftliche und politische Stabilisierung zu gewinnen. Die Überlegungen mancher Bolschewiki, den Krieg als eine Art Partisanenkampf fortzusetzen, liefen auf eine »Abenteuerpolitik« hinaus und übersähen, dass die russische Armee zu weiteren Kämpfen weder fähig noch willens sei.[32]

Die revolutionäre Macht, die sich im Osten Europas im Namen der Bauern, Arbeiter und Soldaten etablieren wollte und die um des sofortigen Friedens willen Land und Leute preisgab, wurde nicht, wie von ihr selber gehofft, zum Vorreiter ähnlicher Bewegungen in den übrigen kriegführenden Staaten. Die Entstehung eines Staates, der sich zu Internationalismus und Sozialismus bekannte und sowohl das Prinzip des Nationalstaates als auch die marktwirtschaftliche Ordnung praktisch in Zweifel stellte, wurde von großen Teilen der Bevölkerung in den kriegführenden Staaten zunächst entweder als erneuter Beweis der Überlegenheit der eigenen Nation (bei den Mittelmächten) oder als feiges Ausscheren aus dem gemeinsamen Kampf (bei den Alliierten) beurteilt. Die weitgehenden Forderungen, die die Mittelmächte in Brest-Litowsk gegen Russland durchsetzten, verdeutlichten den verbleibenden *Entente*-Mächten zudem, was sie im Fall eines Sieges der Mittelmächte von einer »Friedensordnung« in Europa zu erwarten hatten: Annexionen, Zerschlagung von Staaten und Schaffung von Vasallen- und Pufferstaaten mit dem Ziel einer eindeutigen deutschen Vormachtstellung. Wegen dieses Signals dürfte der Vertrag von Brest-Litowsk wohl eher kriegsverlängernd bzw. -verschärfend gewirkt haben. Es stellt eine gewisse Ironie der Geschichte dar, dass das Deutsche Reich mit der langwierigen Durchsetzung seiner extrem expansionistischen Forderungen gegen das kollabierte Russland kostbare Zeit verlor, in der möglichst schnell Truppen von der Ost- an die Westfront hätten verlegt werden können. Der Vertrag von Brest-Litowsk wurde mit dem Kriegsende im November 1918 zwar annulliert, und im Bürgerkrieg gelang es der Sowjetunion, einige Gebiete zurückzugewinnen (v.a. die Ukraine), jedoch musste sich Moskau mit den meisten Staaten abfinden, die im Westen seines ehemaligen Territoriums entstanden waren.

Westfront 1918: Die militärische Entscheidung

Obwohl sich die Erwartungen, die man in Deutschland an den U-Boot-Krieg als entscheidendes Mittel gegen England geknüpft hatte, nicht erfüllten, schien die strategische Situation für die Mittelmächte gegen Ende 1917 vorteilhaft zu sein. Die Erfolge an der Ost- und Südfront setzten erhebliche Kräfte frei, mittels derer an der Westfront eine Entscheidung herbeigeführt werden sollte, noch bevor die Alliierten dort von den USA nennenswert unterstützt werden konnten. Die OHL entschied deshalb im Herbst 1917, im Frühjahr 1918 mit einer großen Offensive einen Durchbruch an der Westfront zu erzielen. Der Schlag sollte sich vor allem gegen die englischen Truppen richten. Sie sollten von den französischen Truppen an der Front getrennt und gegen die Kanalküste gedrängt werden. Davon versprach man sich auch eine Schwächung und Aufweichung der englischen Heimatfront, für die man in der britischen Presse Anzeichen entdeckt zu haben glaubte. Man wollte dem Hauptfeind und seiner ebenfalls unter den Kriegsanstrengungen leidenden Bevölkerung demonstrieren, wie wenig angesichts der immer noch ungebrochenen deutschen Stärke mit einem schnellen Kriegsende zu rechnen sei und dass es sich nicht lohne, für französische Kriegsziele wie die Rückgewinnung Elsass-Lothringens weitere Anstrengungen auf sich zu nehmen. Die politische Absicht bestand darin, die Alliierten zu Friedensverhandlungen auf der Grundlage von Bedingungen zu bewegen, die Deutschland bestimmte.

Im Vorfeld verbreitete sich eine optimistische Stimmung im deutschen Heer. Die Januarstreiks 1918 in Berlin und in einigen anderen Industrieregionen, an denen sich fast eine Million Arbeiter beteiligt hatten, wurden an der Front entschieden abgelehnt. Es überwog dort die Auffassung, solche Proteste von »Radaubrüdern« würden die *Entente*-Mächte nur zur Fortsetzung des Krieges ermutigen und ihn damit ausgerechnet in einer Situation verlängern, in der nach dem Waffenstillstand mit Russland eine Offensive im Westen erfolgversprechend erschien. Die Hoffnung auf einen raschen deutschen Sieg war bei vielen Soldaten mit dem Bewusstsein verknüpft, es müsse und könne nun endlich die entscheidende Schlacht geschlagen werden. Zu Beginn der umfangreich vorbereiteten und mit großer Wucht eröffneten »Michael«-Offensive am 21. März 1918 herrschte eine große, manchmal mit der Euphorie von 1914 verglichene Kampfbereitschaft im deutschen Heer. Das bald erwartete Kriegsende setzte noch einmal Kräfte frei. Der Durchbruch durch die Front und das zunächst schnelle Vorrücken bestätigten anfangs die Hoffnung, man habe nun endlich den zermürbenden Stellungskrieg überwunden, sei zum Bewegungskrieg zurückgekehrt und könne eine Entscheidung herbeiführen.[33] Bei der Operation »Michael« kehrten die Truppen nun zum Teil in eben jene verwüsteten Gebiete und Orte zurück, die sie ein Jahr zuvor bei dem geplanten Rückzug zerstört hatten oder in denen schon 1916 intensiv gekämpft worden war.

Ab dem 4. April kam die große deutsche Offensive an der Westfront aber zum Stillstand. Man war zwar verhältnismäßig weit vorgedrungen, konnte aber das ursprüngliche strategische Ziel, einen Keil zwischen die britischen und die französischen Truppen zu treiben und die Briten an die Kanalküste abzudrängen, nicht erreichen. Die deutschen Truppen in der Picardie bezogen nun in neuen Verteidigungsanlagen Stellung. Zwei weiteren Offensiven (in Flandern vom 9.–29. April und zwischen Reims und Soissons vom 27. Mai – 6. Juni) erging es ähnlich, selbst wenn es dabei für eine Weile gelang, Paris aus einer Entfernung von 120 km zu beschießen. Die anfänglichen Geländegewinne konnten nicht gehalten werden. Hierzu reichten nicht nur die materiellen und personellen Ressourcen des Reiches nicht aus. Frankreich und England hatten zudem auf den deutschen Vormarsch mit einer sehr viel engeren Kooperation reagiert und ihre Truppen einem gemeinsamen Oberkommando unter der Leitung von General Ferdinand Foch unterstellt. Französische und amerikanische Einheiten unterstützten die bedrängten Engländer. Mitte Juli 1918 war die Lage des Reiches sogar schlechter als im März 1918: Die Truppen waren dezimiert, erschöpft und schlecht ausgestattet, die neuen Frontabschnitte waren schwerer zu verteidigen als die alte Frontlinie und auf der anderen Seite kamen mehr und mehr frische amerikanische Truppen zum Einsatz.

Die Misserfolge führten zu einer deutlichen Verschlechterung der Kampfmoral, so dass für die Zeit ab dem Stocken der Michael-Offensive von einem spontanen und unorganisierten »verdeckten Militärstreik« gesprochen wird, der sich über Monate hinzog[34] und der von einem wachsenden »Offiziershaß«[35] der Mannschaften begleitet war. Trotzdem verbreiteten die Armeeführung und die Medien weiterhin große Siegeszuversicht. Als Richard von Kühlmann, Staatssekretär des Äußeren, am 24. Juni in einer Rede im Reichstag die Möglichkeit eines Siegfriedens anzweifelte, wurde er gemäß der Forderung der OHL alsbald entlassen.

In den nächsten Wochen nahm die Kampfkraft der deutschen Truppen stetig ab, nicht nur bedingt durch Dauerbeschuss, Ausbildungsdefizite, Mangelernährung etc., sondern auch durch die Wahrnehmung, dass der Gegner über weitaus bessere personelle, materielle und technische Ressourcen verfügte (z. B. bei Lebensmitteln, bei Panzern und bei Flugzeugen). Die geschwächte Front, die zudem unter der grassierenden Spanischen Grippe litt, war schließlich nicht in der Lage, den gut organisierten französisch-englischen Großangriff im Zuge der sogenannten »zweiten Marneschlacht«, der am 8. August begann, aufzuhalten. Unterstützt von ca. 550 Panzern und

Flugzeuggeschwadern bereiteten die Alliierten den deutschen Truppen in der Nähe von Amiens jenen berühmten »schwarzen Tag der deutschen Armee« (Ludendorff), der der Anfang des großen Rückzuges an der Westfront war.[36] Allein an diesem Tag verlor das deutsche Heer 30 000 Mann, davon gut die Hälfte wegen Kapitulation. Ende Juli 1918 setzten auf der deutschen Seite Rückzugsbewegungen ein, die aber nach außen hin als Voraussetzung für einen aussichtsreichen Gegenangriff ausgegeben wurden. Erst am 2. September gab Ludendorff gegenüber Hindenburg zu, dass der Krieg nicht mehr gewonnen werden könne. Am selben Tag erging der Befehl zum Rückzug in die Siegfriedstellung.

Die psychologische Folge der gescheiterten deutschen Offensive war eine tiefe Enttäuschung sehr vieler deutscher Soldaten, die die Hoffnung auf ein siegreiches Kriegsende verloren. Nun schien das Kriegsende mehr und mehr nur noch durch eine rasche Niederlage erreichbar. Kriegsmüdigkeit breitete sich aus. Bis zum Herbst 1918 hatten sich die ermatteten, schlecht versorgten und geschwächten Soldaten an der Westfront mit einer Niederlage abgefunden. Einhergehend damit verbreitete sich die Überzeugung, dass die alten monarchisch-aristokratischen Eliten und ihre Unterstützer in Vaterlandspartei und Alldeutschem Verband abgewirtschaftet und ihre Führungsberechtigung in Politik und Militär verloren hatten. Diese Einstellung war aber längst nicht identisch mit den Parolen kriegskritischer Sozialisten und Kommunisten. Der Zusammenbruch von Disziplin und Moral im Heer wurde nicht durch die Propaganda und Agitation radikaler Kräfte verursacht, sondern von einer aus Hoffnungslosigkeit und Enttäuschung erwachsenden Friedenssehnsucht, wie sie sich auch in der Heimat verbreitete.[37] Für Ludendorff als Kriegsdiktator waren die Auflösungserscheinungen der Kampfmoral allerdings nicht etwa Folge der unmittelbaren Wahrnehmung und Einsicht, dass weitere Anstrengungen und Kämpfe aussichtslos waren. Für ihn waren sie vielmehr umgekehrt die Ursache dafür, dass Deutschland sich nicht behaupten konnte. Woher die in seinen Augen defätistischen Einstellungen kamen, war für ihn klar: Sie resultierten angeblich aus der Untergrabung des unbedingten soldatischen und zivilen Einsatzwillens durch all die politischen Kräfte, die einen Siegfrieden nicht wollten oder ihn für unmöglich hielten. So blieb der Erste Generalquartiermeister (so Ludendorffs Rangbezeichnung) noch in der aufziehenden Niederlage seinem technokratisch-bürokratischen Ideal treu, ein Sieg sei eigentlich durch die umfassende und rücksichtslose Organisation aller Ressourcen zu gewinnen – vorausgesetzt, dass die mit Willen und Bewusstsein ausgestatteten Ressourcen sich auch als solche behandeln ließen.

Schon Mitte August 1918 musste die OHL im Kronrat eingestehen, dass die Fortsetzung des Krieges mit dem Ziel eines Siegfriedens endgültig aussichtslos war. Im Spätsommer und Herbst 1918 war dann unübersehbar, dass die Mittelmächte sich nicht mehr lange würden halten können. Zwar verteidigten die deutschen Truppen ihre Stellungen noch an der wichtigsten Front in Nordfrankreich, jedoch wurde die Übermacht der Gegner dort immer drückender. Bei den Alliierten machte sich mehr und mehr die Dynamik und das Ausmaß der »frischen« amerikanischen Truppen bemerkbar, die ab Ende Mai 1918 an der Westfront zum Einsatz kamen. Zwar war ein großer Teil der amerikanischen Mannschaften und Offiziere unerfahren und schlecht ausgebildet; und zudem führte ein zu offensiver Einsatz der Truppen anfangs zu empfindlichen Verlusten. Doch lernten die American Expeditory Forces aus ihren Fehlern. Am Ende des Krieges waren immerhin 21 % der Westfront von den USA besetzt, 19 % von den Briten und 55 % von den Franzosen. Die US-Armee hatte einen entscheidenden Beitrag zum Sieg der Alliierten geleistet. Bis zum Sommer 1919 wurde sie fast vollständig über den Atlantik zurückgezogen.[38]

Auch Deutschlands Verbündete erlitten im Herbst 1918 so gravierende Niederlagen, dass der Krieg für sie eindeutig verloren war. Die bulgarische Armee löste sich auf und floh, nachdem die Alliierten im September mit einer Offensive in Mazedonien erfolgreich waren. Ein Waffenstillstand wurde am 30. September abgeschlossen. Ebenfalls im September wurde in Palästina bei Jaffa die türkische Front durchbrochen. Hier kam es am 30. Oktober zu einem Waffenstillstand. Ende September begann Italien eine Offensive, die Ende Oktober zum Sieg von Vittorio Veneto führte, in dessen Folge sich die österreichische Italienfront auflöste.[39] Unter diesen Bedingungen forderte die OHL am 29. September 1918 die deutsche Regierung auf, den Alliierten ein Waffenstillstandsangebot zu machen. Ab diesem Zeitpunkt waren die politischen Entscheidungen im Deutschen Reich und in Österreich-Ungarn darauf ausgerichtet, die mit der einzugestehenden Niederlage diskreditierten Personen und Strukturen zu ersetzen bzw. zu reformieren.[40]

Kriegsziele und nationale Kalküle

Als Konflikt auf der obersten Stufenleiter der Mächtekonkurrenz hatte der Krieg von Beginn an einen besonderen Charakter. Die Auseinandersetzung aller europäischen Großmächte um die Vorherrschaft auf dem Kontinent war an sich schranken- und bedingungslos. Der anderen Seite sollten ja nicht konkrete Zugeständnisse im Rahmen eines begrenzten Konflikts abgepresst werden, sondern es ging darum, ihr mit militärischer Gewalt prinzipiell ihren Machtanspruch zu bestreiten bzw. ihr einen anderen Machtstatus als bisher zuzuweisen. Erst von diesem grundsätzlichen Standpunkt aus wird verständlich, warum jeder Staat und jede Nation mit einigem Recht glaubte, sich in einer Verteidigungshaltung zu befinden. Alle verteidigten elementare nationale Ansprüche und Rechte, alle wollten von den anderen prinzipiell als Macht anerkannt werden, deren Zustimmung beim Ordnen, Sortieren und Benutzen noch der entferntesten Weltgegend berücksichtigt werden sollte.

Auf dieser Grundlage kamen aber schon bald nach Kriegsbeginn in fast allen beteiligten Staaten Diskussionen darüber auf, welche konkreten territorialen, politischen und wirtschaftlichen Ziele man im Fall eines Sieges durchsetzen wollte, um dauerhaft die eigene Machtposition zu stärken und die der unterlegenen Staaten zu schwächen. Auch wenn alle versicherten, den Krieg nur zur Verteidigung zu führen, so sollte am Ende des Krieges doch eine »Lösung« stehen, die für die absehbare Zukunft die eigene Überlegenheit sicherstellte. Hieraus ergaben sich territoriale und wirtschaftspolitische Forderungen, die mit jedem aktuellen Erfolg oder Misserfolg modifiziert wurden. Der Krieg wirkte in dieser Hinsicht wie ein brutaler Erfahrungs- und Lernprozess: Er stieß die Politiker und die Militärs immer wieder darauf, wie notwendig und günstig es für zukünftige Konflikte war, über fremde Ressourcen an Bodenschätzen, Lebensmitteln, Arbeitskräften etc. verfügen zu können. Lediglich Großbritannien versicherte wiederholt, keine expansionistischen Ambitionen in dem Krieg zu verfolgen. Dies bedeutete aber längst nicht, dass englische Politiker keine aktive, an eigenen Interessen orientierte Vorstellung davon gehabt hätten, wo und wie nach dem Krieg die politische Landkarte durch Gründung neuer Staaten und veränderte Grenzen gestaltet werden sollte. Am deutlichsten wird dies in dem zwischen England und Frankreich am 16. Mai 1916 abgeschlossenen geheimen »Sykes-Picot-Abkommen« (benannt nach den verhandelnden Diplomaten), in dem die Einflusszonen der beiden Staaten im Nahen Osten zwischen Mittelmeer und Persischem Golf festgelegt wurden.

Im Deutschen Reich war eine offene Diskussion weitergehender Kriegsziele bis zum November 1916 untersagt, weil sie der für den »Burgfrieden« mit der Sozialdemokratie so wichtigen Sprachregelung widersprach, man führe einen Verteidigungskrieg. Innerhalb einflussreicher Organisationen, Verbände und Institutionen wurden aber recht bald Vorstellungen entwickelt, die sich im nachhinein wie nationalistische Wunschzettel lesen. So konzipierte Bethmann Hollweg, während der deutsche Vormarsch auf Paris im Spätsommer 1914 noch im Gange war, einen Plan, wie West- und Mitteleuropa nach einem Sieg der Mittelmächte umgestaltet werden sollten. Dabei griff er Vorstellungen aus der Kriegsrohstoffabteilung des Kriegsministeriums und aus dem Reichskolonialamt auf. Es stellt eine weitere Ironie der Geschichte dar, dass Bethmann Hollweg die OHL ausgerechnet am 9. September über das »Septemberprogramm« informierte, an dem Tag also, an dem der deutsche Vormarsch an der Marne gestoppt wurde. Das »Septemberprogramm« sah unter anderem vor, dass

- *Frankreich* einige Landstriche (Erzbecken von Briey, Kanalküste zwischen Dünkirchen und Boulogne) abtreten, sehr hohe Reparationen zahlen und einen Handelsvertrag mit Deutschland abschließen sollte, der es zu einem ausschließlichen Absatzmarkt für deutsche Produkte machte;
- *Belgien* nicht nur einige Landstriche verlieren, sondern zu einem deutschen »Vasallenstaat herabsinken« sollte;
- *Luxemburg* ein deutscher Bundesstaat werden sollte;
- das neutrale *Holland* »in ein engeres Verhältnis zu dem Deutschen Reich gebracht werden« sollte;
- ein *mitteleuropäischer Wirtschaftsverband* unter deutscher Führung gegründet werden sollte, um »die wirtschaftliche Vorherrschaft Deutschlands über Mitteleuropa zu stabilisieren«;
- *Russland* »von der deutschen Grenze nach Möglichkeit abgedrängt und seine Herrschaft über die nichtrussischen Vasallenvölker gebrochen« werden sollte;
- *in Mittelafrika ein zusammenhängendes deutsches Kolonialreich* angestrebt werden sollte.[1]

Das eindeutig expansionistische Programm ist als » der kleinste gemeinsame Nenner der deutschen Kriegszielbewegung vom Herbst 1914« bezeichnet worden.[2] Es lässt sich im Vergleich zu anderen Plänen schon fast als »gemäßigt« bezeichnen. Beispielsweise verlangte der Alldeutsche Verband von Russland und Frankreich noch sehr viel weiter gehende Gebietsabtretungen. Ähnliche Forderungen wurden nicht nur von Wirtschafts- und Industrieverbänden (März 1915), sondern auch von Akademikern (»Professoreneingabe« bzw. »Denkschrift der Intellektuellen«, Juni 1915) erhoben. Die Selbstverständlichkeit, mit der in solchen Schriften prospektiv über fremde Länder und Völker verfügt wurde, war oftmals mit der Überzeugung verbunden, damit nur die Überlegenheit des deutschen Volkes zu ihrem Recht kommen zu lassen. Pläne von der Art des deutschen »Septemberprogramms«, die den Alliierten durchaus bekannt waren, erschwerten natürlich eine diplomatische, auf Verhandlungen und Kompromissen beruhende Beendigung des Krieges beträchtlich. Sie belasteten aber auch das Verhältnis zu dem Bündnispartner Österreich-Ungarn, der sich selber einer deutschen Vorherrschaft in Ost-Mitteleuropa hätte unterordnen müssen. Die deutschen Kriegszielvorstellungen erreichten in der ersten Hälfte des Jahres 1917 einen gewissen Höhepunkt, weil die Führung wegen der Unruhen in Russland und wegen der ersten Erfolge des U-Boot-Kriegs gegen England siegessicher war. Ludendorff skizzierte in dieser Situation ein von Deutschland dominiertes »Mitteleuropa«, ein »Imperium Germaniae«, das noch weit über den Rahmen des Septemberprogramms von 1914 hinausging.[3] Die weitgehenden Annexionsabsichten wurden noch in der Sitzung des Kronrates am 2. Juli 1918 bestätigt.

Ähnlich wie im Deutschen Reich vermied es Frankreich zunächst, explizite Kriegsziele aufzustellen und in der Öffentlichkeit zu diskutieren. Es schien kein Zweifel zu bestehen, dass man den Krieg führte, um sich gegen den deutschen Aggressor zu verteidigen, der in das Land eingedrungen war. Erst nachdem klar war, dass der Krieg nicht in einigen Wochen beendet sein würde, begann man zu fragen, was, über die pure Selbstverteidigung hinaus, das Ergebnis des Krieges sein könnte und sein sollte. Dabei stellte sich sehr schnell die Rückeroberung Elsass-Lothringens als kleinster gemeinsamer Nenner aller politischen Lager heraus.[4] Der französische Ministerpräsident Rene Viviani kündigte am 22. Dezember 1914 in einer Rede vor dem Abgeordnetenhaus an, Frankreich werde den Krieg bis zum Sieg führen, um die verletzten Rechte wiederherzustellen (gemeint war Belgiens Souveränität), um die Provinzen zurückzugewinnen, die Frankreich einst gewaltsam entrissen worden waren (gemeint war Elsass-Lothringen), und um den preußischen Militarismus zu vernichten.[5] Wohl weil das letztgenannte Ziel sehr weitgehende Implikationen haben konnte, kam es in späteren Verlautbarungen nicht mehr vor. Immerhin sprach sich 1915 der Interessenverband der französischen Kohle- und Stahlindustrie dafür aus, nach einem Sieg über Deutschland das kohlereiche Saarbecken zu annektieren. Und nationalistische Organisationen wie die *Ligue des Patriotes*, die seit ihrer Gründung im Jahr 1882 Revanche für die Niederlage im Deutsch-Französischen Krieg 1870/71 forderte, erhoben im selben Jahr sogar Anspruch auf das gesamte linksrheinische deutsche Gebiet. Premierminister Briand passten solche Forderungen lange Zeit nicht ins Konzept, weil sie den Eindruck erwecken konnten, Frankreich verfolge Expansions- bzw. Annexionsinteressen. Erst Mitte 1916, nach der Abwehr der deutschen Verdun-Offensive und vor Beginn der eigenen Offensive an der Somme, sprach sich die französische Regierung nicht nur für die Rückgewinnung Elsass-Lothringens und für Reparationen aus, sondern auch für einen »neutralen Status« der linksrheinischen deutschen Gebiete. Unter dem neuen Ministerpräsidenten Alexandre Ribot verhielt sich Frankreich ab März 1917 aber wieder erheblich reservierter, hatten sich doch die Siegaussichten für die Alliierten nach dem Ende der Somme-Schlacht und der Februarrevolution in Russland eher verschlechtert.

In Russland wurden zu Beginn des Krieges einige weitreichende Ziele formuliert, die für das Deutsche Reich, Österreich-Ungarn und die Türkei Gebietsabtretungen und Kontributionen vorsahen, jedoch blieben diese Pläne Makulatur. Das Zarenreich versprach sich von dem Krieg in erster Linie Fortschritte in der Frage des schon lange von ihm angestrebten uneingeschränkten Zugangs zum Mittelmeer durch den Bosporus und die Dardanellen. Im 19. Jahrhundert war Russland diesem Ziel mehrfach nahe gewesen, jedoch am Widerstand anderer Großmächte (v.a. Englands und Österreich-Ungarns) gescheitert.

Sowohl auf der Seite der Alliierten als auch auf der Seite der Mittelmächte wurden trotz aller Bündnisverpflichtungen und -erklärungen die nationalen Interessen keineswegs aufgegeben. Man war zwar miteinander verbündet, aber dies bedeutete längst nicht, dass man sich selbstlos für die gemeinsame Sache aufopferte. Gegenüber den Verbündeten, die ja vergangene und zukünftige Konkurrenten waren, galt es immerzu darauf zu achten, dass die vielfältigen Kosten und Lasten der Kriegsführung möglichst »gerecht« verteilt waren und dass man sich für die Zeit nach dem Krieg eine günstige Ausgangsposition auch gegenüber den Bündnispartnern verschaffte. Permanent wurde darüber gestritten, wer wem welche materiellen oder personellen Zusagen unter welchen Bedingungen und zu welchen Zeitpunkten gewährte. Und längst nicht alle strategischen Schachzüge waren mit den Partnern abgesprochen: Der Angriff der Briten auf die Dardanellen im Jahr 1915 erfolgte ohne Rücksprache mit Russland, das ein elementares Interesse an allen Vorgängen hatte, die die euroasiatische Meerenge betrafen. Ebenso sah sich Russland bei dem französisch-englischen Sykes-Picot-Abkommen (1916) über die Aufteilung des arabischen Teils des Osmanischen Reiches übergangen. Italien, das 1915 auf der Seite der Alliierten in den Krieg eingetreten war, misstraute wiederum den Zusagen seiner Verbündeten, die ihm territoriale Gewinne in Istrien und an der Adria in Aussicht gestellt hatten, dies gleichzeitig aber auch Serbien als Teil eines zukünftigen südslawischen Staates offerierten.[6] Zwischen England und Frankreich bestanden während des gesamten Krieges Spannungen, die daraus resultierten, dass viele Franzosen die Aufrichtigkeit, Ernsthaftigkeit und Fähigkeit der Engländer bezweifelten, den Deutschen auf französisch-belgischem Territorium entschieden entgegenzutreten. Umgekehrt gab es in England Stimmen, die nicht dazu bereit waren, das

Leben englischer Soldaten für die Rückgewinnung Elsass-Lothringens einzusetzen.[7]

Das Ringen zwischen den Bündnissen fand nicht nur im direkten Kräftemessen auf den Schlachtfeldern statt. Es wurde auch mit allen Mitteln versucht, die innere Geschlossenheit der gegnerischen Nationen zu erschüttern und ihnen außenpolitisch neue Probleme aufzumachen. Wichtigster Ansatzpunkt war in dieser Hinsicht die Unterstützung der verschiedenen nationalen Bestrebungen beim Gegner, z. B. die der Slowenen, Kroaten, Tschechen, Rumänen etc. im Habsburgerreich, der Iren in Großbritannien, der Araber und der Armenier im Osmanischen Reich etc. Insbesondere die USA unter Präsident Woodrow Wilson machten sich für das Recht der Völker auf nationale Selbstbestimmung stark. Frankreich und England waren in dieser Hinsicht zurückhaltender, weil sie als große Kolonialmächte stets befürchten mussten, auch von ihren Kolonialvölkern beim Wort genommen zu werden. Das Massaker an den türkischen Armeniern im Jahr 1915 war die brutale Reaktion des türkischen Staates auf deren Aufstand, der von Russland unterstützt worden war. England wiederum schürte den arabischen Aufstand gegen die Türkei, bei dem der britische Offizier, Agent und Schriftsteller T. E. Lawrence (»Lawrence von Arabien«) eine Schlüsselrolle spielte.[8]

Auch die Mittelmächte betrieben eine gezielte Nationalitätenpolitik gegen ihre Kriegsgegner. Das Deutsche Reich war 1916 an der Vorbereitung des antibritischen Osteraufstandes in Irland beteiligt. In Belgien versuchten die Deutschen, die Flamen gegen die Wallonen auszuspielen, indem sie in Flandern eine eigene Verwaltung einrichteten und die Zweisprachigkeit aufhoben. In Osteuropa gestanden die Mittelmächte im November 1916 Polen die Unabhängigkeit zu, weil sie sich davon auf Dauer einen antirussischen Pufferstaat und aktuell die Unterstützung durch polnische Einheiten versprachen, die auf ihrer Seite in den Krieg eintreten sollten.

Kriegsführung

Stellungskrieg und Materialschlacht

Der Erste Weltkrieg wurde hauptsächlich als Stellungskrieg und als Materialschlacht geführt. Vor allem in Nordfrankreich, an der wichtigsten Front, lagen sich die Heere jahrelang in Schützengräben und Festungsanlagen gegenüber, ohne dass es für die eine oder die andere Seite nennenswerte Geländegewinne gab. Sosehr der Grabenkrieg zum Sinnbild des Ersten Weltkriegs geworden ist, sowenig wird allerdings im allgemeinen darüber nachgedacht, warum der Krieg ausgerechnet diese Verlaufsform nahm.

Vor Kriegsbeginn war einigen militärischen Experten bewusst, dass ein Krieg zwischen den europäischen Großmächten bzw. ihren Bündnissystemen höchstwahrscheinlich nicht mit einer Schlacht oder einem Feldzug zu entscheiden war. Sie erwarteten eine Auseinandersetzung auf verschiedenen Schlachtfeldern in Ost und West, an der die Völker viel umfassender beteiligt werden würden als in früheren kriegerischen Konflikten und die eventuell sogar die gesamte europäische Kultur gefährden würde. Das Bewusstsein von den neuen destruktiven Dimensionen eines Krieges hing hauptsächlich mit dem Wissen darum zusammen, wie sehr bei allen Staaten das militärische Zerstörungspotenzial im Zuge der Industrialisierung gesteigert worden war. Das begann bei der Reichweite und der Feuerkraft der Standardgewehre, setzte sich fort über die Maschinengewehre als wichtigste Waffe der Verteidiger und reichte bis zu den Artilleriegeschützen jedweden Kalibers, mit denen Explosivgranaten über relativ große Entfernungen auch ohne direkte Sicht relativ präzise ins Ziel gebracht werden konnten. Frankreich verfügte zu Beginn des Krieges über knapp 3800 75er-Geschütze, in denen eine Art Artillerie-Allzweckwaffe gesehen wurde. In dieser Waffengattung war Frankreich dem Deutschen Reich qualitativ und quantitativ deutlich überlegen. Bei schweren Geschützen standen hingegen 300 französischen Geschützen ca. 2000 deutsche gegenüber[1], eine Diskrepanz, die sich aus der französischen Auffassung ergab, die Artillerie würde bei Infanterieangriffen nur unterstützend, jedoch nicht vorbereitend benötigt. Die Ausstattung der alliierten Truppen mit einer hinreichenden Zahl an neuen schweren Geschützen dauerte bis zur Schlacht an der Somme im Frühjahr 1916. Russlands Artillerie war derjenigen der Mittelmächte zwar qualitativ, nicht aber quantitativ gewachsen.

Trotz aller Fortschritte in der Feuerkraft hingen Schlachtentscheidungen aber immer noch davon ab, ob die feindlichen Stellungen nach Beschuss durch die Artillerie auch von der Infanterie erobert und dauerhaft besetzt werden konnten. Dieses Vorgehen war fast immer mit sehr hohen Verlusten verbunden, weil in ausgeklügelten und gestaffelten Verteidigungsanlagen meistens doch genügend Soldaten überlebten oder rasch herbeigeschafft werden konnten, um mit Maschinengewehren die Angriffe zurückschlagen bzw. verlorene Stellungen zurückerobern zu können. Der Stellungskrieg, das belauernde Gegenüberliegen der Armeen, beruhte wesentlich darauf, dass die Gräben und Befestigungsanlagen auch bei noch so heftigem Beschuss nur sehr schwer eingenommen und dann neu gehalten werden konnten. Der Blick auf die pure Feuerkraft der Artillerie übersieht oftmals die enormen Leistungen, die quantitativ und qualitativ im Bereich der Defensive erbracht wurden – angefangen bei den Soldaten, die sich mit einfachsten Werkzeugen und Materialien »eingruben«, bis hin zu den Bauingenieuren, die den Ausbau der Stellungen nach neuesten technischen und wissenschaftlichen Erkenntnissen betrieben.

Bei allem Wissen um das Ausmaß und die Intensität eines

Krieges zwischen den Großmächten bestand die Aufgabe der Militärs im Vorfeld des Krieges aber nicht darin, vor ihm zu warnen, sondern ihn führbar und gewinnbar zu machen. Es galt Strategien zu entwickeln, wie der Feind trotzdem besiegt werden konnte, wo seine Verteidigungsanlagen am schwächsten waren und einen Durchbruch gestatteten, wie schnell er Truppen an diese Stellen schaffen konnte und welche Defensivmaßnahmen er mit ihnen ergreifen konnte. Schon der Schlieffen-Plan mit seiner Idee eines schnellen und massiven Angriffs auf Frankreich aus Richtung Norden entsprang dem Wissen um die Stärke der Verteidigungsanlagen im Osten des Landes. Aber auch die umgekehrte Überlegung konnte für strategisch sinnvoll erachtet werden. So begründete Falkenhayn den deutschen Angriff auf die starke Festung Verdun damit, dass gerade deren Wichtigkeit die französische Führung dazu zwingen werde, für ihre Verteidigung den letzten Mann einzusetzen.[2]

Technik, Wissenschaft und Krieg

Im Ersten Weltkrieg spielten technische und wissenschaftliche Innovationen eine wichtigere Rolle als in früheren Kriegen. Beruhte doch die Steigerung der volkswirtschaftlichen Leistungen im Zuge der Industrialisierung vor allem auf der Anwendung immer neuer wissenschaftlich-technischer Erkenntnisse. Für deren Gewinnung und Vermittlung war in allen Ländern der Wissenschaftssektor ausgebaut worden. Den Staaten standen somit im Kriegsfall ganz neue qualitative und quantitative Potenzen zur Verfügung. Dies betraf sowohl das unmittelbare Kampfgeschehen an der Front als auch die Entwicklung, die Erzeugung und den Transport der Materialien und Waffen. Wie sich dies aber in einem Krieg auswirken würde, bei dem auf beiden Seiten gleich mehrere solcher »dynamischen« Volkswirtschaften standen, war nicht absehbar. Die Gefahr war jedenfalls durchaus bekannt, dass man sich trotz und wegen der allseits gewachsenen Potenzen gegenseitig neutralisieren würde. So hatte beispielsweise der ehemalige Generalfeldmarschall Colmar von der Golz schon 1883 in dem Buch *Das Volk in Waffen* den nächsten größeren Krieg als Material- und Menschenschlacht prognostiziert. Auch einige größere Kriege vor 1914 (z.B. der amerikanische Bürgerkrieg 1861–1865; der russisch-osmanische Krieg 1877/78 oder die Balkankriege 1912/13 etc.) hatten bereits erkennen lassen, wie sehr die Industrialisierung das Kriegsgeschehen modifizierte und die Zerstörungskräfte vervielfachte.

Während des Krieges wurde überall die Kooperation zwischen Militärs, Unternehmen, Wissenschaftlern und Ingenieuren intensiviert. Wissenschaftler, von denen man sich neue kriegswichtige Erkenntnisse erhoffte, wurden nicht zum Militärdienst eingezogen oder zurückgestellt. Für kriegswichtige Forschungen wurden nicht nur die Universitäten in die Pflicht genommen, es wurden auch neue Forschungsinstitutionen ins Leben gerufen: In den USA das National Research Concil (1916); in Großbritannien das Committee for the Promotion of Industrial und Scientific Research (August 1915), das Department of Scientific and Industrial Research (Dezember 1916) und das Chemical Warfare Department; in Frankreich die Direction des inventions intéressant la défense nationale (1915) und die Direction du matériel chimique de guerre (Juni 1915); in Deutschland baute man die Kaiser-Wilhelm-Institute aus und gründete neue Institute, v.a. im Bereich der Chemie. Das Wissen, das in den Forschungseinrichtungen erzeugt wurde, betraf nicht nur Waffen und Kriegsgerät oder den Ersatz für Rohstoffe und Geräte, die man bisher hatte importieren können. Es ging ebenfalls um technisch-organisatorische Innovationen, mittels derer kriegswichtige Unternehmen den Produktionsprozess schneller und effizienter gestalten konnten, z.B. durch die Einführung von Fließbändern.[3]

Unter den technischen Innovationen, zu denen es im Verlauf der Industrialisierung gekommen war, hatten einige besondere Bedeutung für das Kriegsgeschehen. Dies gilt in erster Linie für die Eisenbahnnetze als Rückgrat der Infrastruktur. Sie waren für die Verbindung zwischen Front, Hinterland und Heimat von entscheidender Wichtigkeit. Mittels ihrer war es logistisch möglich, Truppen und Material über längere Strecken sehr viel schneller an die Front zu bringen oder zu verlegen als in früheren Zeiten. Hierfür ist das französische Agieren in der Marneschlacht 1914 ein besonders gutes Beispiel. Umgekehrt erwies sich in Russland das sehr weitmaschige Eisenbahnnetz immer wieder als ein Hindernis für einen effizienten und schnellen Truppeneinsatz. Wegen der Bedeutung der Eisenbahnen für die Kriegsführung verfügten fast alle Armeen über eigene Einheiten, die für den Bau und die Reparatur von Strecken zuständig waren.

Für den weiteren Transport der Materialien und Mannschaften ab den Bahnhöfen wurden zwar zunehmend Lastkraftwagen eingesetzt, jedoch kam weiterhin Zug- und Lasttieren, vor allem Pferden, Eseln, Maultieren die wichtigste Rolle zu. Sie waren vielfältig einsetzbar, auch und gerade in unwegsamem Gelände. Man macht sich heutzutage im allgemeinen keine zutreffende Vorstellung davon, in welchem Ausmaß die Armeen, in denen die alte Kavallerie eine immer geringere Rolle spielte, doch noch auf Tiere angewiesen waren und welche Infrastruktur für ihre Zucht, Betreuung und Versorgung notwendig war. Allein in der Armee der Alliierten sollen acht Millionen Pferde und zahllose Maultiere und Esel zu Tode gekommen sein, für die 2004 in London sogar ein eigenes »Animals in War Memorial« eingerichtet wurde.[4]

Neuartige Kommunikationsmittel wie Telegraf und Telefon spielten ebenfalls eine immer wichtigere Rolle, weil sie die Übermittlung von Nachrichten und damit Entscheidungs- und Koordinationsabläufe erheblich beschleunigten. Dass ein

Hauptquartier wie das der Deutschen weitab von der Front im belgischen Spa residieren konnte, war nur wegen der Telegrafie möglich. Telefone waren hauptsächlich direkt an der Front nützlich, insbesondere um von Beobachtungsposten aus das Artilleriefeuer aus verdeckten Stellungen zu leiten. Auch für den Aufbau und die Reparatur von Kommunikationseinrichtungen richtete man auf allen Ebenen der Armeen eigene Einheiten ein. In bestimmten Situationen griff man für die Nachrichtenübermittlung aber auch noch auf sehr traditionelle Mittel zurück, z. B. auf Brieftauben und Meldehunde.

Aufgrund der Seeblockade hatten für das Deutsche Reich wissenschaftlich-technische Erkenntnisse im Bereich des Rohstoffersatzes eine besondere Bedeutung. Das bekannteste Beispiel ist der (Chile-)Salpeter, der sowohl zur Produktion von Sprengstoff als auch als Düngemittel in der Landwirtschaft benötigt wurde. Das Deutsche Reich hätte wohl schon Ende 1914 den Krieg wegen Munitionsmangels aufgeben müssen, wenn nicht durch die Weiterentwicklung des 1910 patentierten Haber-Bosch-Verfahrens zur Herstellung von Stickstoff aus Luft ein Ausweg gefunden worden wäre. Mit staatlicher Unterstützung wurden daraufhin schnellstens Stickstofffabriken gebaut und erweitert. Auch viele weniger spektakuläre Erfindungen und Erkenntnisse leisteten ihren Beitrag zum Krieg. So entwickelte man beispielsweise ein Verfahren, um Zinn, das für die Produktion von Konservendosen wichtig war, aus Weißblech zurückzugewinnen.

Im Ersten Weltkrieg spielten auch Flugzeuge erstmals eine wichtige militärische Rolle. 1914 standen 220 alliierten Flugzeugen 258 Flugzeuge der Mittelmächte gegenüber. Sie wurden zunächst ähnlich wie Fesselballons hauptsächlich zur Aufklärung und zur Lenkung des Artilleriefeuers eingesetzt. Zu Beginn des Krieges verwendeten die Deutschen auch noch Zeppeline, z. B. bei der strategischen Bombardierung von Zielen in

Belgien (Lüttich und Antwerpen) und in England. Bald schon gingen die Flieger dazu über, sich gegenseitig zu beschießen, anfangs noch mit Pistolen und Karabinern, später v. a. mit Maschinengewehren. Im Kampf um Verdun und an der Somme setzten Frankreich und England 1916 zum ersten Mal ganze Kampfgeschwader ein. Gegen Ende des Krieges hatten die Alliierten im Luftraum die absolute Übermacht gewonnen.

Nach und nach wurden Luftschiffe und Flugzeuge auch zur Bombardierung von Orten und Städten aus der Luft verwendet, z. B. von London und südenglischen Städten am 13. Juni 1917, als 14 deutsche Flugzeuge des neuen Langstreckenbombertyps Gotha G.IV mitten am Tag überraschend angriffen. 162 Menschen wurden getötet, 432 verletzt. Insgesamt starben bei deutschen Luftangriffen auf England ca. 1400 Menschen und ca. 3400 Menschen wurden verletzt. Anfängliche Bedenken deutscher Politiker gegen die Bombardierung dichtbevölkerter Innenstädte wurden schnell aufgegeben. Am Ende wurden die Piloten nur noch ermahnt, keine historischen Bauwerke anzugreifen, was angesichts der Ungenauigkeit des Bombenabwurfs allerdings kaum eingehalten werden konnte. Deutschen Militärs und Politikern kam es mit den Bombardements vor allem darauf an, die Kriegsmoral der Engländer zu erschüttern, indem der Krieg auf die Insel und bis in das Zentrum des Landes getragen wurde.[5]

Zur Abwehr von Fliegerangriffen wurden wiederum spezielle Jagdflugzeuge entwickelt, deren Piloten schon bald als die neuen Kriegshelden verehrt und glorifiziert wurden (z. B. die Deutschen Max Immelmann und Manfred von Richthofen, die Franzosen René Fonck und George Guynemer, die Engländer Edward Mannock und James McCudden). Das alte militärische Ideal vom Kampf Mann gegen Mann, das an der Wirklichkeit des Schützengrabens schnell und gründlich zerbrochen war, kam in der Luft für eine gewisse Zeit zu einer Renaissance.

Panzer

Wegen der Erfahrungen mit den verlustreichen Großoffensiven gegen gut gesicherte Verteidigungsanlagen arbeiteten Frankreich und England seit 1915 an einer neuen Waffengattung. Sie entwickelten motorisierte, gepanzerte und mit Kanonen bestückte Fahrzeuge, mit denen ohne längere Vorbereitung durch die Artillerie auch dort schnell und überraschend angegriffen werden konnte, wo ansonsten Geländeunebenheiten und Stacheldrahtverhaue den Weg versperrten. Die Briten setzten die »Tanks«, wie die Panzer aus Geheimhaltungsgründen zunächst genannt wurden, zum ersten Mal im September 1916 an der Westfront ein. Gut ein Jahr später, im November 1917, unternahmen sie mit dem Ziel der Eroberung der nordfranzösischen Stadt Cambrai einen Angriff, bei dem erstmals ein aufeinander abgestimmter Verband von 400 Panzern, 400 Flugzeugen, sechs Infanteriedivisionen und drei Kavalleriedivisionen eingesetzt wurde. Es gelang ein unerwartet tiefer Einbruch in die deutschen Stellungen, der allerdings noch nicht dauerhaft gehalten und ausgenutzt werden konnte.

Die ersten Panzer waren noch schwerfällig, langsam und leicht zu zerstören. Ihre zunächst erfolgreiche Abwehr bestätigte beim deutschen Generalstab die schon vorher vertretene Auffassung, der neuen Waffengattung komme keine entscheidende Bedeutung zu, weshalb auf ihre forcierte Entwicklung verzichtet werden könne. Mit der Entwicklung und dem seriellen Bau leichterer Panzer durch die Briten und die Franzosen traten die strategischen Vorteile aber immer deutlicher zu Tage. Auch wenn immer noch verhältnismäßig viele »Tanks« zerstört wurden, so standen sie den Alliierten aufgrund einer Produktionszahl von ca. 500 Stück pro Monat doch in großer Zahl kontinuierlich zur Verfügung. Die gravierende deutsche Fehleinschätzung zeigten die mit Panzern geführten Offensiven der Briten bei Soissons am 18. Juli und bei Amiens am 8. August 1918, dem »schwarzen Tag des deutschen Heeres« (Ludendorff). Im August 1918 waren an der Westfront bei den Alliierten insgesamt ca. 3000 Panzer im Einsatz.

Giftgas

Die Erstarrung der Westfront zum Stellungskrieg ab Herbst 1914 stachelte die militärischen Führungen zur Suche nach neuen Waffen an. Eine Variante bestand in der Anwendung von Gas, um die feindlichen Soldaten in ihren Schützengräben vor dem eigenen Angriff mehr oder weniger kampfunfähig zu machen. Die französischen Streitkräfte setzten schon früh Tränengasgranaten ein, jedoch verpuffte deren Wirkung im freien Gelände. In diesem Zusammenhang kam die Überlegung auf, Giftgas einzusetzen. Zwar verbot die Haager Landkriegsordnung von 1899/1907 den kriegerischen Einsatz von Gift, jedoch wurden die entsprechenden Paragraphen von Militärs und Politikern so interpretiert, dass damit lediglich Gaseinsätze gegen Zivilisten, nicht aber solche an der Front gemeint seien. Die Entwicklung der neuen Waffengattung wurde vor allem in Deutschland vorangetrieben, wo die chemische Industrie gegen Ende des 19. Jahrhunderts einen besonderen Aufschwung genommen hatte. Der am Kaiser-Wilhelm-Institut für physikalische Chemie und Elektrochemie in Berlin-Dahlem tätige Chemiker Fritz Haber, der schon bei der für die Sprengstoffherstellung wichtigen Salpeter- und Stickstoffversorgung einen Ausweg gefunden hatte, schlug im Herbst 1914 der OHL vor, Gas nicht nur als Reizstoff, sondern als tödlichen Kampfstoff einzusetzen. Dafür schien Chlorgas, das in Deutschland in großen Mengen vorhanden war, besonders geeignet zu sein. Es wirkt auch in relativ großer Verdünnung noch verätzend auf Schleimhäute und ruft Lungenödeme hervor. Die erste Idee, das Gas mit Geschossen zu verbreiten, wurde wegen technischer Probleme aufgegeben. Stattdessen entwickelte man den Plan, Chlorgas in Behältern an die vorderste Frontlinie zu bringen und das Gas dann entweichen zu lassen, wenn der Wind es als Wolke zum Feind treiben konnte. Haber hob als strategischen Vorteil des Einsatzes giftiger Kampfstoffe hervor, dass dadurch die grundsätzliche Überlegenheit der Verteidigung über die Angreifer, also das zentrale Problem des Stellungskrieges, überwunden werden könne. Dringe doch das Gas (im Unterschied zum Schrapnellgeschoss) »hinter jeden Erdwall und in jede Höhle [...], wo der fliegende Eisensplitter keinen Zutritt findet«[6].

Die OHL nahm diesen Vorschlag auf und stellte seit Anfang 1915 gemäß Habers Plan und unter seiner Aufsicht »Gastruppen« auf, die speziell für den Einsatz des Giftgases ausgebildet wurden. Diesen Einheiten wurden gezielt qualifizierte Wissenschaftler zugewiesen, von denen einige nach dem Krieg weltberühmt wurden (z.B. Otto Hahn, James Franck, Gustav Hertz, Hans Geiger).[7] Am Morgen des 22. April 1915 »experimentierten« die Deutschen in der Zweiten Flandernschlacht bei Ypern erstmals mit Chlorgas. Aus ca. 6000 Zylindern wurden ca. 150 Tonnen Chlorgas in Richtung der feindlichen Stellungen »abgeblasen«. Während dieser »Geburtsstunde von modernen Massenvernichtungswaffen«[8] starben ca. 1300 französische Soldaten, ca. 3000 wurden verwundet. Im nachhinein beklagte man auf der deutschen Seite, dass der erste größere Giftgaseinsatz nicht noch umfassender ausgefallen und das Überraschungsmoment nicht entschieden ausgenutzt worden sei. Nicht wenigen traditionell eingestellten Offizieren erschien allerdings die von Haber forcierte wissenschaftliche Form der Bekämpfung und Ausschaltung des Gegners fragwürdig. Generaloberst Carl von Einem, Oberbefehlshaber der 3. Armee, sprach von der Gaswaffe als einem »unritterlichen, nur von Schuften und Verbrechern sonst gebrauchten Mittel«[9]. Andere Offiziere gaben zu bedenken, dass der Gegner relativ schnell nachziehen werde, was gerade an der Westfront wegen der dort vorherrschenden Windrichtung zu einem Nachteil für die deutschen Truppen werden könne. Letztendlich setzte sich aber auch unter den skrupulösen Offizieren die Auffassung durch, der Gebrauch von Giftgas sei legitim, weil »dies Verfahren die logische Fortentwicklung der bisher in allen Armeen geübten Praxis« darstelle. »Wir erreichen auf diese Weise unseren kriegerischen Zweck und sparen an kostbarem Blute«[10]. Es brauchte aber tatsächlich nur wenige Monate, bis auch die Alliierten Giftgas herstellen und durch »Abblasen« oder mit Granaten einsetzen konnten. Unter deutschen Soldaten waren die seit 1917 von den Briten verwendeten Gasminenüberfälle besonders gefürchtet.

Als defensive Reaktion auf den Giftgaseinsatz wurden bei allen Kriegsparteien die Soldaten seit 1916 mit mehr oder weniger wirksamen Gasmasken ausgestattet. Auch auf dem Gebiet des Gasschutzes war zunächst das deutsche Militär führend, weil auf Erfahrungen in der Chemieindustrie und seit Frühjahr 1916 auch auf Ergebnisse von Experimenten in der neuen Abteilung für Toxikologie des Kaiser-Wilhelm-Instituts zurückgegriffen werden konnte. Seit November 1916 wurden im deutschen Heer Merkblätter zum Gasschutz an Offiziere, Mannschaften und Sanitäter ausgegeben.

Im Laufe des Krieges arbeiteten auf beiden Seiten Wissenschaftler und Techniker eifrig daran, chemische Stoffe als Waffen zu perfektionieren, z. B. durch das Verschießen mit Granaten oder durch die Entwicklung noch wirksamerer Giftstoffe. So führten die Deutschen im Sommer 1917 das arsenhaltige »Blaukreuz« ein, das schon bei minimaler Dosierung sehr schnell zu Reizungen der Augen und Atemwege führte und die Betroffenen dazu brachte, sich die Atemschutzmasken vom Gesicht zu reißen. Im Juli 1917 setzten die Deutschen zum ersten Mal Dichlordiäthylsulfid (»Senfgas«, auch »Yperit« oder »Lost« genannt) ein, eine gegenüber Chlorgas fünfzigmal giftigere Substanz, die in den Laboratorien der BASF entwickelt worden war, ein knappes Jahr später aber auch von den Alliierten verwendet wurde. Lost ist ein sehr diffusionsfähiges, auch in kleinsten Dosen hochwirksames Gift, das statt über die Atmung über die Haut in den Körper eindringt, zunächst nicht bemerkt wird und erst mit zeitlicher Verzögerung wirkt.[11] Es verursacht verbrennungsartige Hautverletzungen, Augenreizungen bis hin zur vollständigen Erblindung, Reizungen der Atemwege, Durchfall und Erbrechen.

Insgesamt waren im Ersten Weltkrieg ca. 4 % aller verschossenen Granaten Giftgasgranaten, wobei ihr Anteil ständig zunahm. 1918 lag er bei über 30 %. Schätzungen gehen davon aus, dass an der Westfront ca. 3,4 % der Kriegsopfer (20 000 Tote und 500 000 Verletzte) dem Einsatz von Giftgas geschuldet waren.[12] Wurde Giftgas anfangs noch primär dazu verwendet, die Verteidigungsanlagen des Feindes zu schwächen, so trat im weiteren Verlauf des Krieges der Zweck der allgemeinen Terrorisierung und Demoralisierung der feindlichen Truppen mehr und mehr in den Vordergrund. Allein schon das Gerücht, man sei mit dem tückischen, unmittelbar nicht wahrnehmbaren Senfgas beschossen worden, konnte Truppenteile paralysieren oder in Panik versetzen.

Kriegsgreuel und Kriegsverbrechen

Moderne Kriege werden primär nicht mit der Absicht geführt, der Bevölkerung des gegnerischen Staates Schaden zuzufügen. Es geht hauptsächlich darum, den auf Gewaltmittel gestützten Willen des Gegners zu brechen, um von ihm Zugeständnisse zu erzwingen. Bei dem, was ihnen für die Verfolgung dieses

Ziels geboten und geeignet erscheint, nehmen kriegführende Staaten allerdings nur sehr bedingt Rücksicht auf die Bevölkerung des Gegners. Nicht nur »Kollateralschäden« sind dann »leider« unvermeidlich, sondern auch mehr oder weniger rigide Methoden der Einschüchterung, Bestrafung und der erzwungenen Benutzung der fremden Bevölkerung.

In den Jahrzehnten vor dem Ersten Weltkrieg hatten die Staaten verschiedene Vereinbarungen getroffen, die zwar keinen strengen Rechtscharakter hatten, weil sie nicht von unabhängigen Instanzen juristisch verfolgt werden konnten, die aber die Selbstverpflichtung zum Ausdruck brachten, gewisse »Regeln« beim Kriegführen zu beachten. Entsprechende Beschlüsse zur »Humanisierung« der Kriegsführung waren auf den Konferenzen in Genf 1864 und 1906 für die Behandlung verwundeter und gefangener Soldaten und auf den Konferenzen in Den Haag 1899/1907 für Zivilisten ausgehandelt worden. Die Haager Landkriegsordnung legte fest, wann es sich um rechtmäßige und nicht rechtmäßige Kombattanten handelte und wer als Zivilist galt. Sie enthielt Vereinbarungen darüber, wie mit rechtmäßigen Kombattanten, die gefangen wurden, umgegangen werden sollte. Die Ordnung verbot ferner den Einsatz von Gift oder vergifteten Waffen, die Liquidierung wehrloser Feinde und die Zerstörung fremden Eigentums, sofern dies nicht unmittelbar im Kontext von Kampfhandlungen geschah. Schließlich wurde die Bevölkerung besetzter Gebiete unter einen gewissen Schutz gestellt, indem beispielsweise Plünderungen und kollektive Bestrafungen, »für welche die Bevölkerung nicht als mitverantwortlich angesehen werden kann« (§ 50 HLKO), verboten wurden. Mit der HLKO hatten sich die Staaten zwar auf einen normativen Rahmen für die Behandlung von Zivilisten und Gefangenen im Krieg geeinigt, jedoch enthielt das Vertragswerk viele schwammige und relativierende Formulierungen, die deutlich machen, dass Staaten sich die Möglichkeit offenhalten wollten, sich über Normen hinwegzusetzen, wenn sie es für notwendig erachteten. Schließlich spielt bei militärischen Auseinandersetzungen die nicht-kämpfende Bevölkerung des Gegners eine wichtige Rolle; aus ihr rekrutiert er sowohl seine Soldaten als auch die Arbeitskräfte, die er für die Kriegswirtschaft benötigt. In besetzten Gebieten stellt die einheimische Bevölkerung allemal einen Unsicherheitsfaktor dar, weil von ihr Widerstand in verschiedensten Formen zu erwarten ist. Insofern liegt es durchaus in der Logik eines jeden Krieges, die fremde Bevölkerung einzuschüchtern und zu terrorisieren, um sie fühlen zu lassen, dass ihre Unterstützung des Gegners, nämlich »ihres« Staates, ihr nur zum Schaden gereicht.

Dementsprechend war der Erste Weltkrieg nicht frei von sogenannten »Kriegsgreueln«, also von Verstößen gegen das relativ neuartige normativ-moralische Regelwerk der Kriegsführung. Diese Taten spielten in der Kriegspropaganda eine besondere Rolle, weil sie gerne aufgegriffen wurden, um die »Unmenschlichkeit« und das »Barbarentum« des Gegners zu belegen. 1915 publizierte die französische Regierung die *Documents relatif à la guerre 1914–1915*, mit denen die Völkerrechtsverletzungen der Mittelmächte belegt werden sollten. Die Mittelmächte gaben die Vorwürfe noch im selben Jahr in der Schrift *Der Weltkrieg und der ›Zusammenbruch des Völkerrechts‹* zurück.[13]

Trotz des Gebrauchs zur Feindbildpflege lagen den geschilderten »Untaten« oftmals reale Geschehnisse zu Grunde, die von einer der Kriegsparteien als rechtlich-humanitäre Normverletzungen interpretiert werden konnten. So steht es beispielsweise fest, dass die deutschen Truppen 1914 bei ihrem Einmarsch nach Belgien und der Durchsetzung ihres Besatzungsregimes innerhalb weniger Wochen ca. 6000 Zivilisten absichtlich töteten. Begründet wurde dies sowie die Zerstörung vieler Zivilgebäude zumeist damit, es handele sich um ein Vorgehen gegen »Franktireurs«, d. h. illegale Kombattanten (Freischärler), die als eine Art Guerillakämpfer einen eigenen »Volkskrieg« gegen die Deutschen führten. Mit dieser Begründung unternahm man beispielsweise am 23. August 1914 eine Strafaktion gegen die Stadt Dinant an der Maas, der 674 Personen zum Opfer fielen. Bei der Bedrohung durch belgische Zivilisten, die von deutscher Seite behauptet wurde, handelte es sich allerdings weitgehend um ein Konstrukt, mit dem sich die Deutschen zu erklären versuchten, warum der Vormarsch durch Belgien nicht so reibungslos verlief, wie es der Schlieffen-Plan eigentlich vorsah. Das Konstrukt wurde aber eben geglaubt und wirkte sich auf das praktische Verhalten der Soldaten aus, die den Zivilisten zunehmend misstrauten.[14]

Ebenfalls als Verstoß gegen abendländische Werte und Normen wurde die Zerstörung von bedeutenden Bauwerken betrachtet. Den Deutschen wurden schwere Vorwürfe gemacht, nachdem sie im belgischen Löwen am 25. August 1914 u. a. die Universität mit ihrer weltberühmten Bibliothek in Trümmer gelegt hatten. Als weitere besondere »Akte der Barbarei« der Deutschen wurden in der Öffentlichkeit der Alliierten und der USA die Zerstörung der Kathedrale von Reims durch Artilleriebeschuss Ende Oktober 1914, die ersten Giftgaseinsätze, die Versenkung von Schiffen mit Zivilisten im Zuge des unbeschränkten U-Boot-Krieges (z. B. der »Lusitania« am 7. Mai 1915) sowie die Verwendung von Zivilisten aus den okkupierten Gebieten zur Zwangsarbeit, angeprangert. Noch weitgehend unerforscht ist das Thema der völkerrechtswidrigen Erschießung von Kriegsgefangenen.[15] Umstritten ist, inwiefern die britische Seeblockade als Verbrechen gegen die deutsche Zivilbevölkerung zu betrachten ist, wie es von deutscher Seite immer wieder behauptet wurde. Allerdings war die Hungersnot im Winter 1916/17 weniger ausgefallenen Lebensmittelimporten geschuldet als vielmehr innerdeutschen Prioritätensetzungen für die Kriegs- und gegen die Konsumindustrie.

Auch andere kriegführende Staaten setzten während des Ersten Weltkriegs Gewalt gegen Zivilisten ein[16], wobei das Ziel häufig in der »Säuberung« bestimmter Regionen von ethnischen Minderheiten bestand, deren nationale Zuverlässigkeit in Frage gestellt wurde. Von österreichisch-ungarischen Truppen ist bekannt, dass sie in Serbien Greueltaten verübten und dies damit rechtfertigten, die Serben seien für den Krieg verantwortlich. Diese Taten wurden zwar publik gemacht, erregten aber in der europäischen Öffentlichkeit längst nicht die Aufmerksamkeit, mit der 1914 das Verhalten russischer Truppen in Ostpreußen oder das Verhalten deutscher Truppen in Belgien verfolgt wurde.[17] Die angeblich russophilen Ruthenen in seinen östlichen Landesteilen bezichtigte der österreichisch-ungarische Staat der Kooperation mit dem Feind und bestrafte dies mit Liquidationen, Plünderungen und repressiven Maßnahmen, zu denen auch Geiselnahmen gehörten.[18]

Die russische Regierung wiederum ließ Millionen von Angehörigen ethnischer Minderheiten, v. a. Juden und Deutsche, aus den östlichen Grenzgebieten vertreiben und ins Landesinnere deportieren, weil sie der Spionage und des Verrats verdächtigt wurden.[19] Aus Galizien flüchteten Ende August 1914 viele Juden vor den vormarschierenden russischen Truppen. Sie suchten vor allem in Wien Zuflucht, wo sie aber auch auf antisemitische Vorurteile stießen und teils als Freiwillige, teils als Zwangsarbeiter in der Kriegswirtschaft eingesetzt wurden. In der Türkei kamen 1915 Hunderttausende von Armeniern ums Leben, weil der türkische Staat sie einer mörderischen Umsiedlungsaktion unterwarf, um Autonomiebestrebungen zu verhindern.

Soldaten

Rekrutierung und Ausbildung

Für das Verständnis der Kriege des 19. und des 20. Jahrhunderts ist es notwendig, die Auswirkungen zu kennen, die die Form der Rekrutierung von Soldaten auf die Kriegsführung hat. Solange Soldaten wie in früheren Zeiten mit Geld oder anderen Leistungen als Söldner angeworben wurden, entschieden sie sich mehr oder weniger freiwillig, ihr Leben im Kampf für ihren Kriegs- und Brotherrn aufs Spiel zu setzen. Die Bevölkerung war von diesen Kriegen zwar betroffen, von ihr selbst wurde aber nicht erwartet, dass sie sich aktiv daran beteiligte. Dies änderte sich mit der Konskription, wie sie erstmals in Frankreich als *levée en masse* (»Massenaushebung«) während der Revolutionskriege eingeführt wurde: Mit ihr wurde der Krieg direkt zu einer Sache des Volkes bzw. der Völker. Es war dies der »Beginn der größten Aufrüstungswelle der Menschheitsgeschichte«[1]. Staaten griffen nun im Prinzip auf ihre gesamte männliche Bevölkerung zurück und verpflichteten sie dazu, sich für den Krieg ausbilden zu lassen, was in erster Linie absoluten Gehorsam gegenüber Vorgesetzten und bedenkenlose Bereitschaft zum Einsatz des eigenen Lebens bedeutete. Innenpolitisch ergab sich aus der Heranziehung aller Bürger zum Kriegsdienst für den Staat aber auch der Anspruch, dass den Bürgern jenseits des Militärs mehr Einfluss auf die Politik, die über Krieg und Frieden entscheidet, gegeben werden müsse. Die allgemeine Wehrpflicht setzt im Prinzip die allgemeine Zustimmung der Bürger zum nationalen Gemeinwesen voraus. Sie funktioniert nur, wenn alle relevanten Klassen und Schichten den Standpunkt teilen, dass die nationale Selbständigkeit und Geschlossenheit von außen »gefährdet« werden kann und deshalb mit einer gemeinsamen Anstrengung der

Nation »verteidigt« werden muss. So wirkt die allgemeine Wehrpflicht ausgerechnet dort, wo sie praktisch auf Leben und Tod für den Krieg in Anspruch genommen wird, tendenziell auf eine »Demokratisierung« der Gesellschaft in dem Sinne hin, dass die Bürger auf die gleichmäßige und gerechte Belastung aller bei der Verteidigung des Vaterlandes achten und drängen. Sie beurteilen einerseits die Führung danach, ob sie das Volk im Krieg auch effektiv und verantwortungsvoll einsetzt. Und sie beurteilen andererseits ihresgleichen danach, ob sie sich auch wirklich so diszipliniert und selbstlos für die gemeinsame Sache einsetzen, wie es von ihnen erwartet wird. Beide Fragen sind im Kriegsalltag stets präsent und werden letztendlich durch den Erfolg oder Misserfolg, durch Sieg oder Niederlage beantwortet. Politikern und Militärs waren solche Konsequenzen der allgemeinen Wehrpflicht durchaus bewusst. Je nach politischem Standpunkt sahen sie deshalb in dem von ihnen selbst in Gang gesetzten Volkskrieg eine Gefahr für die Stabilität der Herrschaft oder eine Chance für eine breitere Partizipation bisher einflussloser bzw. einflussarmer Kräfte.

Der Erste Weltkrieg führte in allen beteiligten Staaten in einem Ausmaß zu einer militärischen Mobilisierung der männlichen Bürger, das bis dahin kaum vorstellbar gewesen war. Insgesamt kamen 71 Millionen Männer zum Einsatz. In Deutschland wurden 13,25 Millionen Mann (bei einer Gesamtbevölkerung von 67,8 Millionen Einwohnern im Jahr 1914) zum Dienst herangezogen. Zu Kriegsbeginn deckten die Staaten ihren Bedarf an Soldaten auf verschiedene Art. Bei den kontinentalen Mächten Deutschland, Russland und Frankreich, die sich auf Landkriege mit großen Heeren vorbereiteten, war die Wehrpflicht obligatorisch. England hatte eine verhältnismäßig kleine Berufsarmee, und die USA stützten sich wesentlich auf ein Milizsystem. Die beiden Staaten sahen sich im Verlauf des Krieges allerdings zur Einführung der Wehrpflicht gezwungen (England ab Ende 1915 und die USA 1917).

Mit der Wehrpflicht zwangen die Staaten im Prinzip alle jungen Männer ihrer Völker dazu, sich schon im Frieden auf den Einsatz in einem Krieg vorbereiten zu lassen. Allerdings wurde das Prinzip zu Friedenszeiten oftmals durch eine Reihe von Ausnahmen und Rücksichten relativiert. Dabei konnte es sich um mehr oder weniger großzügige Formen der Rückstellung wegen Krankheit oder Untauglichkeit handeln. Der effektive Personalbedarf der Armee spielte ebenso eine Rolle wie Bedenken hinsichtlich der Zuverlässigkeit bestimmter Bevölkerungsgruppen. So kam es, dass ein großer Teil der jungen Männer doch nicht »dienen« musste. Das Deutsche Reich berief in den unmittelbaren Vorkriegsjahren nur gut die Hälfte der wehrpflichtigen Männer ein. In Frankreich war die Quote mit ca. 80 % wesentlich höher, weil der Staat seine Armee aus einer erheblich kleineren Gesamtbevölkerung rekrutieren musste als sein potenzieller Hauptfeind Deutschland. Aus demselben Grund hatte man in Frankreich 1913 im Zuge des Wettrüstens mit Deutschland die Dienstzeit von zwei auf drei Jahre verlängert.

Im Deutschen Reich waren Männer von 17 bis 45 Jahren wehrpflichtig, während des Krieges wurde die Altersgrenze auf 60 Jahre heraufgesetzt. Die aktive Dienstzeit dauerte bei der Infanterie in der Vorkriegszeit zwei Jahre. Danach gehörte man 5 Jahre zur Reserve, dann für ca. 10 Jahre zur Landwehr. Anschließend wurde man bis zum 45. Lebensjahr dem Landsturm zugeordnet, zu dem auch all die Männer zählten, die nicht aktiv gedient hatten. Wer ein Gymnasium oder eine Mittelschule besucht und mindestens die Mittlere Reife erlangt hatte, genoss das Privileg, nur ein Jahr dienen zu müssen, vorausgesetzt er verfügte über die nicht unerheblichen finanziellen Mittel, um sich selbst auszustatten und zu versorgen. Diese

»Einjährig-Freiwilligen« konnten nach der Absolvierung von Reserveübungen und Prüfungen zu Offizieren der Reserve befördert werden, eine Stellung, die in der Gesellschaft mit großem Prestige verbunden war.

Allerdings ließen sich die politischen und militärischen Führungen bei der konkreten Umsetzung der Wehrpflicht auch von weiteren Gesichtspunkten leiten. Im Deutschen Reich war man beispielsweise in konservativen Kreisen bis hin zum Ersten Weltkrieg besorgt, die vollständige Durchsetzung der allgemeinen Wehrpflicht auch in Industrierevieren könne die Armee als ein Instrument untauglich machen, das gegebenenfalls auch gegen innere, d.h. sozialdemokratische Feinde eingesetzt werden sollte. Im Offizierskorps hielten es zudem viele für selbstverständlich, dass eine Dominanz des Adels gegenüber dem Bürgertum bewahrt werden müsse. Gegen einen solchen »konservativen Militarismus« war selbst der Generalstab mit seiner Forderung nach einer konsequenteren Umsetzung der Wehrpflicht (Große Denkschrift vom 31. Dezember 1913) verhältnismäßig machtlos.[2] Bedenken hinsichtlich der Zuverlässigkeit und Einsatzbereitschaft bestanden oft auch gegenüber Mitgliedern ethnischer Minderheiten, z.B. für Elsass-Lothringer im deutschen Heer, für Tschechen, Italiener, Kroaten, Rumänen etc. im österreichisch-ungarischen Heer oder für Juden und Asiaten im russischen Heer. Wegen der Vorbehalte wurden Soldaten, die solchen Minderheiten angehörten, oftmals an Frontabschnitten fern der Heimat eingesetzt.

Frankreich konnte zu Beginn des Krieges auf der Stelle auf knapp 900 000 Soldaten zurückgreifen. Nach der Generalmobilmachung am 15. August 1914 wurden die kämpfenden Einheiten auf 2 689 000 Mann und die Armee insgesamt auf 3 781 000 Mann aufgestockt. Während des gesamten Krieges mobilisierte Frankreich 8 400 000 Mann (bei einer Gesamtbevölkerungszahl von 39 Millionen Menschen gegenüber

67 Millionen auf deutscher Seite).[3] Deutschland verfügte am 1. August 1914 über ein Heer von ca. 800 000 Mann. Stehendes Heer und Reserve zählten zusammen ca. 2 310 000 Mann. Zählt man noch den Landsturm hinzu, so unterstanden dem Militär ca. 4 900 000 Mann.[4] Bis zum Ende des Krieges wurden in Deutschland ca. 13 000 000 Mann mobilisiert.

In England meldeten sich in den ersten drei Kriegswochen bis zum 22. August über 100 000 Kriegsfreiwillige. Dies geschah vorwiegend aus nationaler Begeisterung, aber wohl auch wegen der zu Kriegsbeginn rasch anwachsenden Arbeitslosigkeit. Die Zahl der freiwilligen Meldungen nahm noch mal erheblich zu, nachdem die *Times* am 25. August über die schwere britische Niederlage bei Mons berichtet und deshalb zu größerer Unterstützung der Armee aufgerufen hatte. Nun erschien die Kriegsteilnahme zunehmend als ein akut gebotener Schritt zur Verteidigung. Allein in der Woche vom 30. August bis zum 5. September meldeten sich nun ca. 175 000 Freiwillige. Für die Mehrheit der jungen englischen Männer waren nicht militaristische Ideologien und grundsätzliche antideutsche Ressentiments für die Teilnahme am Krieg ausschlaggebend, sondern die konkrete Entwicklung des Krieges in den ersten Wochen in Belgien und in Nordfrankreich. Durch sie schien nicht nur das eigene Land ernsthaft bedroht zu sein, sondern sie zeigte angeblich auch den zivilisationsfeindlichen Charakter des Deutschen Reiches, das die Neutralität von Staaten missachtete, die Zivilbevölkerung terrorisierte und unersetzliche Kulturgüter zerstörte.[5]

Die große Zahl getöteter, verwundeter und gefangengenommener Soldaten machte es während des Krieges für alle Staaten notwendig, die Kriterien für die Rekrutierung auszuweiten. Man ging dazu über, Jahrgänge früher einzuziehen oder die Altersgrenzen herunterzusetzen, veranlasste erneute Kontrollen von zurückgestellten oder für untauglich befundenen Männern und spürte wirklichen oder angeblichen »Drückebergern« nach. Frankreich und England konnten bei der Aufstellung von Truppen für den Krieg in Europa nicht nur auf ihre eigenen Völker zurückgreifen, sondern auch auf Soldaten aus den Völkern in den Kolonien und *Dominions*. So nahmen Algerier, Marokkaner und Senegalesen an den Schlachten um Verdun und an der Somme teil. Die englischen Streitkräfte wurden von Soldaten aus den Kolonien unterstützt, in erster Linie von solchen aus den *Dominions*, den ehemaligen Siedlungskolonien. Kanada schickte ca. 500 000, Australien 332 000 und Neuseeland 112 000 Mann. Bei ihnen handelte es sich vorwiegend um Freiwillige, die britischer Herkunft waren. Hingegen wurden Soldaten aus den abhängigen Kolonien mehr oder weniger zwangsweise verpflichtet. England setzte allein 1,3 Millionen indische Soldaten an verschiedenen Fronten ein. In Ostafrika kamen im Zuge der Bekämpfung deutscher Kolonialtruppen ca. 100 000 Afrikaner um, die als Träger dienten.[6]

Von den Soldaten und der Öffentlichkeit der Mittelmächte wurde diese Art von Internationalismus als ehrabschneidend empfunden. Dass im Kampf unter den europäischen »Kulturvölkern« Völker zum Einsatz kamen, die vom Standpunkt eines eurozentrischen Rassismus als »minderwertig« galten, wurde in Deutschland als ein Hinweis darauf angesehen, dass es sich bei den Alliierten eben nicht um echte Kulturvölker handele. Aber auch französische Soldaten, Politiker und Arbeiter waren nicht frei von rassistischen Ressentiments gegen ihre dunkelhäutigen Waffengefährten und Arbeitskollegen. So spielten bei den Meutereien im April 1917 auch Gerüchte eine Rolle, denen zufolge französische Frauen und Mädchen an der Heimatfront mit Ausländern zusammenarbeiten mussten.[7] Und schon 1913 entsetzte sich sogar Jean Jaurès, der 1914 ermordete Führer der französischen Sozialisten, beim Anblick einer Militärparade über Soldaten aus den Kolonien: »Jeder wahre

Franzose muß vor Scham erröten, wenn er sieht, daß solche Herden zur Verbreitung der französischen Kultur und zur Verteidigung des Vaterlandes gerufen werden sollen«[8].

Die Ausrüstung und die Bewaffnung der Soldaten entsprach zunächst dem, was die Strategen geplant hatten, wurde aber durch die Kriegserfahrungen beträchtlich modifiziert. Die Infanteristen, die bei allen Armeen das Gros der Soldaten bildeten, waren mit jeweils ähnlichen Repetiergewehren ausgestattet, deren Magazine meistens fünf Patronen enthielten. Auf die Gewehre konnten Bajonette aufgesteckt werden, doch kamen sie nur selten in Nahkämpfen zum Einsatz. Auf die neuen Waffen, die im Ersten Weltkrieg verwendet wurden, wurde auch mit Veränderungen in der Ausstattung der Soldaten reagiert. Um besser vor Granatsplittern, Gewehrkugeln, aufgeschleuderten Steinen etc. geschützt zu sein, wurden alte Kopfschutzhauben (z. B. die preußische Pickelhaube) durch Stahlhelme ersetzt (bei den Deutschen seit Anfang 1916). Als defensives Gegenmittel gegen Gasangriffe entwickelte man Gasmasken, bei denen die eingeatmete Luft durch austauschbare Filter aus Aktivkohle entgiftet wurde. Zur Grundausstattung des Soldaten zählten ferner ein Spaten zum Eingraben und eine Anzahl von Handgranaten. Selbst die Uniformen wurden im Verlauf des Krieges der neuen Kriegsführung angepasst: Man verzichtete auf bunte und blinkende Elemente, um feindlichen Schützen das Erfassen von Zielen zu erschweren – »feldgrau« war in erster Linie eine Tarnfarbe. Eine Gegenüberstellung der Ausrüstung der Soldaten 1914 und 1918 lässt deutlich die Diskrepanz erkennen zwischen dem, wie man sich anfangs den Krieg vorstellte, und dem, wie er dann real geführt wurde.[9]

Auch und gerade die Männer, die sich zu Beginn des Krieges aus Patriotismus freiwillig gemeldet hatten, machten bald die ernüchternde Erfahrung, dass von dem Pathos und dem Gefühl nationaler Gemeinschaft in den Kasernen wenig übrig blieb. Der Drill auf dem Exerzierplatz, verbunden mit vielfältigen Demütigungen, Schikanen und Misshandlungen durch die Vorgesetzten, wurde häufig als willkürlich und ungerecht empfunden. Selbst die Armeeführungen erkannten schon bald, dass die begrüßte und gewünschte Einsatzbereitschaft unter solchen Umständen Schaden litt, und mahnten deshalb eine rücksichtsvollere Behandlung an. Das Gerechtigkeitsempfinden der Soldaten wurde auch dadurch herausgefordert, dass Offiziere und Unteroffiziere meistens besser untergebracht waren, besser versorgt wurden und einen höheren Sold erhielten. Viele ältere Soldaten, die im Arbeitsleben längst »ihren Mann« gestanden hatten, mussten sich von jungen, oftmals unerfahrenen Offizieren herumkommandieren lassen, die in ihrem Standesdenken viel Wert auf Rangunterschiede legten und sich von den Mannschaften separierten. Unter den Soldaten war auch ständig der Verdacht präsent, Vorgesetzte würden sich vor dem Kampfeinsatz drücken oder ihre Leute sinnlos und unbedacht »verheizen«.

Leben und Vegetieren in Schützengräben

Das Leben unmittelbar an der Front in den Grabennetzen und Stellungen war ein organisiertes kollektives Vegetieren. Auf engstem Raum lebten die Männer in den eingegrabenen Unterständen unter extremen klimatischen und hygienischen Bedingungen zusammen, meistens in Angst davor, durch die Einschläge von Granaten oder Minen verletzt oder verschüttet zu werden. Schon nach wenigen Tagen an der Front entwickelten sie die Fähigkeit, die von den Geschossen ausgehenden Gefahren an deren Fluggeräuschen zu erkennen. Tage- und wochenlang trugen sie dieselbe Kleidung, wurden von Läusen, Flöhen und anderem Ungeziefer geplagt, erwehrten sich der

Ratten, stampften durch den Matsch und schliefen auf Strohsäcken auf schnell zusammengezimmerten Pritschen. Formelle und informelle Regelungen steuerten das Zusammenleben, so gut es eben ging, von der Entsorgung des Mülls und Unrats bis hin zu den Zeiten des Essenfassens und der Postausgabe. Fand kein Beschuss und kein Kampf statt, so waren die Männer mit der Reparatur und dem Ausbau der Befestigungen beschäftigt: Mit dem Spannen von Stacheldraht, dem Füllen und Aufschichten von Sandsäcken, dem Ausbauen und Reparieren der Unterstände, dem Anbringen von Sperren etc. Waren all diese Arbeiten getan und fanden keine Kampfhandlungen statt, so konnte der Krieg auch zu einem langweiligen Warten werden, das man mit Kartenspielen und anderem Zeitvertreib zu füllen versuchte.

Im Ersten Weltkrieg dominierte das anonyme Töten mit Explosivgeschossen über größere Distanzen. Vor allem bei dem Trommelfeuer, das der Vorbereitung von Offensiven diente, wurden Stellungen systematisch unter massiven Granatenbeschuss genommen. Bei aller Anonymisierung des gegenseitigen Umbringens gehörte aber auch das direkte persönliche Töten zur Kriegswirklichkeit. Scharfschützen nutzten kaltblütig jede Unvorsichtigkeit aus, Stoßtrupps unternahmen punktuelle Überraschungsangriffe und nicht selten wurden die überlebenden feindlichen Soldaten, auf die man in eroberten Stellungen stieß, ermordet, obwohl der eigentliche Kampf längst vorüber war.[10]

Der Wille der Soldaten zum Durchhalten beruhte auf der Vorstellung und der Bereitschaft, das Heimatland unter Einsatz des eigenen Lebens schützen zu müssen.[11] Die Soldaten empfanden ein unbedingtes Nationalgefühl, das jungen Europäern des 21. Jahrhunderts unverständlich erscheint.[12] Einmal an die Front und in den Schützengraben geschickt, entwickelten viele Soldaten ein charakteristisches Selbstbewusstsein.

Unter diesen extremen Bedingungen kam der Identifikation mit den »Kameraden« und der Einheit größte Bedeutung zu. Die existenzielle Gefährdung, der sie ausgesetzt wurden und in der sie aufeinander angewiesen waren, verstanden die Soldaten als eine Art Beweis für ihre Bereitschaft, sich bis zum Letzten für das eigene Volk einzusetzen. Von diesem Standpunkt der »Frontschweine« aus erschien ihnen die übrige Gesellschaft oftmals wie eine einzige Ansammlung von »Drückebergern«, »Kriegsgewinnlern« und »Schreihälsen«. Die in glänzenden Uniformen umherstolzierenden Offiziere in der Etappe, die ihren alltäglich-normalen Lebensgewohnheiten nachgehenden Menschen in der Heimat, die als »unabkömmlich« eingestuften, aber durchaus »kriegsverwendungsfähigen« Mannschaften in der Heimat, die lautstarken Kriegshetzer in den Schreibstuben der Zeitungen und erst recht die Profiteure, die ihren Reichtum mancherorts demonstrativ zur Schau stellten – ihnen allen gegenüber empfanden die »Feldgrauen« schnell tiefe Verachtung, weil sie scheinbar keine Ahnung vom wirklichen Leben und Sterben an der Front hatten. Die Verbitterung über den fehlenden Dank und Respekt der Gesellschaft für die, die (angeblich) für sie ihr Leben riskierten, war die Grundlage dafür, dass die Schicksalsgemeinschaft der kämpfenden Männer als der wahre Kern der Nation empfunden und im Rückblick mehr und mehr idealisiert wurde. Bei dem späteren Verlierer des Krieges, dem Deutschen Reich, spielten die Nachfolgeorganisationen solch männerbündischer Parallelgesellschaften (z. B. in der Form des »Stahlhelms«) in der Weimarer Republik eine besondere Rolle, weil sie der Identifikation mit der demokratischen Republik entgegenstanden.

Trotzdem war ein Front- oder Heimaturlaub der Traum eines jeden Soldaten. Im Deutschen Reich konnten sie aber im allgemeinen erst frühestens nach einem Jahr Frontdienst damit rechnen, einen Urlaub gewährt zu bekommen, der dann meistens zwei Wochen dauerte. Klagen darüber, dass bestimmten Gruppen, z.B. Bauern zur Zeit der Ernte oder Offiziersburschen, bevorzugt Urlaub gewährt werde, waren weit verbreitet. Der Armeeführung war durchaus bewusst, dass sich die Aussicht auf eine etwas längere Pause von der Front und auf ein Wiedersehen mit Verwandten und Bekannten positiv auf die Moral der Truppe auswirkte – und umgekehrt. Mit Blick auf die Stimmung an der Heimatfront wurden die Soldaten dazu angehalten, während ihres Urlaubs nichts Negatives über das Leben an der Front zu erzählen und ihren Stolz nicht in Verachtung der Zivilisten umschlagen zu lassen.

In Ausnahmefällen kam es zwischen den Soldaten der feindlichen Staaten zu expliziten oder impliziten Absprachen, für eine Weile mit dem gegenseitigen Abschlachten aufzuhören. Am bekanntesten wurden jene Szenen, die sich um Weihnachten 1914 an der Westfront abspielten, als deutsche, englische und französische Soldaten einander in ihren Schützengräben besuchten und gemeinsam tranken und sangen. Von der militärischen Führung wurde solches Fraternisieren als Aufweichung der Disziplin und Nachlassen des Angriffsgeistes streng verurteilt. Dennoch kam es immer wieder zwischen den nur wenige Meter voneinander entfernten vordersten Schützengräben zu informellen, aber immer unsicheren Übereinkünften, einander vorübergehend in Ruhe zu lassen.

Trotz aller Identifikation mit der Nation, die sich (angeblich) nur verteidigen musste, war es für die Kampfkraft und den Zusammenhalt der Truppe unerlässlich, diejenigen drakonisch zu bestrafen, die sich auf irgendeine Art der befohlenen Metzelei zu entziehen versuchten. Die Soldaten unterstanden bei geringeren Vergehen der Disziplinargewalt ihrer Vorgesetzten, bei schwereren Verstößen den Kriegsgerichten. Allerdings wurden Arreststrafen zuweilen regelrecht gewünscht, weil sie temporäre Abwesenheit von der Front bedeuteten. Um diese

Kalkulation zu verhindern, gab es im deutschen Heer ab Juli 1916 »Militärgefangenenkompanien«, die hauptsächlich bei gefährlichen Bau- und Schanzarbeiten unmittelbar an der Front eingesetzt wurden. Im Herbst 1917 mussten in ihnen ca. 10 000 Soldaten Dienst leisten.[13]

Helden

In allen Nationen, die am Krieg beteiligt waren, entstanden Mythen, die das Schicksal bestimmter Soldaten verherrlichten und idealisierten. Einzelne Personen wurden als Helden verehrt, zum Teil weit über das Kriegsende hinaus. Paul von Hindenburg, dem »Sieger von Tannenberg«, wurde schon zu Lebzeiten in Berlin neben der Siegessäule ein 13 m hohes Holzdenkmal gesetzt, in das – wie bei anderen Holzstandbildern an anderen Orten – für eine Spende von einer, fünf oder 100 Mark symbolisch eiserne, silberne oder goldene Nägel eingeschlagen werden durften. Bis zu seinem Tod im Jahr 1936 zehrte er von seinem legendären Feldherren-Mythos und setzte ihn gegen die Weimarer Republik für eine konservativ-autoritäre Herrschaftsform ein. Gefeiert wurden Männer wie Manfred von Richthofen, der als erfolgreicher deutscher Kampfflugzeugpilot das anachronistische Ideal des ritterlichen Zweikampfes verkörperte, oder »Lawrence von Arabien«, der als Brite die Stämme der arabischen Halbinsel zum Kampf gegen die Türkei motivierte. Auch gewöhnliche Soldaten wurden für ihren Einsatz, ihren Mut und ihre Tapferkeit mit Orden ausgezeichnet – vom Verwundetenabzeichen bis zum Eisernen Kreuz 1. Klasse. Die Abzeichen drückten den ideellen Dank des Vaterlandes aus. Ihre Verleihung war meistens mit Gratifikationen verbunden, in der Regel mit einigen Tagen Front- oder Heimaturlaub.

In Wirklichkeit war das anonyme Massensterben für den Krieg kennzeichnend. Doch auch dieses ließ sich idealisieren, wie das Beispiel des Langemarck-Mythos zeigt. Am 11. November 1914 gab die OHL eine Nachricht von wenigen Zeilen bekannt, die im Deutschen Reich schnell berühmt wurde: »Westlich von Langemarck brachen junge Regimenter unter dem Gesange ›Deutschland, Deutschland über alles‹ gegen die erste Linie der feindlichen Stellungen vor und nahmen sie. Etwa 2000 Mann französischer Linieninfanterie wurden gefangengenommen und sechs Maschinengewehre erbeutet.«[14] In Wirklichkeit waren unerfahrene Kriegsfreiwillige, hauptsächlich Gymnasiasten und Studenten, an der Erstürmung einer Hügelkette zwar beteiligt, die allermeisten Gefallenen waren aber ältere Soldaten. Bei dem mehrtägigen Ringen wurden die deutschen Angreifer von britischen Maschinengewehren niedergemäht. Ausgerechnet dieses strategisch sinnlose Verheizen wurde auf deutscher Seite schon während, erst recht aber nach dem Krieg als Beweis wahrhaft patriotischer Gesinnung der deutschen Jugend verherrlicht.

Zu einem Mythos wurde auch die Schlacht um die Festung Verdun im Jahr 1916. Kern des Mythos war »die Vernichtung anderer unter Bedingungen, die Opfer wie Täter, wenn auch auf unterschiedliche Weisen, als eine Hölle erfuhren«[15]. Hier stand nicht mehr die jugendliche Begeisterung im Mittelpunkt, sondern die Härte und Willensstärke der erfahrenen »Feldgrauen«. In der »Hölle von Verdun«, der Hölle des industrialisierten und entpersonalisierten Krieges, wurde angeblich ein »neuer Mensch« geboren, ein Mensch, der weitgehend emotionslos wie eine Maschine funktioniert. Für die Beschwörung dieses Typus sind die Schriften Ernst Jüngers bekannt geworden, sowohl seine Kriegstagebücher als auch die darauf basierende Schrift *In Stahlgewittern. Aus dem Tagebuch eines Stoßtruppführers*, die 1920 erschien. Jünger, Jahrgang 1895, war Kriegsfreiwilliger. Er kämpfte fast während des gesamten Krieges an der Westfront, wurde mehrfach verwundet und mit hohen und höchsten Orden ausgezeichnet. Jünger schildert seine Kriegserlebnisse aus der distanziert-neutralen Perspektive eines Soldaten und Offiziers, dem es selbstverständlich ist, militärische Befehle und Aufgaben trotz allen Leids und Schreckens zu erfüllen und der deshalb im Ruf eines Antreibers und Draufgängers steht. Zweifel oder Kritik an der Kriegsführung sind ihm weitgehend fremd. Er beschreibt die grausamsten Erlebnisse an der Front mit dem kühl-sachlichen Blick desjenigen, der aushalten will, was kaum auszuhalten ist, aber ausgehalten werden muss. Jünger sieht in dem Krieg eine Gelegenheit zu beobachten, wie er und andere sich unter extrem lebensgefährlichen Bedingungen verhielten und (nicht) bewährten. Während des Krieges hielt dieser Typus von Soldat auch Einzug in die zeitgenössische Ikonographie: Plakate und Illustrationen zeigten zunehmend Soldaten mit einem »eisernen Willen« – ausgedrückt in der Betonung der Konturen, einem strengen und entschlossenen Blick, einer aggressiven Körperhaltung, fast immer gerüstet mit einem Stahlhelm.

Verletzte, Verwundete, Kranke

Zu dem riesigen Apparat, der die Front aufrechterhielt, muss – so zynisch es klingt – auch das Sanitätswesen gezählt werden. Unter rein militärischen Gesichtspunkten bestand seine hauptsächliche Funktion darin, diejenigen Verwundeten und Kranken, bei denen eine realistische Chance auf Wiederherstellung der Kriegstauglichkeit bestand, möglichst schnell wieder dem Schlachtfeld zuzuführen. Schwerverletzte, die nicht wieder an die Front geschickt werden konnten, mussten, so gut es ging, versorgt werden. Des weiteren diente das Sanitätswesen auch dazu, durch hygienische und andere prophylaktische Maßnahmen der Verbreitung bestimmter Krankheiten entgegenzuwirken und so die Kampffähigkeit der Truppe zu erhalten bzw. zu steigern.

Wegen der Art der Kriegsführung dominierten bei den Soldaten Verletzungen durch Granatsplitter (85%), erst mit weitem Abstand folgten Verletzungen durch Geschosse, Giftgas oder andere Ursachen. Nicht wenige Soldaten wurden im Verlauf des Krieges gleich mehrfach verwundet. Bilder von grässlich Verstümmelten sind in illustrierten Geschichten des Ersten Weltkriegs zuhauf zu finden. Während des Krieges versuchte man, solche Bilder möglichst nicht an die Öffentlichkeit gelangen zu lassen, um die Bevölkerung nicht zu sehr zu schockieren. Aber natürlich nahm die Zahl der *gueules cassées* (»zerschlagene Fressen«), wie die im Gesicht Entstellten in Frankreich genannt wurden, und der Invaliden nach und nach überall zu.

Schwerverletzte aus der Kampfzone zu bergen, war eine der gefährlichsten Aufgaben im Krieg, weil man sich dazu oft aus der Deckung begeben musste. Deshalb gab es im Vergleich zu anderen Truppenteilen unter Sanitätssoldaten die höchste Verlustrate. Die Schwerverletzten wurden zunächst zu Verbandsplätzen getragen, wo eine erste Versorgung stattfinden sollte. Wer den äußerst beschwerlichen Transport zum Verbandsplatz überlebte, wurde in ein Lazarett gebracht, wo man von Ärzten behandelt und von Pflegekräften betreut wurde. Zu Beginn des Krieges wurde überall die Kapazität der Lazarette erheblich ausgeweitet. In Frankfurt a. M. wurden z. B. bis Ende August 1915 ca. 5000 Betten bereitgestellt. Ungefähr 2000 von ihnen standen in sogenannten »Privatlazaretten«, die von wohlhabenden Familien in ihren Häusern zur Pflege einiger weniger Verwundeter eingerichtet wurden. Dieses soziale Phänomen aus der Anfangsphase des Krieges, mit dem vor allem bürgerliche Frauen ihren Einsatz für die Nation unter Beweis stellen wollten, verschwand allerdings mit dem Ausbau des militärischen Lazarettwesens. 1918 gab es in Frankfurt knapp 7600 Krankenbetten, von denen fast 4000 vom Militär verwaltet wurden.[16]

Von den Ärzten, die oftmals frisch aus dem Medizinstudium kamen, wurde, zuweilen innerhalb weniger Sekunden, entschieden, wem überhaupt Überlebenschancen eingeräumt und wie operiert werden sollte. Sie bestimmten zudem, wer wann als geheilt galt und damit der Truppe wieder zur Verfügung stand, und wer nicht mehr »kriegstauglich« war. Vielen Schwerverletzten wurde zur Linderung der Schmerzen Morphium gegeben, was dazu führte, dass es nach dem Krieg in Deutschland ca. 200 000 Morphiumsüchtige gab.

Die Ärzte, die während der Behandlung gleichzeitig militärische Vorgesetzte ihrer Patienten waren, befanden im Verdachtsfall auch darüber, ob jemand als »Simulant« einzustufen war oder sich selbst verletzt hatte, um dem Schrecken der Front zu entgehen. In neuen Krankheitsbildern der »Kriegsneurose«, der »Kriegshysterie« oder des *shell shock* (»Granatenschock«) wurde zwar anerkannt, dass der Krieg bei den Soldaten auch psychische Krankheiten verursachen konnte. Die Diagnose wurde aber relativ selten gestellt, weil befürchtet wurde, damit könne jede »Feigheit vor dem Feind« legitimiert werden. Wurde sie doch gestellt, so erwartete den Patienten meistens eine brutale »Therapie«, die im Kern darin bestand, die Ängste vor Krieg und Front durch andere peinigende Erfahrungen zu relativieren.

In deutschen Lazaretten war die Pflege der Kranken eine vorwiegend freiwillig ausgeführte Tätigkeit. Sie war den sogenannten (kirchlichen) Ritterorden und den Vereinen des Roten Kreuzes vorbehalten. Die Vereine verfügten über eigene Lazarette, engagierten sich beim Heimtransport der Verwundeten, richteten Genesungsheime ein und kümmerten sich um die Rehabilitation von Schwerverwundeten und Versehrten. Das Rote Kreuz verfügte zu Beginn des Krieges lediglich über 5000 ausgebildete Schwestern, 1000 Hilfsschwestern und eine gewisse Zahl von Helferinnen bei den Frauenvereinen. Da die Zahl der Schwestern nicht ausreichte, wurde 1914 die Ausbildung von Pflegepersonal ausgeweitet.

So mancher Mediziner betrachtete vom Standpunkt der Wissenschaft den Krieg als ein einmaliges großes Experiment an lebenden Menschen, aus dem sich wertvolle neue Erkenntnisse gewinnen ließen. Dies betraf beispielsweise den Bereich der Hygiene, Bakteriologie und Seuchenforschung. Besonders intensiv wurde das Fleckfieber untersucht, das unter schlechten hygienischen Bedingungen, wie sie v.a. an der Ost- und Südostfront und dort wiederum in besonderem Ausmaß in Gefangenenlagern herrschten, von Läusen übertragen wurde. Für Truppenbewegungen von Ost nach West wurden deshalb große Entlausungsstationen (»Lausoleum«) eingerichtet. Große Fortschritte wurden auch bei der Bekämpfung anderer Krankheiten erzielt, wobei die Prophylaxe eine zentrale Rolle spielte. Im deutschen Heer kam es zu Beginn des Krieges zu relativ vielen Wundstarrkrampf-, Diphtherie- und Typhusfällen. Mit vorbeugenden Impfungen (Typhusimpfungen ab Oktober 1914 und Tetanusimpfungen ab April 1915) konnten diese Erkrankungen drastisch reduziert werden. In Kriegsgebieten wie Italien, Rumänien, Bulgarien und Mazedonien, in denen Malariaerreger verbreitet waren, bewährte sich bei den deutschen Truppen die Prophylaxe mit Chinin.[17] Den zwiespältigen »Erfahrungsschatz« des Krieges aus der Sicht deutscher Ärzte fasst das *Handbuch der ärztlichen Erfahrungen im Weltkriege 1914/18* zusammen, das seit 1921 in mehreren Bänden erschien.[18]

»Fortschritte« wurden aber auch auf den Gebieten der Bluttransfusion, der plastischen Chirurgie und der Herstellung von Prothesen erzielt. In der Propaganda wurde gerne hervorgehoben, wie vielen Tätigkeiten und Arbeiten angeblich mit Prothesen und nach Teilnahme an sogenannten »Invalidenschulen« noch nachgegangen werden könne. Nicht nur verstümmelten Soldaten, die anfangs noch als »Kriegskrüppel«, dann aber per ministerieller Verordnung als »Kriegsbeschädigte« bezeichnet wurden, gaukelte man damit die beruhigende Perspektive vor, mittels Orthopädie, Rehabilitationsmaßnahmen und eigenem eisernen Willen könne wieder ein halbwegs normales (Erwerbs-)Leben geführt werden. Auch und gerade den (noch) unverletzten Soldaten und ihren Angehörigen wurde suggeriert, schwere Verletzungen, die zu dauernden Behinderungen führten, seien halb so schlimm, weil die »Kriegsbeschädigten« bei der modernen Wissenschaft, Technik und Sozialfürsorge bestens aufgehoben seien.[19]

Im Deutschen Reich wurden kriegsbeschädigte Soldaten zunächst meistens mit Geldleistungen unterstützt, die ihnen auf der Grundlage von Militärgesetzen ausbezahlt wurden. Die Regelungen waren allerdings nicht für eine so große Zahl an Opfern konzipiert worden und ließen zudem die wichtige Frage der Rehabilitation, v.a. der Wiedereingliederung in das Erwerbsleben, völlig außer Acht. So blieb es zunächst privaten und kirchlichen Hilfsorganisationen und den Gemeinden überlassen, entsprechende Hilfen zu organisieren. 1915 schuf man mit dem »Reichsausschuß für die Kriegsbeschädigtenfürsorge« eine lockere Dachorganisation, die einige allgemeine, aber unverbindliche Leitsätze für den Umgang mit den Versehrten aufstellte. Für deren Einbindung in das Arbeitsleben wurden den Unternehmen aber lange Zeit keine gesetzlichen Auflagen gemacht. Erst 1917 beschloss der Reichstag, dass Unternehmen mit mehr als 50 Arbeitern einen Schwerkriegsbeschädigten pro 50 Arbeitern bzw. Angestellten beschäftigen sollten.[20] Je länger der Krieg dauerte und je mehr die Zahl der Kriegsversehrten zunahm, desto deutlicher zeigte sich, dass vielen von ihnen einfach nicht geholfen wurde und sie sehen mussten, wie sie als behinderte Fürsorgeempfänger mit Betteln, Hausieren und Kleinkriminalität über die Runden kamen.[21]

Gegen Ende des Krieges wurden alle Staaten und alle Armeen noch von einer gefährlichen Grippewelle heimgesucht, an der weltweit ca. 25 Millionen Menschen starben. Die Infektionen traten erstmals Anfang April 1918 in den USA auf. Sie wurden dann in der Mitte des Monats von amerikanischen Soldaten nach Europa eingeschleppt. Gegen Mitte des Jahres hatte sich der Erreger auf der ganzen Welt verbreitet – in Indien, Indochina, Afrika, Australien etc. Die Kriegssituation beförderte mit ihren spezifischen Menschenzusammenballungen, Truppentransporten, heimkehrenden Soldaten etc. die Ausbreitung der Seuche. Veränderungen des Virus bewirkten, dass es ab September 1918 vielerorts zu einer zweiten Grippewelle kam. Das Ausmaß der »Spanischen Influenza«, die als *die* Pandemie des 20. Jahrhunderts bezeichnet worden ist[22], war den Zeitgenossen aber kaum bewusst. Auf das Kriegsgeschehen wirkte sich die Influenza in der Form aus, dass sowohl Truppenkontingente als auch Belegschaften aus der Kriegsindustrie vorübergehend gar nicht oder nur eingeschränkt einsatzbereit waren.

Kriegsherrschaft

Nach Verkündung des Kriegszustandes ging die exekutive Gewalt in Deutschland von den Zivilverwaltungen auf die Militärbefehlshaber und letztlich auf die OHL über. Im Land hatten nun die Generalkommandos das Sagen, die innerhalb ihrer Zuständigkeitsgebiete für die Aufstellung und Führung der insgesamt 24 Armeekorps zuständig waren. Einem solchen Armeekorps, das von einem Generalstab geleitet wurde, gehörten ca. 40 000 Mann an. Es setzte sich in der Regel aus zwei bis drei Infanteriedivisionen zusammen, die ihrerseits auf der Ebene der Brigaden, Regimenter und Bataillone weiter untergliedert waren. Hinzu kamen verschiedene andere Abteilungen, z. B. für die Artillerie, die Munition, die Telegrafie, den Sanitätsdienst etc., sowie der »Train« mit Proviant- und Fuhrparkkolonnen, Feldlazaretten etc. Da der kommandierende General eines Armeekorps sich in der Regel im Feld aufhielt, lag die Macht in der Heimat bei seinem Stellvertreter. Die stellvertretenden Generalkommandos übten die Macht im Inneren im allgemeinen in Kooperation mit den alten zivilen Verwaltungsorganen aus, setzten aber eindeutige Prioritäten bei der Rekrutierung der Mannschaften und dem Sicherstellen des Nachschubs für die Front.

Auch die von Deutschland besetzten Gebiete in Frankreich, Belgien und Luxemburg wurden nach und nach systematisch unter deutsche Verwaltung gestellt. Das gleiche geschah ab 1915 mit den okkupierten Gebieten in Russisch-Polen und im Baltikum. Im nördlichen Russisch-Polen schuf man das »Generalgouvernement Warschau«, das im August 1915 – gegen den Widerstand von Hindenburg und Ludendorff – der OHL unterstellt wurde. Die Verwaltung von Nordostpolen und dem Baltikum (»Ober Ost«) verblieb beim Militär, d. h. zunächst bei Hindenburg und Ludendorff. Dabei ging es in Ober Ost nicht nur um die optimale Ausbeutung des Landes und der Bevölkerung für den Krieg. Darüber hinaus wurde mit Blick auf die Nachkriegszeit eine Germanisierung des Gebietes betrieben. Geflüchteten Einheimischen wurde die Rückkehr verwehrt, verwaiste Güter und Höfe wurden billigst vom preußischen Staat aufgekauft. Die zurückgebliebenen Einheimischen waren kurz- und langfristig als Arbeitssklaven vorgesehen, für die die Aufwendungen gering zu halten waren. Im Frühjahr 1918 wurden Pläne bekannt, nach denen die allgemeine Schulpflicht erheblich eingeschränkt und Einheimische von medizinischen und sozialen Leistungen ausgeschlossen werden sollten.[1]

Alle okkupierten Gebiete wurden von Deutschland mit mehr oder weniger großem Zwang dazu verpflichtet, zur Versorgung der deutschen Armee mit Lebensmitteln, Rohstoffen und Arbeitskräften beizutragen, wobei je nach Region unterschiedliche Prioritäten gesetzt und Methoden angewendet wurden. Eine Maßnahme, mit der Deutschland diese Ziele an der Westfront durchzusetzen versuchte, war die Errichtung eines 300 km langen elektrischen Zauns aus Stacheldraht entlang der Grenze zwischen Belgien und dem neutralen Holland. Der Zaun sollte Flüchtlinge, Deserteure, Spione u.a. am Grenzübertritt hindern. Hunderte Menschen kamen bei dem Versuch um, ihn zu überwinden.[2]

Staatliche Aufsicht und Kontrolle der Wirtschaft

Mit dem Übergang zum Stellungskrieg nahm der Krieg die Form einer Material- und Abnutzungsschlacht an. Dies sprengte sehr schnell die ursprünglichen, recht begrenzten und optimistischen Planungen zur Versorgung und zur Logistik der kämpfenden Truppen und zur Finanzierung des Krieges. So kam es beispielsweise schon im September und Oktober 1914 sowohl bei den Mittelmächten als auch bei den Alliierten zu Engpässen beim Nachschub mit Munition. Waren die großen Offensivaktionen erst einmal zum Stillstand gekommen und bekämpften sich die Heere aus den einander gegenüberliegenden Gräben und Befestigungsanlagen, wie es an der Westfront über Hunderte von Kilometern der Fall war, so war zur Aufrechterhaltung dieser Lage nicht nur eine stetige Ersetzung und Auswechslung der Soldaten notwendig, sondern ebenso ein permanenter gigantischer Zustrom von Waffen, Munition, Geräten, Fahrzeugen, Pferden, Lebens- und Futtermitteln, Medikamenten, Holz usw. Beispielsweise musste auf der Seite der Alliierten ein 12 Meilen langer Frontabschnitt 1916 während der Somme-Schlacht täglich mit insgesamt 20 000 Tonnen Nachschub und wöchentlich mit 26 000 Tonnen Munition versorgt werden. Den Krieg zu führen und gleichzeitig das private »business as usual« fortzusetzen, erwies sich als Unmöglichkeit. Für alle kriegführenden Staaten ergab sich so über kurz oder lang die organisatorische und logistische Mammutaufgabe der Aufrechterhaltung und Versorgung der Front, was nur durch Eingriffe in die Privatwirtschaft sicherzustellen war. Es kam, mehr oder weniger ausgeprägt, zur Beschränkung und Modifikation der wirtschaftlichen Konkurrenz innerhalb der Nationen gemäß den Notwendigkeiten der Kriegsführung.[3] Für die privaten Unternehmen hatten nun nicht mehr die Produkte, die auf dem freien Markt den größten Gewinn erzielten, oberste Priorität, sondern diejenigen Produkte, die vom Staat für die Kriegsführung dringend benötigt und zu durchaus guten Preisen gekauft wurden. Die Unternehmen passten sich der sprunghaft gestiegenen Nachfrage der Staaten nach kriegswichtigen Gütern an und stellten ihre Produktion entsprechend um. Gesamtwirtschaftlich betrachtet, konnten sie damit zumindest teilweise diejenigen Verluste ausgleichen, die ihnen durch den Wegfall bisher zugänglicher, nun aber verschlossener Auslandsmärkte oder durch den Rückgang des privaten Konsums entstanden. Darüber hinaus setzten die Staaten in vielen Bereichen auch die Konkurrenz der Unternehmen untereinander außer Kraft oder relativierten sie. Für kriegswichtige Firmen kamen daher Konkurse ebenso wenig in Betracht, wie ihnen eine Unterbrechung der Zulieferungen und der Rohmaterialbeschaffung zugemutet werden konnte.

Insofern es möglich war, importierten die Staaten kriegswichtige Rohstoffe und Güter aus verbündeten oder neutralen Staaten. Für die Alliierten war dies – mit Ausnahme Russlands, dessen Importe durch die deutsche Blockade der Ostsee und die türkische Blockade des Bosporus behindert wurden – erheblich einfacher als für die Mittelmächte, die weitgehend vom überseeischen Handel abgeschnitten waren. Frankreich, das seine wichtigen nördlichen Industriegebiete an Deutschland verloren hatte, führte während des Krieges ungefähr die Hälfte des Rohstahls aus Großbritannien und den USA ein. In den Jahren 1917/18 bezog es aus Großbritannien auch Munition und Gewehre. Trotzdem war Frankreich insgesamt der größte Waffenproduzent der Alliierten. Es trug 1917/18 auch wesentlich zur Ausrüstung der amerikanischen Truppen bei, die nach Europa geschickt wurden. Großbritannien wiederum war bei Stahl, Eisen, Granaten und Treibstoff auf amerikanische Importe angewiesen. 1916 kamen 40 % der britischen Munition aus den USA. Unter den Mittelmächten war die wirtschaftliche Zusammenarbeit hingegen weniger eng. Österreich-Ungarn führte lediglich 12 % seines Roheisen- und Stahlbedarfs und relativ wenig Kohle und Munition aus dem Deutschen Reich ein.

Das Ausmaß und die Art der Inanspruchnahme der Privatwirtschaft für den Krieg fielen in den verschiedenen Staaten sehr unterschiedlich aus. Bei einer Abschätzung muss zunächst berücksichtigt werden, dass der Krieg in fast allen beteiligten Staaten zu einem gravierenden Rückgang der volkswirtschaftlichen Gesamtleistung führte. Bezogen auf Werte des Jahres 1913 sank das Bruttosozialprodukt bis 1918 in Deutschland auf 76 %, in Österreich-Ungarn auf 62 %, in Russland (1917) auf 68 % und in Frankreich auf 66 %. Lediglich Großbritannien konnte das Niveau seines Bruttosozialprodukts über die Kriegsjahre relativ konstant halten. Einen Sonderfall bildeten die USA, die erst 1917 direkt in den Krieg eingriffen und ihre Ökonomie nie in dem Ausmaß auf Krieg umstellen mussten wie die anderen Staaten. Der erhebliche Rückgang des BSP in den meisten Kriegsstaaten resultierte hauptsächlich daraus, dass viele Beschäftigte als Soldaten eingezogen wurden, dass internationale Geschäftsbeziehungen fortfielen und dass wegen des Vorrangs der Produktion von kriegswichtigen Gütern die Rohstoffversorgung und Zulieferung für die »Friedenswirtschaft« ins Stocken gerieten. Für die enormen wirtschaftlichen Anstrengungen, die der Krieg erforderlich machte, stand also in fast allen Staaten nur ein deutlich gesunkenes Bruttosozialprodukt zur Verfügung. Der Anteil der Staatsausgaben am Sozialprodukt, der unmittelbar vor dem Krieg in Deutschland bei 17 % und in Großbritannien bei knapp 13 % lag, stieg deshalb bis 1917 in Deutschland auf über 70 % und in Großbritannien bis 1918 auf ca. 48 %.[4] Diese Zahlen zeigen, in welchem Ausmaß und mit welchen Auswirkungen es in den Volkswirtschaften zu einer Umlenkung der Ressourcen kam.[5]

Um die Herstellung und Lieferung kriegswichtiger Güter in hinreichender Menge und Qualität zu vertretbaren Preisen sicherzustellen, musste in allen Staaten die Kooperation zwischen den militärisch-politischen Auftraggebern und den privaten Auftragnehmern erheblich verstärkt werden. Im Zuge der Ausweitung dieser Bürokratie entstanden überall neue Ministerien, Behörden, Kommissionen etc., die in einem bis dahin nicht gekannten Maß die Unternehmen dirigierten und kontrollierten. Entgegen allen liberalistischen Auffassungen vom Verhältnis zwischen Staat und Wirtschaft wurden die Unternehmen so in die nationale Pflicht genommen, eine Pflicht, die ihnen aber meistens auch hohe Gewinne einbrachte. Kein Staat ging so weit, die Kriegsindustrien zu enteignen und in eigener Regie zu betreiben. Für wichtige Bereiche wurden aber auch staatseigene Betriebe gegründet. Im Prinzip blieb man dem Grundsatz treu, das, was für den Krieg benötigt wurde, zu kaufen – es sei denn, es bestand die Möglichkeit zur Requirierung in besetzten Gebieten. Beim Kauf der Kriegsgüter achteten die Regierungen durchaus darauf, dass die Verkäufer keine Wucherpreise in Rechnung stellten. Jedoch erkannten sie bei deren Preisen eben auch an, dass die massive Ausrichtung der privaten Investitionen auf die öffentliche Nachfrage für die Betriebe ein besonderes »unternehmerisches Risiko« darstellte, denn die Produktionskapazitäten für Kriegsgüter wären bei einem Friedensschluss mit einem Schlag entwertet worden. Die »Kriegsgewinnler«, über die sich die Bevölkerungen in allen Staaten regelmäßig empörten, waren die logische Folge des grundsätzlichen staatlichen Standpunktes, auch in Kriegszeiten das Prinzip des Privateigentums nicht anzutasten. Dieser Standpunkt war wenig verwunderlich: Schließlich hatten die Staaten in den Jahrzehnten vor dem Krieg ihren Reichtum und ihre Machtmittel gerade durch die Freisetzung der Marktwirtschaft enorm steigern können.

Zur Kontrolle und Verwaltung der industriell benötigten Rohstoffe wurde in Deutschland am 13. August 1914 im preußischen Kriegsministerium die Kriegsrohstoffabteilung (KRA) eingerichtet. Ihr Leiter war bis März 1915 Walter Rathenau, der Aufsichtsratsvorsitzende des mächtigen AEG-Konzerns. Er hatte als einer von wenigen schon früh darauf hingewiesen, dass Kriege zu Beginn des 20. Jahrhunderts anders zu führen seien als 1813, 1866 oder 1870. Moderne Kriege seien immer auch Wirtschaftskriege und verlangten daher eine zentrale Bewirtschaftung aller kriegswichtigen Güter und Rohstoffe. Die KRA ermittelte zunächst den Stand der im Land verfügbaren kriegswichtigen Rohstoffe, um diese dann über privatwirtschaftlich organisierte, aber zur »Gemeinnützigkeit« verpflichtete Rohstoffgesellschaften anzukaufen und nach Gesichtspunkten der Kriegswichtigkeit wieder an Betriebe zu verkaufen. Seit 1915 erfasste die KRA systematisch sämtliche Rohstoffe in Deutschland und in den von Deutschland besetzten Gebieten und kontrollierte deren Verteilung und Verarbeitung. Dazu griff man auch ohne größere Bedenken und Rücksichtnahmen auf Rohstoffe und Maschinen in den besetzten Gebieten (z. B. im hochindustrialisierten Belgien) zurück. Eindeutig hieß es im § 6 der Verwaltungsordnung für Ober Ost: »Die Interessen des Heeres und des Deutschen Reiches gehen stets denen des besetzten Landes vor.«[6] Der Ruin einheimischer Unternehmen in den besetzten Gebieten wurde dabei bewusst in Kauf genommen, weil deutsche Konkurrenten davon profitierten. Ferner unterstützte die KRA Bemühungen, Rohstoffe, die wegen der Seeblockade nicht mehr aus dem Ausland bezogen werden konnten, durch andere Stoffe zu ersetzen, z. B. Kupfer durch Aluminium oder natürliches durch künstliches Nitrat. Im weiteren Verlauf des Krieges ging man dazu über, für ca. 200 Branchen eigene Rohstoffabteilungen zu bilden, die zwar staatlich beaufsichtigt und dirigiert wurden, aber als Selbstverwaltungsorgane der Unternehmen funktionierten.

Die großen Schlachten des Jahres 1916 ließen die militärische Führung des Deutschen Reiches zu der Überzeugung gelangen, dass ein Sieg nur noch über eine umfassende Mobilisierung aller materiellen und personellen Reserven zu erreichen war. Entsprechende Forderungen erhoben Hindenburg und Ludendorff, unmittelbar nachdem sie die OHL übernommen hatten, z. B. bei einem Treffen der OHL mit einflussreichen Industriellen am 16. September 1916. In einem drängenden

Schreiben an den Reichskanzler vom 2. November 1916 forderte Hindenburg[7], mit Blick auf die steigende Bedeutung sowohl der industriellen Produktion (von Kanonen, Munition und Maschinengewehren) als auch der Volksernährung müsse »alles, was unser Land an Bodenschätzen birgt und was die Industrie und der Acker hergeben können«, für die Kriegsführung ausgenutzt werden. Dies könne nur erreicht werden, »wenn das gesamte Volk sich in den Dienst des Vaterlandes stellt. Alle anderen Rücksichten müssen dagegen zurücktreten; sie können in einem Kampf, der um das Sein oder Nichtsein des Staates, um die Unabhängigkeit, die Wohlfahrt und die Zukunft unseres Landes entscheiden wird, keine Rolle spielen.« Hindenburg und Ludendorff hielten insbesondere die Einführung einer Wehrpflicht für alle Männer von 16 bis 60 Jahren (»an der Drehbank, in der Schreibstube oder zu jeder anderen Betätigung, in der er dem Staat am meisten nützt«) für unabdingbar. Wegen der Akzeptanz eines solchen Schrittes in der Bevölkerung plädierten sie dafür, die Erweiterung der Wehrpflicht nicht einfach von oben zu erlassen, sondern sie in der Form eines vom Reichstag verabschiedeten Gesetzes zu verkünden.

Das »Gesetz über den vaterländischen Hilfsdienst«, das daraufhin am 5. Dezember 1916 erlassen wurde,[8] verpflichtete jeden deutschen Mann zwischen dem 17. und dem 60. Lebensjahr, sofern er nicht schon zur Armee einberufen war, zum »vaterländischen Hilfsdienst«. Damit war im Prinzip für alle Männer die freie Wahl des Arbeitsplatzes aufgehoben. Das Gesetz sah auch vor, dass nicht-kriegswichtige Unternehmen geschlossen und ihre Belegschaften kriegswichtigen Betrieben zugeteilt werden konnten. Diesen beträchtlichen Eingriffen in die Rechte der Bürger hatte der Reichstag mit den Stimmen fast aller Parteien zugestimmt. Im Vorfeld hatte die SPD als Partei der Arbeiterschaft für ihre Zustimmung noch das Zugeständnis ausgehandelt, dass eine »angemessene« Verbesserung der Lohn- und Arbeitsbedingungen als Grund für einen legalen Arbeitsplatzwechsel anerkannt wurde. Die Zustimmung der SPD hing aber auch damit zusammen, dass das Gesetz für Betriebe mit mehr als 50 Beschäftigten die Bildung von ständigen Arbeiterausschüssen vorsah. Die Aufgabe der von den Arbeitern oder Angestellten gewählten Ausschussmitglieder bestand vornehmlich darin, »das gute Einvernehmen innerhalb der Arbeiterschaft des Betriebs und zwischen der Arbeiterschaft und dem Arbeitgeber zu fördern« (§ 12). Damit war erstmals von staatlicher Seite in Privatunternehmen eine Vertretung der Arbeiter institutionalisiert, die offiziell deren Wünsche und Beschwerden gegenüber der Betriebsleitung vertrat. Es war absehbar, dass die Ausschüsse großenteils von sozialdemokratischen Gewerkschaftsmitgliedern dominiert werden würden. Mit ihrem Ja zum Hilfsdienstgesetz brachte die Sozialdemokratie so die innerbetriebliche Mitbestimmung auf den Weg.

Im Zuge des »Hindenburg-Programms« zur Steigerung der deutschen Rüstungsanstrengungen entstand im November 1916 das Kriegsamt, das eine noch weitergehende Zusammenfassung und Konzentration der kriegswirtschaftlichen Aktivitäten durchsetzte, die Rüstungsindustrie aber weiterhin in privaten Händen beließ. Parallel rief man die Bevölkerung dazu auf, wichtige Rohstoffe bzw. Ersatzstoffe zu sammeln und abzuliefern, z. B. Gegenstände aus Altmetall (wie Kupfer, Messing, Zink, Zinn), Lumpen, Frauenhaar (für die Herstellung von Treibriemen) etc. Großindustrielle wie Carl Duisberg, der Generaldirektor der in Leverkusen ansässigen Farbenfabriken Bayer, oder der »Kanonenkönig« Gustav Krupp von Bohlen und Halbach sicherten der OHL zu, dass ihre und andere Unternehmen die geforderten Produktionssteigerungen erbringen könnten. So entstanden beispielsweise in kürzester Zeit bei Merseburg die Leuna-Werke, in denen die BASF in großen

Mengen synthetischen Stickstoff produzierte, der für die Herstellung von Sprengstoff unentbehrlich war.

Schon Anfang März 1917 stand jedoch fest, dass die wirtschaftlichen Ziele des Hindenburg-Programms bei weitem nicht erreicht wurden.[9] Die OHL führte dies auf die inkonsequente Umsetzung der von ihr geforderten Dienstpflicht für Männer und Frauen zurück und wies die Verantwortung dafür der Regierung zu, die vor den notwendigen Schritten zurückscheue und gegen defätistische und kriegsmüde Elemente nicht mit der gebotenen Härte vorgehe. Das Hilfsdienstgesetz habe in seiner verabschiedeten Form viel zu sehr die Rechte und viel zu wenig die Pflichten von Arbeitnehmern betont. Im Endeffekt ging die Entlassung Groeners als Leiter des Kriegsamtes (im August 1917) ebenso auf diese Auseinandersetzung zurück wie die Ablösung Bethmann Hollwegs als Kanzler durch Georg Michaelis (im Juli 1917).

Finanzierung

Wenn Staaten sich die Mittel, die sie zum Führen des Krieges benötigen, kaufen, so ergibt sich die Frage, woher sie das Geld dafür nehmen. Die Kosten eines größeren Krieges sprengen den Staatshaushalt aus Friedenszeiten innerhalb kurzer Zeit, zumal dann, wenn er wie im Fall des Deutschen Reiches ohnehin relativ klein ausfiel, weil die Masse der direkten Steuern von den Ländern erhoben wurde.[10] Ein Tag Krieg kostete Deutschland 1914 36 Millionen Mark und Anfang 1918 146 Millionen Mark. Nicht viel anders sah es bei den Alliierten aus.[11]

Den Finanzbedarf allein oder hauptsächlich durch eine Erhöhung der Steuern zu decken, war nicht möglich, weil dies schlagartig einer weitgehenden Enteignung der Bürger gleichgekommen wäre, jener Bürger, die ja für den Staat in den Krieg ziehen sollten. Die Staaten griffen deshalb vornehmlich auf die

Kreditfinanzierung zurück. Sie liehen sich Geld bei ihrer Bevölkerung und versprachen, es nach dem Krieg mitsamt Zinsen zurückzuzahlen, wobei sie wie selbstverständlich darauf spekulierten, dass sie dazu als Siegermacht mittels der Reparationszahlungen der Verliererstaaten in der Lage sein würden. Für die alliierten Staaten Russland, Großbritannien und Frankreich bestand daneben auch noch die Möglichkeit, sich im Ausland zu verschulden, v. a. bei den USA.

Der Umfang, in dem Staatsanleihen aufgenommen und neben den Steuern als Finanzierungsinstrument eingesetzt wurden, variierte allerdings von Staat zu Staat. Während des Krieges legte Deutschland insgesamt neun Staatsanleihen auf, die jeweils eine Laufzeit von zehn Jahren hatten und mit 5 % sehr gut verzinst waren. In Österreich waren es acht, in Ungarn siebzehn, in Großbritannien drei, in Frankreich vier und in Russland acht Staatsanleihen. Die Aufnahme von Staatsanleihen war jeweils mit großen publizistischen Kampagnen in Form von Plakaten, Anzeigen, öffentlichen Aufrufen etc. verbunden, die darauf abzielten, die Zeichnung der Anleihen als patriotische Pflicht zu propagieren.[12]

Man darf sich diese Finanzierungsart nicht so vorstellen, dass sich die Staaten erst mal bares Geld bei ihren Bürgern liehen, um dann damit die Kanonen und Granaten zu kaufen. Sie brauchten ja die Waffen – und vieles mehr – unbedingt und schnell für die aktuelle Kriegsführung und konnten nicht warten, bis ihnen genug Bargeld zur Verfügung stand. Deshalb verschafften sie sich das benötigte Geld zuerst bei sich selbst: Sie nahmen die Kredite zunächst bei ihren eigenen Notenbanken auf und versicherten, sie langfristig durch Anleihen auf dem Markt zu ersetzen. Auf diese Umwandlung kam es den Staaten aber an, weil eine direkte Kreditaufnahme bei der Notenbank mit einer unmittelbaren Vermehrung des nationalen (Papier-) Kreditgeldes identisch war, wodurch es entwertet wurde. Ob und in welchem Maß die Umwandlung der »schwebenden« in eine langfristig konsolidierte Schuld, die der Inflation entgegenwirken sollte, allerdings gelang, stand keineswegs fest.

Sichtbarster Ausdruck dessen, dass die Kriegskosten über die Ausweitung des staatlichen Kredits finanziert werden sollten, war die am 4. August 1914 erfolgte Aufhebung der Pflicht der Deutschen Reichsbank, ihre Banknoten gegen Gold einzutauschen. Formal blieb zwar die Bindung der Währung an das Gold erhalten, faktisch war sie aber längst unterhöhlt. Daran änderten auch die Aktionen nichts, mit denen die Bevölkerung zur Abgabe goldener Besitzstücke (»Gold gab ich für Eisen!«) aufgerufen wurde. Weil die anderen Staaten ähnlich verfuhren, wurde die Inflation überall zu einem Problem, wenn auch in unterschiedlichem Ausmaß. Während des Krieges stiegen die Preise in Deutschland, Großbritannien und Frankreich insgesamt um mehr als das Doppelte. Einige Produkte verteuerten sich noch stärker: In der Stadt Barmen stieg von 1914–1918 der Preis für Rindfleisch um 178 %, für Butter um 257 %, für Eier um 511 %, für Schellfisch um 266 %, für Blumenkohl und für Äpfel sogar um ca. 1300 %.[13] Gegen Ende 1916 waren die Preise in Österreich-Ungarn sogar schon auf das Sechsfache, in Russland auf das Drei- bis Vierfache gestiegen.[14]

Ende 1918 belief sich die Schuld des Deutschen Reiches auf über 150 Milliarden Mark. Dabei schlugen die Staatsanleihen mit knapp zwei Drittel und die schwebende Schuld mit einem Drittel zu Buche. Die Staatsschuld überstieg damit den Schuldenstand zu Beginn des Krieges um das Dreißigfache und entsprach dem Vierfachen des deutschen Volkseinkommens von 1913. Der Geldumlauf (Banknoten und Darlehnskassenscheine) betrug am Kriegsende 1918 fast 30 Milliarden Mark gegenüber 7 Milliarden bei Kriegsbeginn.[15] Allerdings war die Brisanz dieses Schuldenbergs, der auch noch mit einer entsprechenden Zinsbelastung verbunden war, der deutschen Bevölkerung kaum bewusst. Die Höchstpreisgesetze von 1914 und die Preiswucherverordnung von 1915 beschränkten den Preisanstieg, so dass das ganze Ausmaß des Kaufkraftverlusts nicht zu Tage trat.[16] Die Hyperinflation, unter der die deutsche Währung 1923, fünf Jahre nach dem Kriegsende, zusammenbrach, hatte ihre Ursache aber eindeutig in der Art der Finanzierung des Ersten Weltkriegs, auch wenn die Staatsschuld in den Jahren zwischen 1918 und 1923 kräftig weiter anstieg.

Arbeitskräfte

Millionen von Männern wurden für den Krieg eingezogen bzw. meldeten sich freiwillig. Bis 1918 waren es beispielsweise in Deutschland über 7 Millionen und in Großbritannien 4,9 Millionen.[17] Dieser enorme Abzug an Arbeitskräften traf die Unternehmen empfindlich und zwang so manchen Betrieb zu Einschränkungen oder gar zur Stilllegung der Produktion. Zu Kriegsbeginn nahm deshalb die Zahl der Arbeitslosen zunächst sprungartig zu: In Deutschland wuchs sie von 2,8 % im Juli 1914 auf 22,4 % im August, ging dann aber schon im September auf 15,7 % und im Oktober auf 10,8 % zurück.[18] Das Sinken der Arbeitslosenzahl resultierte aus der allmählichen Umstellung auf Kriegsproduktion und der Ausweitung der entsprechenden Wirtschaftsbereiche. Mit dem Übergang zum Stellungskrieg und zur Materialschlacht trat dann aber das Problem des (Fach-)Arbeitermangels immer stärker hervor. Es wurde deutlich, dass bei der Rekrutierung auf die Effektivität der »Heimatfront« erheblich mehr Rücksicht genommen werden musste. Unternehmen, die Kriegsgüter herstellten, drängten deshalb gegenüber den Einberufungsbehörden darauf, qualifizierte Arbeiter vom Kriegsdienst zurückzustellen. Die so Zurückgestellten bzw. »Reklamierten« mussten sich strengen Auflagen und Pflichten unterwerfen, die sie strikt an ihren jeweiligen Arbeitsplatz bzw. -bereich banden. Bei Verstößen oder bei der Beteiligung an Streiks und Unruhen drohten die Aufhebung der Rückstellung und der Einzug an die Front.

Im Unterschied zu anderen Wirtschaftsbereichen blieb in allen Ländern die absolute Zahl der Beschäftigten in der Industrie im Verlauf des Krieges relativ konstant. Der Grund hierfür lag eindeutig im Wachstum derjenigen Betriebe, die Kriegsgüter herstellten. Sie zogen Arbeitskräfte aus anderen Branchen an, zumal sie überdurchschnittlich hohe Löhne zahlten. Sie stellten auch vermehrt Frauen, die vorher meistens in der Landwirtschaft oder als Dienstpersonal gearbeitet hatten, und Jugendliche ein. Sinnbild des kriegsbedingten Vordringens von Frauen in traditionelle Männerberufe waren die Schaffnerinnen im öffentlichen Nahverkehr. Aber auch Lehrerinnen, die eigentlich nach der Heirat den Dienst quittieren mussten, konnten nun öfter auch als Verheiratete weiter arbeiten, wenn keine männliche Lehrperson zur Verfügung stand und wenn ihr Einkommen für die Versorgung eines kriegsversehrten Gatten unentbehrlich war.

Erstaunt registrierten die männlichen Zeitgenossen, dass Frauen durchaus in der Lage waren, komplizierte Geräte und Maschinen zu bedienen. Zudem konnten mehr und mehr Tätigkeiten in den großen kriegswichtigen Unternehmen von angelernten und schwächeren Arbeitskräften ausgeführt werden, weil man die Fließbandfertigung vermehrte und dazu den Produktionsprozess in Arbeitsschritte zerlegte, die mit weniger Kraft ausgeführt werden konnten. Die Zunahme der Frauenarbeit verschärfte das Problem der Vereinbarkeit der Erwerbsarbeit mit der Versorgung und Betreuung der Familien, in denen ja oft die Männer fehlten. Mit der Lösung des Problems wurden die arbeitenden Frauen weitgehend allein gelassen. Mancherorts wurden sie von sogenannten »Fabrikpflegerinnen« beraten und unterstützt, die Ratschläge gaben, wie trotzdem die Kinder versorgt oder die Beschaffung von Lebensmitteln neben der Arbeit erleichtert werden konnten.

Für Frauen und Jugendliche aus der Schicht der Industriearbeiter, der Handwerker und der Landarbeiter konnte der Erste Weltkrieg somit temporär durchaus etwas bessere Arbeits- und Verdienstmöglichkeiten bringen, wenn auch die Frauenlöhne deutlich unter denen der Männer blieben und wenn auch explizit feststand, dass Frauen und Jugendliche die Arbeitsplätze zu verlassen hätten, wenn die Männer nach Kriegsende von der Front zurückkehren würden. Auf den Verdienst waren die Familien auch dringend angewiesen, weil die Ehemänner und Väter wegen der Einberufung als Hauptverdiener ausfielen und weil die staatlichen Unterstützungszahlungen an die »Soldatenfamilien« die Lücke im Familieneinkommen nur teilweise kompensierten. So zwang die materielle Not die Angehörigen der unteren sozialen Schichten, sich der »Heimatfront« in den Betrieben zur Verfügung zu stellen. Wenn sie dies nicht von sich aus taten, Arbeitskräfte aber benötigt wurden, übten die Behörden auch Druck aus, z. B. indem sie alleinstehenden Kriegerwitwen die Unterstützung entzogen.[19] Bestand doch in Deutschland ein gewisses Hindernis für den Einsatz von Frauen in Fabriken darin, dass die Renten der Soldatenwitwen über dem lagen, was Frauen in den Kriegsfabriken verdienen konnten.[20]

Im Deutschen Reich reichten Frauen und Jugendliche als Ersatz für männliche Arbeitskräfte nicht aus. Deshalb wurde, als gegen Ende 1916 im Zuge des Hindenburg-Programms die Rüstungsproduktion erheblich gesteigert werden sollte, der Zwang zur Arbeit gesetzlich verankert (s. o.). Das »Hilfsdienstgesetz« verpflichtete alle Männer zwischen dem 17. und dem 60. Lebensjahr zur Arbeit und schränkte die Freiheit zur Wahl eines Arbeitsplatzes erheblich ein – wenn auch nicht in dem ursprünglich von der OHL geforderten Umfang, der auch die

Arbeitspflicht für »abkömmliche Frauen«, darunter auch kinderlose Kriegerwitwen, vorgesehen hatte.

Eine weitere Maßnahme zur Deckung des Arbeitskräftebedarfs war der Einsatz von Kriegsgefangenen und von Arbeitskräften aus den besetzten Gebieten. Die völkerrechtliche Grundlage hierfür, das 1907 unterzeichnete Abkommen von Den Haag, legte fest, dass Kriegsgefangene und Bewohner besetzter Gebiete sich zwar die Beschlagnahme von Eigentum und die Verpflichtung zu Arbeiten gefallen lassen mussten, dass sie aber nicht zu Handlungen gezwungen werden durften, die gegen das eigene Vaterland gerichtet waren. Dies war allerdings oftmals eine Auslegungsfrage. War nicht jede Arbeit für die Besatzungsmacht und jede von ihr veranlasste Requirierung von Lebensmitteln gegen das eigene Vaterland gerichtet? Andererseits hielten viele deutsche Politiker und Militärs Zwangsmaßnahmen gegen die fremde Zivilbevölkerung für durchaus legitim, weil sich in ihren Augen die britische Seeblockade auch gegen (deutsche) Zivilisten richtete.[21]

Es war vor allem das Deutsche Reich, das sich der Zwangsarbeit bediente. Schon im Spätsommer 1914 war ca. 300 000 Arbeitskräften aus Russland, die in Deutschland beschäftigt waren (v.a. russisch-polnische Saison-Landarbeiter), die Rückkehr in die Heimat, zu der sie eigentlich verpflichtet gewesen wären, untersagt worden. Zu diesem Zeitpunkt geschah dies allerdings noch mit der Absicht, dem Feind personelle Ressourcen zu entziehen. Die Betroffenen mussten über Jahre gegen ihren Willen als »Zivilgefangene« im Deutschen Reich bleiben.[22] Waren ihre Beschäftigungsmöglichkeiten in der Vorkriegszeit auf die Landwirtschaft beschränkt gewesen, so wurde ihnen auf Wunsch der Unternehmen schon bald gestattet, auch Arbeit in der Industrie anzunehmen. Der Sache nach waren sie zu Zwangsarbeit verpflichtet, obwohl dies mit Blick auf in- und ausländische Kritik kaschiert wurde.

Weitere Arbeitskräfte versuchte man aus den besetzten Gebieten in Belgien, Nordfrankreich, dem Baltikum und Russisch-Polen zu rekrutieren. Sie wurden sowohl für Arbeiten innerhalb des Deutschen Reiches als auch für Tätigkeiten in den besetzten Gebieten eingesetzt, die für die Versorgung der Front notwendig waren, z. B. den Bau von Eisenbahngleisen, Depots und Straßen, Holzfäll- und Transportarbeiten etc. Im zivil regierten Russisch-Polen wurden Arbeitskräfte zunächst von der Deutschen Arbeiterzentrale (DAZ) auf der Grundlage wirtschaftlicher »Anreize« angeworben, wobei aber auch Druck ausgeübt wurde. Hier waren die Einheimischen offenbar eher bereit als in Belgien, solche Arbeiten anzunehmen, weil im Osten die Arbeitslosigkeit größer war als im Westen und weil man der deutschen Herrschaft nicht so ablehnend gegenüberstand.[23] In Nordfrankreich, Belgien und im Baltikum hingegen wurde die Bevölkerung auch zwangsweise zu Arbeiten fern der Wohnorte herangezogen. So wurden Ostern 1916 ca. 20 000 Zivilisten aus Lille und anderen nordfranzösischen Orten deportiert, um die angeblich »unnötigen Mäuler« zur Arbeit im Deutschen Reich einzusetzen.[24] Proteste aus der Bevölkerung – bei ihrem Abmarsch bzw. Abtransport sangen die Männer häufig demonstrativ die Marseillaise – und aus dem Ausland sowie die schlechte Organisation führten aber dazu, dass ab August 1916 die Arbeiterinnen und Arbeiter nach Hause zurückgebracht wurden.

Mit Belgien hatte das Deutsche Reich ein hochindustrialisiertes Land mit einer relativ großen Arbeiterschaft okkupiert. Der deutsche Einmarsch und der Krieg schnitten belgische Unternehmen schnell von der Rohstoffzufuhr und den Absatzmärkten ab, so dass die Zahl der Arbeitslosen rapide auf ca. 500 000 anstieg. Seit dem Herbst 1914 versuchte das Deutsche Reich, sich auch dieses Arbeitslosenheer zu erschließen, indem belgische Arbeiter durch das Deutsche Industrie-Büro in

Brüssel zu Konditionen, die für sie relativ günstig waren, nach Deutschland angeworben wurden. Während des Krieges nahmen immerhin ca. 160 000 Belgier dieses Angebot an, das den gleichen Lohn und die gleichen Sozialleistungen wie für deutsche Arbeiter vorsah.[25] Die meisten belgischen Männer zeigten aber wenig Bereitschaft, Arbeit beim Feind fern der Heimat anzunehmen, auch wenn sie relativ gut bezahlt wurde. Deshalb drängte die deutsche militärische Führung zunehmend auf härtere Maßnahmen. Ein erster Schritt wurde im August 1915 mit einer »Verordnung gegen die Arbeitsscheuen« getan, die Haftstrafen für solche belgischen Arbeitslosen vorsah, die die ihnen »angebotene« Arbeit ablehnten. Als auch dies nicht den erwünschten Erfolg erbrachte, verschärfte man im Mai 1916 die Auflagen dahingehend, dass angeblich »Arbeitsscheue« zur Strafe auch zum Arbeitsdienst nach Deutschland »abgeschoben« werden konnten. Aber erst mit der dritten OHL unter Ludendorff und Hindenburg und mit dem Übergang zur totalitären Kriegsführung im Rahmen des »Hindenburg-Programms« fiel die definitive Entscheidung, Arbeiter aus den belgischen und polnischen Generalgouvernements völkerrechtswidrig per Zwang zu deportieren. Über Bedenken des Generalgouverneurs für Belgien, der aufgrund bisheriger Erfahrungen mit Zwangsrekrutierungen Aufstände befürchtete, die Zwangsarbeit für volkswirtschaftlich sinnlos hielt und sich um das Ansehen Deutschlands in neutralen Staaten sorgte, setzte man sich hinweg.[26] Im Generalgouvernement Warschau (GGW) und in dem Gebiet des Oberbefehlshabers der gesamten deutschen Streitkräfte im Osten (Ober Ost) erreichten die Zwangsrekrutierungen im Herbst und Winter 1916 ihren Höhepunkt. Sie wurden auch hier meistens als Strafe für die »Arbeitsscheu« der Einheimischen deklariert. Die »Abschiebungen« dienten auch als Drohung, um die Bevölkerung zu bewegen, ›freiwillig‹ eine Arbeit in Deutschland anzunehmen.[27]

Die Maßnahmen ließen sich jedoch sowohl in Belgien als auch in Russisch-Polen nur zeitweise und partiell durchsetzen. Im Zuge des Hindenburg-Programms wurden von Oktober 1916 bis Februar 1917 ca. 120 000 belgische Arbeiter zwangsrekrutiert, von denen wiederum 60 000 nach Deutschland deportiert wurden.[28] In Belgien wurden die Deportationen im Februar 1917 eingestellt, weil die deportierten Arbeiter oftmals aus gesundheitlichen Gründen arbeitsuntauglich und die hygienischen Bedingungen in den Unterkünften für sie katastrophal waren. Zudem war es zu heftigen in- und ausländischen Protesten (insbesondere auch in den USA) gekommen, in deren Verlauf die Deutschen einmal mehr als »Barbaren« angeprangert wurden. Im GGW nahm man nach der Gründung des polnischen Staates am 5. November 1916 von den Zwangsrekrutierungen Abstand, weil man erwartete, dass der neue Staat eine Armee aufstellen werde, um die deutsche Armee an der Ostfront zu entlasten. Von Herbst 1916 bis Juli 1917 wurden ca. 600 000 polnische Arbeiter »überzeugt« oder gezwungen, in Deutschland zu arbeiten, v.a. in der Landwirtschaft.[29] Nicht nur politische Gründe ließen die Verantwortlichen am Nutzen der Zwangsarbeit zweifeln. Viele der zwangsrekrutierten Arbeiter, die in provisorischen Lagern untergebracht und nur schlecht mit Lebensmitteln, Kleidung etc. versorgt wurden, erwiesen sich schon bald als unbrauchbar für den Einsatz in den deutschen Industrieunternehmen, waren sie doch oftmals körperlich geschwächt oder einfach unwillig, das geforderte Arbeitspensum zu erbringen.

Im Unterschied zum Deutschen Reich hatten die Alliierten zur Deckung ihres Arbeitskräftebedarfs keinen Zugriff auf Arbeitskräfte aus den Feindstaaten. Wollten sie sich ausländischer Arbeiter bedienen, so waren sie auf deren Freiwilligkeit und Zustimmung angewiesen. So warb Frankreich z.B. ca. 250 000 Arbeiter aus seinen Kolonien in Südostasien und Afrika an.

Als potenzielle Arbeitskräfte kamen schließlich auch Kriegsgefangene in Frage. 1918 hielt Frankreich 350 000, Großbritannien 328 000, Österreich-Ungarn 916 000, Russland 2,25 Millionen und Deutschland 2,5 Millionen gegnerische Soldaten gefangen.[30] Die Verwaltung, Beaufsichtigung und Versorgung der Gefangenenlager war mit erheblichem Aufwand verbunden. Es war genau reglementiert, wie die Gefangenen mit möglichst wenig Aufwand und möglichst billig ernährt, untergebracht, gekleidet und ärztlich versorgt werden sollten. Um diese Kosten zu verringern, ging man in Deutschland seit Dezember 1914 dazu über, Kriegsgefangene in privaten Unternehmen zu beschäftigen. Als aber der Krieg sich länger als gedacht hinzog und deutlich wurde, welche Beanspruchung der Armeen und der Wirtschaft damit verbunden war, wurden Kriegsgefangene gezielt dort eingesetzt, wo Arbeitskräfte fehlten – sowohl in der Nähe der Front als auch im Hinterland. Im Deutschen Reich begann man seit April 1915 damit, russische Kriegsgefangene aus dem Bereich der Mannschaften, die man rücksichtsloser behandelte als britische und französische Gefangene, mit Strafandrohungen zu Arbeiten in Frontnähe zu zwingen.[31]

Ende 1916 arbeiteten ca. 80 % der Mannschaftsgefangenen außerhalb der Lager, hauptsächlich in der Landwirtschaft, wo sie meistens noch relativ günstige Arbeits- und Lebensbedingungen vorfanden, aber auch in der Industrie und im Bergbau, wo sie nicht selten Schwerstarbeit verrichten mussten.[32] Der Arbeitseinsatz von Kriegsgefangenen stellte die Behörden zwar vor einige Probleme, die mit der Bewachung, der relativ geringen Arbeitsleistung und der Ahndung von Widersetzlichkeiten verbunden waren, jedoch leistete er insgesamt einen wichtigen Beitrag zur Kriegswirtschaft.

Der deutschen Bevölkerung, die mit den arbeitenden Kriegsgefangenen in Kontakt kam, wurden Auflagen für den Umgang mit ihnen gemacht. So war es beispielsweise verboten, ihnen aus Mitleid sogenannte »Liebesgaben« (hauptsächlich Lebensmittel) zukommen zu lassen.[33] Kam doch solche Barmherzigkeit praktisch dem Eingeständnis gleich, dass die Gefangenen vom deutschen Staat nicht hinreichend versorgt wurden, ein Urteil über den »Kulturstaat«, das per definitionem ausgeschlossen war. Frauen und Mädchen, die sich auf Unterhaltungen oder gar Beziehungen mit Kriegsgefangenen einließen, mussten mit Strafen und Verachtung rechnen.

Lebensmittelversorgung

Die Kehrseite der Umlenkung wirtschaftlicher Potenzen auf kriegswichtige Güter bestand darin, dass die Herstellung von alltäglichen Konsumartikeln, Lebensmitteln und Dienstleistungen reduziert wurde. Die ersatzlose Einberufung von Arbeitskräften führte auch in der Landwirtschaft zu einem gravierenden Rückgang der wirtschaftlichen Leistungsfähigkeit. Hinzu kam die Requirierung von Pferden, die damit als Zugtiere ausfielen. Im Deutschen Reich bestanden zudem wegen der britischen Seeblockade in vielen Konsumsparten Engpässe, z. B. bei Kaffee, Tee, Tabak etc. Immerhin führte Deutschland vor dem Krieg rund ein Viertel seines Lebensmittelbedarfs ein und war außerdem bei der Mästerei von Tieren auf Futter- und beim Dünger auf Nitratimporte angewiesen.[34]

Bei den Alliierten war die Lebensmittelversorgung während des Krieges in unterschiedlichem Maß gesichert. So musste man in England erst 1918 mit der Rationierung bestimmter Lebensmittel beginnen. In Frankreich traten hingegen seit der zweiten Kriegshälfte Engpässe auf, weshalb im Dezember 1916 ein Ernährungsministerium eingerichtet wurde. Seit März 1917 wurde der Zucker rationiert, im Juni 1918 führte man eine allgemeine Ernährungskarte ein. Vor allem in den zwei letzten Kriegsjahren ging die Lebensmittelknappheit einher mit einem kräftigen Anstieg der Preise. Die Verteuerung erbitterte viele Menschen, zumal nicht zu übersehen war, dass einige Gruppen der Gesellschaft (Bauern, Industrielle) von der Kriegswirtschaft erheblich profitierten.[35] Trotzdem blieb auch in Frankreich die Grundversorgung mit Lebensmitteln erhalten.

Im Deutschen Reich führten die Seeblockade sowie die absolute Priorität der Versorgung der kämpfenden Truppe mit den verbleibenden Lebens- und Konsummitteln zu einer Reduktion des Angebots und zu entsprechenden Preissteigerungen. Hiervon waren hauptsächlich die Großstädte und die Industriereviere, insbesondere die dort lebenden sozialen Unterschichten, betroffen. Schlangen »Unbemittelter« (v.a. Frauen) vor Lebensmittelläden gehörten seit 1915 zum Straßenbild. Sie gingen öfter mit Unruhen und spontanen Plünderungen einher. Um der Unzufriedenheit und den Protesten in der Bevölkerung entgegenzuwirken, sah sich deshalb die Regierung veranlasst, gesetzliche Maßnahmen zur Mindestversorgung zu ergreifen, insbesondere Höchstpreise für Grundnahrungsmittel festzusetzen und Produkte zentral zu erfassen und zuzuteilen. Beide Maßnahmen waren jedoch häufig mit störenden Nebenwirkungen verbunden, die von den Behörden nicht beachtet oder unterschätzt wurden. Mit jeder Festsetzung von Höchstpreisen für Lebensmittel wurden den Bauern neue Kalkulationsbedingungen aufgemacht, die dazu führten, dass sie sich denjenigen Produkten zuwendeten, die ihnen am ertragreichsten erschienen. Sie bauten das an, wofür nach ihrer Berechnung die relativ höchsten Preise gezahlt wurden – sei es auf dem (noch) freien Markt, sei es bezüglich der preisbegrenzten Produkte. So war beispielsweise in Deutschland gleich zu Beginn des Krieges der Preis für Mehl, nicht aber für Fleisch begrenzt worden. Dies veranlasste viele Bauern dazu, Getreide nicht mehr zum Mahlen abzugeben, sondern es vermehrt für die Schweinemast einzusetzen. Wegen dieses falschen Anreizes wurde im März 1915 die Schlachtung von ca. 2 Millionen Schweinen angeordnet.

Die logische Konsequenz aus den chaotischen Folgen der Höchstpreisfestsetzungen war die zentrale Erfassung wichtiger Lebensmittel bei den Produzenten, ihr Ankauf zu festgesetzten Preisen und ihre Zuteilung an regionale und lokale Verwaltungsbehörden, die sie auf der Grundlage von Lebensmittelkarten und Bezugsscheinen in begrenzter Menge an die berechtigten Konsumenten verkauften. Das System der »Rationierung« nahm in Deutschland seinen Anfang im Januar 1915 mit der Gründung der »Reichsgetreidegesellschaft«, die dem Innenministerium angehörte. Am Ende des Krieges bestand es aus über 40 ähnlichen Gesellschaften, neben denen auch noch Ministerien, Militärbehörden und kommunale Instanzen mit der Verteilung von Lebensmitteln befasst waren.[36] Alle waren unter dem Dach des Kriegsernährungsamtes zusammengefasst, das im Mai 1916 etabliert wurde. Trotz der Vorgaben wurde die Lebensmittelversorgung der Bevölkerung immer kritischer, was sich in immer kleineren Rationen und in einer abnehmenden Qualität der Lebensmittel ausdrückte, so dass man von ihnen immer schlechter und immer weniger leben konnte. In den Städten reichten in der zweiten Kriegshälfte die offiziellen Nahrungsmittelrationen gerade dazu aus, den halben Kalorientagesbedarf einer erwachsenen Person zu decken – und das bei Nahrungsmitteln, die immer weniger tierisches Eiweiß und Fett sowie frische Kohlenhydrate und Vitamine enthielten.

Im Deutschen Reich (aber auch in Österreich-Ungarn und in Russland) nahmen die Versorgungsprobleme dramatische Formen an. Es gelang der staatlichen Administration allenfalls zeitweise, mit den Bewirtschaftungsmaßnahmen die Grundversorgung der Bevölkerung einigermaßen sicherzustellen. Und dies, obwohl Deutschland die Landwirtschaft in den von ihm besetzten Teilen Osteuropas zwang, Lebensmittel und

Rohstoffe zu niedrigen Preisen zu liefern, z. B. Futterpflanzen (wie Kartoffeln, Klee, Hafer), aber auch Vieh, Holz und Fasern für Stoffe (Baumwolle, Schafwolle, Flachs).[37]

Die Engpässe bei der Lebensmittelversorgung lagen in Deutschland nicht allein an der Wirtschaftsblockade der Alliierten, wie es in den Zeitungen gerne dargestellt wurde. Die Probleme hätten wahrscheinlich halbwegs gelöst und eine Mindestversorgung der Bevölkerung sichergestellt werden können, wenn die ländlichen Regionen wirklich konsequent dazu verpflichtet worden wären, ihre Überschüsse den bedürftigen Städten und Regionen zur Verfügung zu stellen. Dies war aber wegen des föderalistischen Staatsaufbaus nicht möglich, denn diejenigen Länder, in denen die Landwirtschaft dominierte, ließen einen solchen Zugriff nicht zu, weil sie ihren Bauern wirtschaftliche Spielräume belassen wollten. So hielten im »Steckrübenwinter« 1916/17 die Landwirte in agrarischen Überschussgebieten ihre Kartoffeln zurück, weil sich bei vorgegebenen Preisen die Verfütterung an das Vieh besser bezahlt machte als die Lieferung an Städte und Industriegebiete.[38] Auch in Österreich wurde die Lebensmittelknappheit durch innerstaatliche Querelen verschärft: Nachdem Getreidelieferungen aus dem besetzten Galizien ausfielen, war man umso mehr auf Lieferungen aus Ungarn angewiesen. Doch die Ungarn sperrten ausgerechnet in dieser Situation die Grenze zu »Cisleithanien«, also zu den österreichischen Stammlanden der Doppelmonarchie.

Im Umgang mit der Lebensmittelknappheit suchten die Kommunen und die Menschen notgedrungen selbst nach Auswegen. Schrebergärten erfreuten sich nicht nur für den Anbau von Gemüse und Obst wachsender Beliebtheit, sondern auch für die Haltung von Kleintieren wie Hühnern und Kaninchen. Die Bevölkerung (insbesondere die Schulkinder) wurde dazu angehalten, »Ersatzlebensmittel« (Surrogate) zu sammeln, z. B. Bucheckern und Obstkerne, aus denen Öl gewonnen wurde,

Beeren, Kastanien, Eicheln, Pilze. 1918 waren in Deutschland ca. 11 000 verschiedene Ersatzprodukte im Umlauf.[39]

Wer nur auf die offiziellen Rationen angewiesen war, litt Hunger und war damit anfälliger für Krankheiten. In Westfalen stieg die Sterberate pro 1000 Einwohner von 15,5 (1915) auf 20,2 (1918).[40] Nur Vermögende konnten nichtrationierte, aber teure Lebensmittel erwerben oder sich illegal über den Schleichhandel versorgen. Wer in der kriegswichtigen Rüstungsindustrie beschäftigt war, konnte sich immerhin über Zulagen mehr Lebensmittel verschaffen. Hinzu kam die ohnehin ungleiche Verteilung von Lebensmitteln zwischen Stadt und Land. All dies war ein ständiger Konfliktherd und Anlass für Unzufriedenheit und Protest, weil es offenbar den Appellen zu nationaler Geschlossenheit und Einigkeit an der Heimatfront widersprach. Viele Bürger empfanden es als ungerecht, dass andere nicht mit so wenig auskommen mussten wie sie oder gar am Krieg verdienten.

Der Widerspruch, privaten Produzenten vorzuschreiben, was sie zu welchen Preisen herstellen sollten, führte konsequenterweise dazu, dass sie bestrebt waren, möglichst viele ihrer Erzeugnisse gar nicht erst offiziell anzugeben, um sie dann »unter der Hand« zu verkaufen. Der Schwarzhandel nahm deshalb gegen Ende des Krieges deutlich zu. Auf dem Weg vom Produzenten zum bezugsberechtigten Konsumenten verschwanden ebenfalls nicht unerhebliche Mengen, mit denen sich gute Geschäfte machen ließen. Der »Schwarzmarkt« – das illegale Verkaufen und Kaufen von Produkten, die laut Gesetz eigentlich staatlich bewirtschaftet wurden – und das »Hamstern« – der direkte Erwerb knapper Lebensmittel bei den Bauern – waren die logische Kehrseite der staatlich reglementierten Lebensmittelversorgung. An den illegalen Geschäften auf dem Schwarzmarkt beteiligten sich nicht nur Spekulanten und Kriegsgewinnler, sondern auch Einkäufer von

Unternehmen, militärische Beschaffungsstellen und vereinzelt auch kommunale Stellen.

Im Winter 1916/17 und in den anschließenden Frühjahrs- und Sommermonaten erreichte die Versorgung der Zivilbevölkerung in Deutschland ihren Tiefpunkt. Es fehlte an Kohlen zum Heizen und zur Energiegewinnung, an warmer Kleidung, an haltbarem Schuhwerk, an Kartoffeln als Nahrungs- und Futtermittel. Aufgrund von Versorgungs- und Transportschwierigkeiten konnten während des Winters noch nicht mal die offiziell deklarierten Rationen ausgegeben werden. Als Ersatz für die Kartoffel und andere Lebensmittel wurden Steckrüben angepriesen, aus denen sich angeblich – entsprechende Rezepte wurden gerne verbreitet – Brot, Kaffee, Aufstrich u. v. m. gewinnen ließ. Die Lebensmittelrationen fielen in dieser Zeit unter 1150 kcal pro Person und Tag und lagen damit erheblich unter dem Existenzminimum. Die Zahl kleinkrimineller Delikte in der Form des Diebstahls von Lebensmitteln aus Ställen und Scheunen, von Feldern und aus Gärten nahm stark zu. Es wird gerne erwähnt, dass der Winter 1916/17 auch besonders kalt gewesen sei und dass die »Kartoffelfäule« das wichtigste Lebensmittel in Mitleidenschaft gezogen habe, so dass nur 50 % der Vorjahresernte eingebracht werden konnte. Jedoch sollte bei all diesen Hinweisen auf ungünstige klimatische Bedingungen nicht vergessen werden, dass sie ihre verheerenden Auswirkungen auf die Bevölkerung nur auf der Grundlage der staatlich festgesetzten Prioritäten der Kriegsführung entfalteten.

Sosehr der »Steckrübenwinter« 1916/17 im kulturellen Gedächtnis Deutschlands verankert ist, so darf nicht übersehen werden, dass auch die Zivilbevölkerung anderer Länder unter den kriegsbedingten Engpässen bei Nahrungsmitteln, Heizmitteln etc. zu leiden hatte. Besonders hart betroffen war die Zivilbevölkerung in denjenigen Gebieten West- und Osteuropas, die von deutschen Truppen besetzt waren und deren Ressourcen von den Besatzern für den eigenen Bedarf requiriert wurden. Laut Haager Landkriegsordnung von 1907 durfte ein Besatzungsheer zwar nicht plündern, ihm standen aber Dienst- und Naturalleistungen für seinen Unterhalt zu, die zu bezahlen waren. Die deutschen Truppen legten dies häufig sehr weit aus, beschlagnahmten, was sie vorfanden, und ließen der Bevölkerung nur das Allernotwendigste zum Überleben. Sie begründeten ihr Vorgehen mit der englischen Seeblockade gegen Deutschland.[41] Die Notlage der einheimischen Bevölkerung in den besetzten Gebieten in Belgien und Nordfrankreich wurde ein wenig abgemildert durch Hilfslieferungen privater Komitees aus neutralen Staaten wie den USA, Holland oder Spanien. Die deutschen Behörden billigten den Menschen jedoch nur das Allernotwendigste zu, weil die Versorgung der eigenen Truppen oberste Priorität besaß. Um sich »nutzloser« Esser zu entledigen, wurde bestimmten Personengruppen 1916 auch die Ausreise in das nichtbesetzte Frankreich erlaubt, z.B. Frauen, die dort Unterstützung erhielten, oder Kindern, die von ihren Eltern getrennt waren, oder Kranken.[42]

Der Erste Weltkrieg war ein Krieg, dessen Planung, Verlauf und Ausgang wesentlich von der wirtschaftlichen Leistungsfähigkeit der beteiligten Staaten(bündnisse) abhing. Die Strategie des gegenseitigen personellen und materiellen Ausblutens, die ab Herbst 1914 an der entscheidenden Front im Westen verfolgt wurde, musste auf Dauer zu einem Vorteil für die Alliierten führen, deren Ressourcen von Kriegsbeginn an denen der Mittelmächte deutlich überlegen waren. Während des Kriegs gelang es insbesondere Großbritannien und den USA, ihre Wirtschaftsleistung gegenüber 1913 auf 114,8 % bzw. 113,2 % zu steigern. Damit konnte die abnehmende Wirtschaftsleistung der zwei anderen wichtigen Verbündeten Frankreich und Russland mehr als kompensiert werden. Hingegen fiel auf Seiten der Mittelmächte die Wirtschaftsleistung gegenüber 1913 im Deutschen Reich um knapp ein Fünftel und um gut ein Viertel in Österreich-Ungarn.[43]

Das soll nicht heißen, dass andere Faktoren wie Kampfmoral, Organisation, Technik oder politische Entscheidungen für den Ausgang des Krieges unerheblich waren. Doch verweist beispielsweise die Art, wie Deutschland sowohl im September 1914 als auch im Frühjahr 1918 die Vorteile nicht auszunutzen vermochte, die es bis dahin mit seinen Offensiven jeweils errungen hatte, darauf, dass ökonomischen Ressourcen eine entscheidende Rolle zukam. Dabei ist nicht nur an den Nachschub von Waffen, Munition, Fahrzeugen etc. zu denken. Für die Aufrechterhaltung der Kriegsmoral war insbesondere eine ausreichende Versorgung sowohl der Soldaten als auch der Zivilbevölkerung mit Lebensmitteln wichtig. Dies gelang England, den USA und (mit ihrer Unterstützung) Frankreich insgesamt erheblich besser als den Mittelmächten und Russland. Bezeichnend sind Berichte über deutsche Truppen, deren Vormarsch in Nordfrankreich im Frühjahr 1918 ins Stocken geriet, weil die hungrigen und an eintönige Kost gewöhnten Soldaten sich in den eroberten feindlichen Stellungen und Orten zunächst über die dort aufgefundenen Lebensmittelvorräte hermachten. Vieles spricht auch dafür, dass die Versorgung mit Lebensmitteln im Krieg in denjenigen Staaten besser funktionierte, deren Landwirtschaft weitgehend nach kapitalistischen Maßstäben betrieben wurde. Wo die Versorgung hingegen noch primär von subsistenzorientierten kleinbäuerlichen Betrieben abhing (z. B. in Russland und in Österreich-Ungarn, aber auch in großen Teilen Deutschlands), führten der Abgabezwang und die Höchstpreise bei den Produzenten zu Verhaltensweisen, die davon geprägt waren, möglichst viele Erzeugnisse der Aufsicht und dem Zugriff durch den Staat zu entziehen.

Kriegskultur und Kulturkrieg

Patriotische Pflicht und Begeisterung

Als der Krieg begann, schienen Streitfragen, Konflikte und Interessengegensätze innerhalb der Gesellschaften mit einem Schlag in den Hintergrund zu treten. In Paris und in Berlin, in Wien und in Petersburg – überall war die Auffassung vorherrschend, nun müsse das eigene »Vaterland« sich gegen eine ungerechtfertigte Aggression von außen verteidigen. Noch bevor zum ersten Mal von Truppen Grenzen überschritten wurden, stand auf allen Seiten fest, dass der eigene Staat nur defensiv handelte. Dort, wo der Feind schon bald in das eigene Land vordrang – in Belgien und Frankreich – schien die Parole von der Vaterlandsverteidigung zuzutreffen. Aber auch die deutschen Soldaten und die deutsche Bevölkerung glaubten selbst dann, als das eigene Heer bei den westlichen Nachbarn eindrang, dass man prinzipiell einen legitimen Verteidigungskrieg führe und nur dem absehbaren Angriff des Feindes zuvorkomme.

Das auch heute noch Frappierende ist aber, dass der Beginn des großen Krieges zwischen den europäischen Großmächten von vielen nicht nur als eine Pflicht, sondern als eine Art Befreiung empfunden und bejubelt wurde. Auf allen Seiten war man nicht nur von der Notwendigkeit und der Legitimität des Krieges überzeugt, sondern man glaubte zudem an die Überlegenheit der eigenen Nation und der eigenen Person als deren Elementarteilchen. Die tiefsitzende Vorstellung, auf Gedeih und Verderb Teil eines Volkes zu sein, das einen gerechten Krieg führe, fiel zusammen mit der Überzeugung, man sei als Volk und Bürger hierzu sowohl materiell als auch mental bestens in der Lage. Die logische Folge der Überzeugung, man sei materiell-organisatorisch und menschlich-moralisch dem

Feind überlegen, war die Vorstellung, es werde sehr schnell zu einer Entscheidung kommen.

Bei den Männern, die allseits begeistert in den Krieg zogen, handelte es sich eben nicht nur um Untertanen, die von ihrer Herrschaft in den Kampf geschickt wurden, sondern um politisierte Untertanen, die den Krieg geradezu als eine gute Gelegenheit betrachteten, ihre Einsatzbereitschaft für das Wohl des Vaterlandes endlich praktisch unter Beweis stellen zu können – bis hin zur Opferung des eigenen Lebens. Die Haltung, es sei äußerst ehrenwert, Staat und Volk bis hin zu der Preisgabe des eigenen Lebens zu dienen, war in den Gesellschaften offenbar schon massenhaft verankert und wurde als Tugend betrachtet, so dass sie im Sommer 1914 abrufbar war. Junge und ältere Männer – vorwiegend aus dem Bildungsbürgertum – meldeten sich in großer Zahl freiwillig, weil sie gern ihre Pflicht tun wollten, oder weil sie meinten, ansonsten von ihrer sozialen Umgebung als Drückeberger und Feiglinge betrachtet zu werden. So mancher, der wegen körperlicher Gebrechen nicht zum Heer eingezogen wurde und deswegen Scham und Trauer empfand, versuchte mit allerlei Tricks doch noch als tauglich eingestuft zu werden. Jugendliche befürchteten, erst dann einberufen zu werden, wenn der Krieg schon vorbei war. Um diesen Elan nicht zu bremsen, wurde im Deutschen Reich ein »Notabitur« mit deutlich herabgesetzten Prüfungsanforderungen ermöglicht. Überall meldeten sich Tausende von Männern freiwillig und empfanden es als persönliche Schande, wenn sie nicht gleich in den Krieg ziehen durften. Ehefrauen, Mütter, Schwestern und Bräute begleiteten ihre Männer, Söhne, Brüder und Verlobten voller Stolz zu den abfahrenden Zügen. Geschichtsbücher zeigen immer wieder Bilder von lachenden und optimistischen Soldaten, die von jubelnden Menschenmengen zu den Bahnhöfen begleitet werden und aus Eisenbahnwaggons winken, auf denen außen Parolen wie

»Auf Wiedersehen in Paris« oder »Freie Fahrt über Lüttich nach Tours« prangten.

Woher kam solche Begeisterung für den Krieg gegen andere Völker, der doch von den Bürgern an der Front und an der Heimatfront das Äußerste verlangte, nämlich die Bereitschaft zur Hingabe des eigenen Lebens, die Akzeptanz des gewaltsamen Todes von Angehörigen und Verwandten und das Töten unbekannter Fremder? Noch weit bevor man zur Antwort den Militarismus und Chauvinismus der damaligen Zeit heranzieht, ist darauf hinzuweisen, dass es für eine solche Haltung eine sehr grundsätzliche Überzeugung braucht. Man muss das Leben einzig und allein im Rahmen des eigenen Staates für möglich halten – obwohl sich dieser von seinen inneren Prinzipien, seinem Aufbau und seinen Zielen her gar nicht grundsätzlich von den feindlichen Staaten unterscheidet. Die Souveränität und Freiheit des eigenen Staates muss als absolute und unaufgebbare Bedingung der eigenen Existenz verinnerlicht worden sein, wenn man für die »Verteidigung des Vaterlandes« sein Leben aufs Spiel zu setzen bereit ist. Die Vorstellung, man brauche als »Volk« zunächst und vor allem einen eigenen Staat und könne sich keinesfalls einem anderen Staat unterordnen, bildet den Kern eines jeden Nationalismus. Wegen dieser bedingungslosen Zugehörigkeit kommt die durchaus naheliegende Überlegung, es sei nicht das eigene und das Leben vieler anderer wert, unbedingt weiterhin von einem deutschen, englischen, französischen oder sonstigen Staat regiert zu werden, gar nicht erst auf.

Schon bald bürgerte sich für die national-euphorische Aufbruchsstimmung zu Kriegsbeginn die Bezeichnung »Augusterlebnis« ein. Jedoch war dieses pathetische Gefühl in Wirklichkeit wohl längst nicht so verbreitet, wie es in damaligen Medien dargestellt und wie es lange Zeit von der Geschichtsschreibung übernommen wurde. Das »Augusterlebnis« war in erster Linie ein Erlebnis der männlichen bürgerlichen Jugend in den Großstädten. Auf dem Land, wo gerade die Ernte anstand; in den Reihen der Sozialdemokraten, von denen nicht wenige immer noch internationalistisch und antibürgerlich eingestellt waren; bei den Frauen, die sich um das Auskommen der Familien sorgten – hier sah die Stimmung oftmals wesentlich nüchterner und skeptischer aus. Es ist ferner auffällig, dass die Kriegsbegeisterung besonders in industriell fortgeschrittenen Staaten wie Deutschland, England und Frankreich ausbrach. In Staaten oder Regionen, die noch zu großen Teilen agrarisch strukturiert waren, z. B. in Süditalien oder in Russland, war die »Einsicht« in die Pflicht zur Vaterlandsverteidigung längst nicht so verbreitet bzw. verflog schnell.[1]

Die Kriegsbegeisterung konnte an den verbreiteten Militarismus der Zeit um 1900 in den verschiedenen Staaten in unterschiedlicher Form und Stärke anknüpfen. In der wilhelminischen Gesellschaft wurde die militaristische Gesinnung permanent gepflegt. Sie wurde in den Schulen vermittelt, z. B. wenn im Geschichtsunterricht die siegreichen Schlachten der preußisch-deutschen Geschichte in den Mittelpunkt gestellt wurden. Und sie wurde in der Öffentlichkeit bei allen möglichen Anlässen zelebriert, z. B. bei Manövern oder anlässlich des »Sedantages«. Die militaristische Haltung trat u. a. hervor in einem generellen Respekt gegenüber Offizieren und in dem Wunsch junger Männer, als Einjährig-Freiwilliger den Rang eines »Leutnants der Reserve« zu erlangen. Kleine Jungen wurden gerne in Matrosenanzüge gesteckt, und für manche Frauen und Mädchen war der schnittige Offizier das Liebesideal. Bei der Pflege der militaristischen Haltung spielten im Deutschen Reich diverse Vereine eine besondere Rolle. Beispielsweise war der Kyffhäuser Bund, der Zusammenschluss der Kriegervereine, die sich nach den deutschen Einigungskriegen gebildet hatten, mit ca. drei Millionen Mitgliedern die größte deutsche Massenorganisation. Zu den Mitgliedern, die vorwiegend zu den »kleinen Leuten« gehörten (Kleinbürger, Handwerker, Landarbeiter etc.), zählten nicht nur Kriegsveteranen, sondern auch Rekruten, die zwar gedient, aber noch an keinem Krieg teilgenommen hatten. Die Rhetorik des Vereins war ursprünglich stark von der Idee des gerechten (Verteidigungs-)Krieges geprägt gewesen, an dem teilzunehmen eine Pflicht und Ehre war. Später trat eine sozialdarwinistische Argumentation immer stärker in den Vordergrund, die die kollektive und die individuelle Bereitschaft zum Krieg als unbedingte Voraussetzung dafür verstand, das Recht des Stärkeren durchsetzen zu können. Als militaristische Organisation ist auch der 1898 gegründete Deutsche Flottenverein zu beurteilen, der Propaganda für den Ausbau der deutschen Flotte betrieb. Er zählte 1913 1,125 Millionen Mitglieder, darunter viele Vereine als korporative Mitglieder.

Die Kehrseite des emphatischen Bekenntnisses zur eigenen Nation bei Kriegsbeginn war das plötzlich ausbrechende offene Misstrauen gegen die Bürger anderer Nationen. Verkehrten französische, deutsche, englische, russische etc. Bürger und Adelige noch kurz vor dem Krieg ohne große Vorbehalte in den europäischen Metropolen, Urlaubs- und Kurorten miteinander, so machte sich mit Kriegsbeginn über Nacht Misstrauen und Angst zwischen ihnen breit. Gerüchte kursierten, wonach Ausländer Gold außer Landes schafften, Spionage betrieben, das Trinkwasser vergifteten und Attentate planten. Mit dem fanatischen Patriotismus ging außerdem die ebenso fanatische Suche nach unpatriotischen Elementen und Verhaltensweisen einher. Eine Welle nationalsprachlicher Purifizierung lief durch Deutschland – auf der Suche nach französischen oder englischen Fremdwörtern, die direkt oder indirekt mit der nationalen Identität nicht vereinbar erschienen. Statt »Desinfektionsanstalt« sprach man von »Entseuchungsanstalt«, statt

»provisorisch« hieß es »vorläufig«, statt »Komitee« sagte man »Ausschuss«. Und »natürlich« gehörte es sich nicht, etwas zu kaufen und zu konsumieren, das – auf welche Art auch immer – in dem Verdacht stand, dem Feind zu nutzen.

Bei aller Beschwörung der nationalen Geschlossenheit wirkten aber grundlegende soziale, ethnische und religiöse Unterschiede fort. In der Armee zeigten sie sich in dem tiefen Graben zwischen den »dienenden« Mannschaften und den »befehlenden« Offizieren. Offiziere hatten traditionell eine Reihe von Privilegien, z. B. erheblich mehr Sold, Unterkunft in Einzelquartieren, bessere Verpflegung, bessere Versorgung von Witwen und Waisen im Todesfall u. a. Angesichts der extremen Härten und Entbehrungen, die ihnen im Schützengraben abverlangt wurden, empfanden immer mehr Mannschaften dies als Ungerechtigkeit. Das Problem wurde noch potenziert, wenn in die Unterscheidung zwischen Offizieren und Mannschaften auch ethnische Komponenten eingingen, z. B. in Österreich-Ungarn, wo oftmals slawische Mannschaften von deutschen oder ungarischen Offizieren kommandiert wurden.

Sozialdemokratische Haltung zum Krieg

Von dem Weg, den Politiker und Diplomaten der europäischen Großmächte in Richtung Krieg einschlugen, hätten sie vielleicht durch einen energischen Protest ihrer Bürger aufgehalten werden können, in erster Linie von den sozialistischen oder sozialdemokratischen Arbeiterparteien, die sich in den Jahrzehnten vor dem Krieg in fast allen Staaten als starke Parteien etabliert hatten. Sie hatten sich immer sehr deutlich gegen Aufrüstung und Militarisierung ausgesprochen, ihre Regierungen der imperialistischen Kriegstreiberei beschuldigt und selber eine internationalistische Haltung propagiert. Die größte und stärkste dieser Parteien war die SPD, die 1912 knapp eine Million Mitglieder hatte und bei den Reichstagswahlen im selben Jahr mit 34,8 % der Stimmen stärkste Partei im Deutschen Reich wurde. In Frankreich war die Section française de l'Internationale ouvrière (dt.: Französische Sektion der Arbeiter-Internationale – so demonstrativ internationalistisch nannte sich die Partei seit 1905!) zweitstärkste Fraktion im Parlament. Theoretisch besaßen die sozialdemokratischen Organisationen durchaus die Macht, den Kriegskurs der Regierungen ernsthaft zu stören oder gar aufzuhalten. Dass dies praktisch nicht geschah, es vielmehr fast überall – bis auf Russland, wo aber die sozialdemokratische Partei verhältnismäßig schwach war – zum nationalen Schulterschluss kam, verweist darauf, dass auch für damalige Sozialdemokraten die »Verteidigung« der eigenen Nation Vorrang hatte vor der internationalen Solidarität der Arbeiterklasse. Davon hielt sie auch die theoretische Erwägung nicht ab, es könne nun der lange prognostizierte »große Kladderadatsch« (August Bebel) gekommen sein, in dem der Kapitalismus an seinen inneren und äußeren Gegensätzen zusammenbrechen werde.

Die sozialistischen und sozialdemokratischen Parteien in Europa gehörten alle der Sozialistischen Internationale an, die 1889 gegründet worden war und in der die deutsche Sektion maßgeblichen Einfluss hatte. 1907 hatte die Internationale auf einem Kongress in Stuttgart auch das Thema »Militarismus und die internationalen Konflikte« diskutiert. In einer Resolution hatten sich die Parteien zum energischen Kampf gegen die Rüstungen verpflichtet und eine Erziehung im Geist der Völkerverbrüderung und des Sozialismus gefordert. Uneinigkeit bestand allerdings hinsichtlich der Mittel, die praktisch gegen einen drohenden Krieg eingesetzt werden sollten. So hatte etwa der französische Sozialistenführer Jean Jaurès für Massenstreiks und Aufstände plädiert. August Bebel hatte dagegen eingewandt, mit der Propagierung solcher Maßnahmen würden sich die Parteien in große Schwierigkeiten begeben, weshalb man lediglich aufklären und agitieren könne. In der Resolution war deshalb nur die Rede davon, in jedem Land müsse entsprechend den dortigen Verhältnissen gegen den Krieg agiert werden. In einem Zusatz, der von russischen Delegierten (u. a. W. I. Lenin und R. Luxemburg) eingebracht worden war, verpflichteten sich die Parteien darauf, im Fall eines drohenden bzw. ausbrechenden Krieges alles für dessen Verhinderung bzw. für seine rasche Beendigung zu tun und die Situation zur »Beschleunigung des Sturzes der kapitalistischen Klassenherrschaft auszunutzen«. Solche Formulierungen übertünchten aber nur die Bandbreite sozialdemokratischer Auffassungen zu »imperialistischen« Kriegen. Entschiedene Positionen der Kriegsgegnerschaft fanden keine Mehrheit. Sie konnten auch dann nicht mit großer Solidarität rechnen, wenn sie von der Regierung belangt wurden. Karl Liebknecht (1871–1919) wurde 1907 für seine Schrift *Militarismus und Antimilitarismus unter besonderer Berücksichtigung der internationalen Jugendbewegung* wegen Hochverrats angeklagt und zu eineinhalb Jahren Festung verurteilt. Rosa Luxemburg musste 1914 für ein Jahr ins Gefängnis, weil sie deutsche Arbeiter aufgefordert hatte, im Ernstfall nicht auf französische Arbeiter zu schießen.

In verschiedenen politischen Situationen vor 1914, in denen Kriegsgefahren drohten, hatten die Parteien der Arbeiterbewegung allerdings große Massendemonstrationen und Kampagnen organisiert. So kam es im Sommer und Herbst 1911 im Verlauf der Zweiten »Marokko-Krise« im Deutschen Reich zu Massenprotesten unter Parolen wie »Gegen die Kriegshetze! Für den Völkerfrieden!«. In dieser Situation sprachen sich jedoch die Führer der SPD gegen abgestimmte Massenaktionen der sozialistischen Parteien über die Grenzen hinweg aus. Der kurze Zeit später in Gera abgehaltene Parteitag kritisierte zwar den Vorstand für seine Haltung gegenüber der kriegstreiberischen Politik der Regierung und rief die deutsche Arbeiterklasse dazu auf, jedes mögliche Mittel gegen den drohenden Krieg anzuwenden. Allen Friedensforderungen aus den Reihen der SPD standen aber immer wieder Äußerungen führender Sozialdemokraten gegenüber, die versicherten, dass die Partei notfalls zur Verteidigung des Vaterlandes bereit sei. So beteuerte etwa im August 1912 Georg von Volmar im bayerischen Landtag, die Sozialdemokraten würden, wenn ein Frieden nicht erhalten werden könne, selbstverständlich dem Vaterland ihre Dienste erweisen. Auch der Beginn des Ersten Balkankrieges im Oktober 1912 wurde überall in Europa erneut von sozialdemokratischen Demonstrationen und Kundgebungen begleitet. Die Internationale veröffentlichte im November ein umfangreiches Manifest zur Überwindung der Kriegsgefahr in Europa. Und im März 1913 verabschiedeten die deutschen und die französischen Sozialdemokraten ein gemeinsames Manifest gegen den imperialistischen Rüstungswettlauf. Wenig später stimmte die SPD aber im Reichstag dem Vorschlag zur Finanzierung des Ausbaus des stehenden Heeres zu – wenn auch mit dem Argument, dass die vorgesehene Abgabe auf größere Vermögen über 10 000 Mark ein steuerpolitischer Fortschritt sei.

Noch in einer anderen Hinsicht hatte die offizielle Militarismus- und Kriegsgegnerschaft der SPD einen bedingten Charakter. In der Partei war seit jeher das Vorurteil verbreitet, das autokratische Russland sei der eigentliche Hort von Unterdrückung und Ausbeutung in Europa. Der ungebildete russische Bauer, der trotz der »Bauernbefreiung« von 1861 immer noch unter der Knute adeliger Großgrundbesitzer ächzte, war das Synonym für den Status eines rechtlosen und unzivilisierten Untertanen, der in Mitteleuropa als überwunden galt. In einem potenziellen Krieg mit dem autokratischen Russland ging es in dieser Perspektive immer auch um einen Kampf für die Bewahrung jenes kulturellen und zivilisatorischen Fortschritts, auf dessen Seite sich nicht nur die SPD selbst verortete, sondern den sie trotz aller Kritik auch den westeuropäischen Staaten und Gesellschaften zugutehielt.

Im Sommer 1914, unmittelbar nach dem Attentat von Sarajewo, gingen die meisten der sozialdemokratischen Führer zunächst davon aus, dass es sich um ein regionales Ereignis handele, aus dem kein größerer Krieg entstehen werde. Erst als sich die Krise mit dem österreichischen Ultimatum an Serbien erheblich verschärfte, rief der Vorstand der SPD am 25. Juli 1914 zu Demonstrationen gegen die Kriegsgefahr auf. An ihnen beteiligten sich in den nächsten Tagen, v. a. am 28./29. Juli, auch Zehntausende. Gleichzeitig ließen jedoch führende Sozialdemokraten Kanzler Bethmann Hollweg wissen, für den Fall eines Krieges seien keine Streikaktionen geplant. Insgesamt vermied es der Vorstand in dieser Situation aber noch, die Partei auf einen eindeutigen Kurs festzulegen. In vielen sozialdemokratischen Zeitungen erschien allerdings in den ersten Augusttagen ein Artikel von Friedrich Stampfer, dem einflussreichen Chefredakteur der zentralen Parteizeitung *Vorwärts*, der den Kurs der Regierung unterstützte. Er legte dar, Deutschland verteidige sich lediglich und es sei die Lebenspflicht eines jeden, das Vaterland in dieser Situation nicht im Stich zu lassen: »Die vaterlandslosen Gesellen werden ihre Pflicht tun.« Zur Ausmalung der Bedrohung bediente sich Stampfer verbreiteter Stereotype über die kulturelle Rückständigkeit der Zarenherrschaft und der Völker im Osten: »Wir können zu den buntgemengten Völkerschaften des Zaren kein Vertrauen haben und wollen nicht unsere Frauen den Bestialitäten der Kosaken opfern.«[2]

Auf einer Sitzung des Büros der Zweiten Internationale am 29./30. Juli 1914 in Brüssel verfolgten die Teilnehmer zwar mit Spannung die aktuelle politische Entwicklung, zeigten sich aber in der Mehrheit überzeugt, dass es zu keinem größeren Konflikt kommen werde und dass deshalb auch nicht über koordinierte Aktionen der Arbeiterorganisationen der verschiedenen Länder (z. B. in Form des Generalstreiks) beraten werden müsse. Man war optimistisch, im nationalen Rahmen Schlimmeres verhindern zu können, und ging auseinander, ohne Beschlüsse für den Kriegsfall gefasst zu haben. Im Grunde hatte man aber »den Krieg schon akzeptiert, bevor er ausgebrochen war«, und war »zum ›Burgfrieden‹ schon bereit, bevor man ihn ausdrücklich schloss«[3]. Von einer gemeinsamen aktiven Gegnerschaft der Arbeiter aller Länder gegen die Kriegstreiber war nur am Rande die Rede. Hingegen verwies man darauf, dass nicht die eigene Regierung, sondern die der anderen Nationen für die Entwicklung verantwortlich seien: Für Jean Jaurès, der am 31. Juli 1914 in Paris von einem französischen Nationalisten ermordet wurde, war dies die deutsche Führung, für die deutschen Teilnehmer war es die zaristische russische Führung. In Frankreich ließ die zentrale Gewerkschaftsführung am 1. August 1914 verlauten, es werde zu keinem Generalstreik kommen. Am Grab von Jaurès riefen Gewerkschaftsführer dazu auf, den deutschen Militarismus und Feudalismus zu bekämpfen. Und in der Nationalversammlung stimmten die sozialistischen Abgeordneten der Ausstattung der Regierung mit weitgehenden Vollmachten zu.

Auch in England stellte sich ein großer Teil der British Socialist Party hinter die Regierung und deren Entscheidung zum Krieg. Jedoch gab es hier auch größere Minderheiten, die den Krieg generell oder zumindest die damit einhergehende und als undemokratisch empfundene Geheimdiplomatie ablehnten. Selbst in dem autokratischen Russland meldete sich keine nennenswerte Opposition gegen den Krieg zu Wort. Georgi Plechanov (1856–1918), der erste Parteiführer der russischen Sozialdemokratie, sprach sich aus seinem schweizerischen Exil dafür aus, den Klassenkampf nun zugunsten des nationalen Kampfes gegen das imperialistische Deutschland zu sistieren. Nur die bolschewistische Sozialdemokratische Partei Russlands (SDAPR) verurteilte den Krieg als Auseinandersetzung imperialistischer Staaten und verlangte einen sofortigen Friedensschluss. Lenin ging sogar so weit, für alle kriegführenden Länder »die Umwandlung des imperialistischen Krieges in den Bürgerkrieg« zu propagieren.

Am 4. August schwor Kaiser Wilhelm II. in einer Thronrede die Abgeordneten des Deutschen Reichstags auf den nationalen Zusammenhalt ein. Er betonte, dass das Deutsche Reich in den vergangenen Jahren unermüdlich daran gearbeitet habe, »den Völkern Europas einen Krieg zwischen den Großmächten zu ersparen«. Durch das Attentat von Sarajewo sei jedoch das verbündete Österreich-Ungarn gezwungen gewesen, zu den Waffen zu greifen, um seine Sicherheit zu verteidigen. Dabei sei ihm Russland in den Weg getreten. Die Ansprache des Kaisers gipfelte in den Worten: »Ich kenne keine Parteien mehr, ich kenne nur Deutsche! Zum Zeichen dessen, dass Sie fest entschlossen sind, ohne Parteiunterschiede, ohne Stammesunterschiede, ohne Konfessionsunterschiede durchzuhalten mit mir durch dick und dünn, durch Not und Tod zu gehen, fordere ich die Vorstände der Parteien auf, vorzutreten und mir das in die Hand zu geloben.«[4]

Als erste Konsequenz dieses Paktes, der unter Bezugnahme auf die Verhältnisse in einer belagerten mittelalterlichen Burg »Burgfrieden« genannt wurde, stimmte der Reichstag noch am selben Tag mit den Stimmen aller Abgeordneten der Aufnahme von Krediten zur Finanzierung des Krieges zu. Außerdem wurde zwecks Sistierung der Parteienkonkurrenz beschlossen, dass während des Krieges keine Neu- oder Nachwahlen zum Reichstag angesetzt und keine öffentlichen Plenarsitzungen abgehalten werden sollten. Die innenpolitischen Kalküle der

Parteien zum »Burgfrieden« unterschieden sich aber durchaus: Den Konservativen ging es vor allem um die nationale Einheit, die Sozialisten versprachen sich von einer Unterstützung des Waffengangs ein soziales und politisches Entgegenkommen im Inneren.

Nahezu spiegelbildlich zum Deutschen Reich verkündete am 4. August 1914 der französische Staatspräsident Raymond Poincaré vor dem Parlament die *union sacrée* (dt.: Heilige Union), die Aussetzung innenpolitischer Auseinandersetzungen für die Zeit des Krieges. Schon der Name wies darauf hin, dass angesichts der Bedrohung von außen nun auch im laizistischen Staat die alten innenpolitischen Gräben überwunden werden sollten. In Frankreich ging die Integration der Arbeitnehmerorganisationen in Institutionen der Kriegsführung einen Schritt weiter als im Deutschen Reich: Gewerkschaftsführer nahmen von Kriegsbeginn an den Sitzungen des Comité de Secours National (dt.: Komitee zur nationalen Unterstützung) teil. Ende August traten zwei führende Politiker der Sozialistischen Partei als Minister in die Regierung ein. Und im Mai 1915 übernahm sogar ein Sozialist das Amt des Staatssekretärs für die Kriegsproduktion.

Staatliche Presse-, Informations- und Medienpolitik

In fast allen Staaten, die am Krieg beteiligt waren, hatte sich im Verlauf des 19. Jahrhunderts ein breites Spektrum von Zeitungen und Zeitschriften entwickelt, die von unterschiedlichen politischen, weltanschaulichen und religiösen Standpunkten aus der Information, Meinungsbildung und Unterhaltung der Bürger dienten. Im Krieg verlangten die Regierungen nun von dieser Öffentlichkeit, sich mit ihrer Berichterstattung in den Dienst des Vaterlandes zu stellen und möglichst nichts zu publizieren, was dem Feind nützen oder die eigene Bevölkerung irritieren konnte. Das Recht auf freie Meinungsäußerung wurde aufgehoben oder faktisch erheblich eingeschränkt, besonders ausgeprägt in Frankreich.[5] Unter dieser generellen Grundvoraussetzung erschienen auch weiterhin Publikationen der Arbeiterbewegung: Im Zeichen des Burgfriedens durften nun deutsche Soldaten in den Kasernen und Stellungen sozialdemokratische Zeitungen lesen.

Die Presse fand sich in der Regel mit der restriktiven Informationspolitik der Regierungen ab und stellte kaum eigene Nachforschungen an. Man akzeptierte die Vorschriften zur Geheimhaltung und war auch von sich aus darum bemüht, alle Bemerkungen über Truppenstärke, Truppenbewegungen, Ausrüstung etc. zu unterlassen, die dem Feind irgendwie verwertbare Hinweise geben konnten. Im Deutschen Reich gab die Presse in der Regel einfach die Meldungen der staats- und regierungsnahen Nachrichtenagentur Wolff's Telegraphisches Bureau weiter. Der Grundtenor der inländischen Meldungen in der Presse bestand aus Optimismus, Siegesgewissheit und Vertrauen in die politisch-militärische Führung sowie im Verschweigen und Verharmlosen schlechter Nachrichten. Über die gegnerischen Staaten wurde genau spiegelbildlich berichtet. Die Presse war auch gerne dazu bereit, an der Verbreitung offensichtlicher Greuelmärchen mitzuwirken, z. B. wenn Zeitungen der Alliierten 1914 meldeten, die Deutschen hätten in Belgien Kindern die Hände abgeschnitten, und wenn die deutschen Zeitungen wiederum zum gleichen Zeitpunkt von völkerrechtswidrigen belgischen Guerilla-Kämpfern berichteten. Man verließ sich aber nicht auf die Selbstzensur der Presse, sondern richtete selber zentrale und regionale militärische Zensurbehörden ein und erließ Vorschriften, worüber (nicht) berichtet werden durfte. In Deutschland gab die Oberzensurstelle, die im Februar 1915 eingerichtet worden war und seit Oktober 1915 dem neuen Kriegspresseamt unterstand, ein sogenanntes *Zensurbuch für die deutsche Presse* (1917) heraus. Es fasste die bis dahin sehr unübersichtlichen Zensurbestimmungen zusammen. Verstöße gegen die Zensurvorschriften wurden mit verschiedenen Maßnahmen geahndet, die von der mündlichen Ermahnung bis zum Verbot der Zeitung reichten. In Frankreich kontrollierte seit 1916 ein *Bureau de Presse*, das dem Außenministerium unterstand, die Zeitungen. Informationen über die militärische Lage wurden auch hier nach vorheriger genauer Prüfung nur von einer einzigen zentralen Nachrichtenagentur, nämlich der »Havas«, ausgegeben.

Die Zensur betraf nicht nur die Presse. Die Herstellung aller möglichen Druckerzeugnisse wurde unter dem Kriterium beurteilt, inwiefern sie der Kriegsführung dienten. Dies konnte manchmal auch zum Verbot von kriegshetzerischen Produkten führen, die in ihrer plumpen Manier schon wieder als schädlich für das nationale Ansehen angesehen wurden. So kamen zu Beginn des Kriegs in Deutschland viele »hurrapatriotische« Bildpostkarten auf den Markt, die, entsprechend nationalen Stereotypen, die gegnerischen Soldaten als feige, dreckige, hinterhältige und versoffene Gestalten verunglimpften, die von kräftigen und gesunden deutschen Soldaten locker und leicht verprügelt wurden. Das bayerische Kriegsministerium bemerkte hierzu im September 1914, solche Bilder seien geeignet, »das Ansehen der deutschen Kultur und des deutschen Heers und seiner Waffentaten herabzuwürdigen«[6]. Dieser Beurteilung schlossen sich auch andere Armeekorpsbezirke an und verboten entsprechende Bildpostkarten.[7]

Die Zensur erstreckte sich auch auf das relativ neue Medium der Fotografie. An der Front und in der Nähe militärischer und strategisch wichtiger Einrichtungen durfte nur mit offizieller Genehmigung fotografiert werden. Die Bilder mussten den Zensurbehörden vorgelegt werden, die dann entschieden, ob sie veröffentlicht werden durften oder nicht. Dabei wurde in erster Linie darauf geachtet, ob die Fotos irgendetwas zeigten, das für den Feind militärisch von Interesse sein konnte. Daneben wurden Fotos aber auch hinsichtlich ihrer potenziellen Wirkung auf die Kriegsmoral begutachtet: Leid und Elend sollten nach Möglichkeit nur auf der Seite des Feindes, nicht aber auf der eigenen Seite gezeigt werden – es sei denn, der Feind konnte mit solchen Aufnahmen moralisch belastet werden.[8]

Von Kriegsbeginn an, besonders aber seit dem Übergang zum ungewiss langen Stellungs- und Abnutzungskrieg, war den Regierungen bewusst, wie sehr die Kriegsmoral an der Front und zu Hause gepflegt werden musste. In England wurde die Propaganda schon früh zentral und professionell gesteuert. Bei den Mittelmächten wurde sie hingegen lange Zeit der privaten Initiative und den privaten Geschäftsinteressen überlassen und blieb deshalb recht lange dilettantisch und kitschig. Dies änderte sich erst in der zweiten Kriegshälfte.[9] Den Bürgern, denen große Opfer bis hin zum Verlust des eigenen Lebens abverlangt wurden, sollten gute (d. h. »höhere«) Gründe genannt werden, weshalb das Durchhalten trotz solcher Opfer notwendig und erfolgversprechend sei. Auf allen Seiten wurde deshalb exzessiv Kriegspropaganda betrieben, deren eintöniges Strickmuster mehr oder weniger identisch war: Wir sind die Guten und kämpfen für die gerechte Sache; die anderen sind die Bösen und die Kriegsverursacher; wir vertreten die Sache der menschlichen Kultur und des humanen Fortschritts, die anderen sind die Barbaren, die berechnenden Händler und die Kulturlosen. Hierher gehörten auch eindeutig rassistische Argumentationen wie die, dass das perfide Frankreich Kolonialtruppen gegen Deutschland einsetze, sich also selber als ›Kulturnation‹ diskreditiere, weil es im Kampf gegen die deutsche Kulturnation auf ›kulturell niedriger stehende Völker‹ zurückgreife.

Doch nicht nur auf der Ebene oberster menschlicher Werte, in deren Namen und zu deren Verteidigung man selbst angeblich kämpfte, musste die Bevölkerung geistig betreut und geführt werden. Auch im Bereich ihrer täglichen Information über alle Dinge, die irgendwie mit dem Krieg zusammenhingen, galt es wachsam zu sein, um den Willen des Volkes zum Mitmachen nicht zu schwächen oder zu irritieren. Es kam deshalb darauf an, in den Medien (d.h. vor allem in den Zeitungen) die eigene Lage immerzu in ein relativ günstiges und die Lage des Feindes in ein ungünstiges Licht zu rücken. Meldungen über Niederlagen, Versorgungsschwierigkeiten, Unzufriedenheit etc. beim Feind wurden generell übertrieben, während ähnliche Meldungen über die eigene Lage zurückgehalten oder verharmlost wurden. So war beispielsweise während des Krieges in deutschen Zeitungen kaum etwas über die unübersehbare Lebensmittelknappheit oder über versorgungs- und kriegsbedingte Krankheiten zu lesen.[10]

Propaganda erfolgte nicht nur mit Blick auf die eigene Bevölkerung, sondern immer auch mit Blick auf die neutralen Staaten. Auch deren öffentliche Meinung galt es nach Möglichkeit zu beeinflussen, um den eigenen Feind bei ihnen zu diskreditieren. Beispielsweise richtete Reichskanzler Bethmann Hollweg Anfang September 1914 ein Schreiben an amerikanische Nachrichtenagenturen, in dem er auf den »Feldzug der Lüge« hinwies, den England gegen Deutschland unternehme. Aus England werde den Amerikanern erzählt, deutsche Truppen hätten belgische Dörfer und Städte niedergebrannt. Verschwiegen werde aber, dass belgische Mädchen wehrlosen deutschen Verwundeten die Augen ausgestochen hätten, dass belgische Beamte deutsche Offiziere zum Essen geladen und über den Tisch hinweg erschossen hätten, dass belgische Soldaten deutschen Soldaten im Schlaf die Kehlen durchgeschnitten hätten und dass England und Frankreich völkerrechtlich geächtete Dumdumgeschosse verwendet hätten.[11] In ähnlicher Art wandte sich der deutsche Kaiser zur gleichen Zeit an den US-Präsidenten Wilson, um ihm darzulegen, dass wegen der belgischen und französischen Grausamkeiten und Rechtsbrüche »einige Dörfer und selbst die alte Stadt Löwen, mit Ausnahme des schönen Rathauses, [...] in Selbstverteidigung und zum Schutze meiner Truppen zerstört werden (mußten)«[12].

In der zweiten Hälfte des Kriegs ging die Führung der deutschen Armee dazu über, ihre Auffassung des Krieges systematischer und flächendeckender zu verbreiten. Seit April 1917 wurde in jedem Korpsbezirk ein Aufklärungsoffizier eingestellt, der gemeinsam mit Mitarbeitern private und amtliche ›Aufklärungsinitiativen‹ koordinierte. Bei den entsprechenden Veranstaltungen, die seit September 1917 »Vaterländischer Unterricht« hießen, handelte es sich oft um Lichtbildervorträge. Die Aufklärungsoffiziere waren aber auch für den Vertrieb von Plakaten, Schautafeln, Flugblättern o. Ä. zuständig. Zu den Zielgruppen gehörte hauptsächlich die Industriearbeiterschaft, wobei nicht selten mit Repräsentanten der Arbeiterorganisationen kooperiert wurde. Zu der konservativ-nationalistischen Einstellung vieler Aufklärungsoffiziere passte allerdings die Zusammenarbeit mit Vertretern der Vaterlandspartei besser.[13]

Die Propaganda benutzte auch das verhältnismäßig neue und hauptsächlich bei den »einfachen Leuten« sehr beliebte Medium Film, das sich seit dem ausgehenden 19. Jahrhundert überall schnell verbreitet hatte.[14] Seit ca. 1900 hatte sich auch nach und nach so etwas wie eine filmische Kriegsberichterstattung entwickelt. Jedoch wurde diesem Genre in Deutschland zunächst noch keine staatliche Aufmerksamkeit als Mittel der (Des-)Information und Propaganda geschenkt. Dies änderte sich erst während des Krieges – sowohl der Dokumentarfilm als auch der Spielfilm wurden allmählich als Mittel der Stärkung des Kampf- und Durchhaltewillens erkannt und dementsprechend staatlich betreut und organisiert. Waren doch Filme für die Menschen in der Heimat eine ganz neue Möglichkeit, sich visuelle und zudem scheinbar authentische Vorstellungen vom Kriegs- und Frontgeschehen zu machen.

Seit 1908 war das Filmformat der dokumentarischen Wochenschau in europäischen Kinos verbreitet worden. Viele Wochenschauen wurden von der französischen Firma Pathé produziert. Selbst die ersten Filme von der deutschen Mobilmachung waren noch von Kameramännern dieser Firma aufgenommen worden. Doch schon bald wurden die Filialen des Unternehmens in Deutschland und Österreich enteignet und einheimischen Firmen übergeben. In Deutschland gehörte die bedeutendste Firma Oskar Meester, einem Kamerahersteller. Sie veröffentlichte im Oktober 1914 erstmals die »Meester-Woche«, die regelmäßig auch über den Krieg berichtete. Aus Angst vor Spionage, aus Geheimhaltungsgründen und um die Heimatfront nicht mit sensationsheischenden Bildern zu schocken, die die grausame Realität des Krieges zeigten oder zumindest andeuteten, ließ das Militär keine Aufnahmen direkt von der Front oder von kriegsrelevanten Einrichtungen zu. Meester konzentrierte sich deshalb auf Filmberichte aus dem Hinterland und der Etappe, die meistens einfache Soldaten zeigten, denen es offenbar relativ gutging. Während französische Wochenschauen in ähnlicher Weise das Publikum mit verstörenden Aufnahmen verschonten, waren britische Wochenschauen erheblich realistischer. Sie hielten sich zwar auch bei besonderen Grausamkeiten zurück, zeigten aber immerhin auch Tote und Verwundete.[15]

Ein besonders bemerkenswerter Film war die 74minütige englische Produktion »The Battle of the Somme«, die ab dem 21. August 1916 in britische Kinos kam und dann auch in Ländern des Commonwealth und der westlichen Welt gezeigt wurde. Innerhalb von sechs Wochen sahen allein in England über 20 Millionen Menschen den Film. Und das, obwohl die Schlacht, die noch bis in den Oktober 1916 andauerte, für England ein klarer Fehlschlag war, bei dem ca. 500 000 Mann verloren wurden. Der Film zeigt die Vorbereitung der Schlacht, den Angriff und die Auswirkungen. Die Zuschauer waren emotional bewegt von den Aufnahmen, die an der Front entstanden waren und sich auf das Leben der gewöhnlichen Soldaten konzentrierten. Niemals zuvor waren Kriegszerstörungen auf eine solch direkte, eindrückliche und dramatische Art gezeigt worden. Dabei störte es wenig, dass einige der beeindruckendsten Aufnahmen offensichtlich nachgestellt waren.[16]

Nachdem das Bedürfnis des Publikums nach »bewegten Bildern« aus dem Krieg im Deutschen Reich anfangs ausschließlich von privaten Unternehmen bedient worden war, wurde Ende Januar 1917 das Bild- und Filmamt (BuFa) gegründet. Möglicherweise hing dies auch mit dem besonderen Erfolg von »The Battle of the Somme« zusammen. Das BuFa war zuständig für die Versorgung der in- und ausländischen Presse mit Foto- und Filmmaterial von den Kriegsschauplätzen. Zu diesem Zweck verfügte es über eigene Filmtrupps. Das neue Amt verbreitete auch Filme wie »Graf Dohna und seine Möwe« (1917) über die Kaperfahrt des deutschen Hilfskreuzers »Möwe«. Es zeigte sich aber, dass das Kinopublikum in der Heimat und an der Front an nicht-fiktionalen Propagandafilmen relativ wenig Interesse hatte. Ende 1917 wurde schließlich auf Anregung der OHL die Universum Film-Aktiengesellschaft (UFA) ins Leben gerufen, ein halbstaatliches Unternehmen, das mit fiktionalen Filmen propagandistisch wirken sollte und dazu generös mit modernen Geräten zur Filmherstellung ausgestattet wurde. Unter dem Dach des Großkonzerns UFA wurde die deutsche Filmindustrie zusammengefasst, um mit der scheinbar überlegenen Filmpropaganda der Feinde mitzuhalten. Vom BuFa und der UFA wurden bis Kriegsende mehr als 800 propagandistische Filme verschiedener Art gedreht, Dokumentarfilme, Spielfilme, Werbefilme für Kriegsanleihen etc. Als Beispiele sei nur genannt »Unsühnbar« (1917), ein Film, der als Reaktion auf die Streiks vom April 1917 entstand und die fatalen Folgen einer Unterwanderung der Heimatfront durch Aufrührer zeigen sollte; oder auch »Es werde Licht« (1917), ein Spielfilm, der, verpackt in eine Familientragödie, über die Syphilis informierte, die sich wegen der größeren Promiskuität während des Krieges ausbreitete.[17]

Das Bewusstsein von der wachsenden Bedeutung der filmischen Berichterstattung über den Krieg führte auch in Frankreich und in Großbritannien zur Einrichtung eigener staatlicher Abteilungen, die den Auftrag hatten, Nachrichtenfilme zu erstellen. In Frankreich gab es seit Anfang 1917 im Kriegsministerium die Section Photographique et Cinématographique de l'Armée (dt.: Photographische und Cinematographische Abteilung der Armee). Sie produzierte wöchentlich erscheinende Nachrichtenfilme, zu deren Vorführung alle Kinos verpflichtet waren. In England vereinbarte das Kriegsministerium mit Topical Budget, einem privaten Nachrichtenfilmdienst, eine enge Kooperation. Ab Mai 1917 erschien zweiwöchentlich das War Office Topical Budget, das exklusive Nachrichtenfilme zeigte, die von offiziellen Kameramännern an verschiedenen Fronten gedreht worden waren. Um uneingeschränkt über den Nachrichtendienst als Propagandainstrument verfügen zu können, kaufte der Staat Ende 1917 die Topical Film Company auf.

Die Scheu, die anfangs bei vielen deutschen Militärs gegenüber dem relativ neuen Medium Film bestand, wich im Verlauf des Krieges einem bewussten und gezielten Einsatz zum Zweck der Propaganda und der Beruhigung der Bevölkerung. An die Stelle der Angst davor, dass der Feind oder die Bevölkerung auf den Aufnahmen etwas sehen könnten, was sie nicht sehen sollten, trat die kontrollierte Darbietung. Nach und nach ging man dazu über, die eigene Stärke, Überlegenheit und Tapferkeit gezielt ins Bild zu setzen. Dies konnte durch die Aufnahme großer Mengen an Kriegsgerät oder technischer Höchstleistungen in Gestalt von Flugzeugen und Kriegsschiffen geschehen. Vermehrt traten in den Filmen einzelne Individuen hervor, in erster Linie berühmte Militärs und Politiker, aber auch Kriegshelden wie z. B. Piloten von Kampfflugzeugen. Zerstörungen und Verwüstungen, auch von Dörfern und Städten, wurden gezeigt, soweit sie das Territorium des Feindes betrafen. Die Filme sollten zur »Dankbarkeit gegen unsere Feldgrauen« anregen, »deren Tapferkeit es zu verdanken ist, daß der Krieg von dieser Seite unserem Lande ferngeblieben ist«[18]. Um auch an der Front und in Orten, die über keine permanent betriebenen Kinos verfügten, Filme zeigen zu können, wurden seit Ende 1917 Wanderkinos eingerichtet.

Prägnante Bildplakate waren ein weiteres neuartiges Propagandainstrument. Im großen Stil wurden sie im Deutschen Reich von der Reichsbank eingesetzt, die damit ab der vierten Kriegsanleihe Werbung betrieb. Die Plakate stellten auf eine kompakte, stark stilisierte Art Symbole des modernen Krieges (Stahlhelm, Gasmaske, Stacheldraht etc.) in den Mittelpunkt. Sehr bekannt wurde beispielsweise der »Mann mit dem Stahlhelm« von Fritz Erler.[19] Auch gegen solche modernen Stilmittel der Propaganda wurde anfangs von nationalkonservativer Seite noch der Einwand erhoben, sie seien eigentlich »amerikanisch«, d. h. zu emotional, zu aufreizend und zu marktschreierisch, weshalb man sie in einem deutschen Geist benutzen sollte. Ein auf Kriegspropaganda spezialisierter deutscher Offizier drückte dies 1918 so aus: »Wir sind von dem Grundsatz ausgegangen, daß wir uns während des Krieges nicht zu Engländern, nicht zu Amerikanern machen sollen, daß wir in deutscher Art die Aufklärung zu betreiben haben und nicht in den Vordergrund schieben dürfen den ganzen Dschingdera mit Kinolügen und Plakatübertreibungen und sonstigen Geschichten.«[20] Wegen des großen Erfolgs der Werbung mit Bildplakaten wurde das Reich trotzdem mit auffallenden Kriegsanleiheplakaten überschwemmt.[21]

Verbindungen zwischen Front und Heimat

Für die Soldaten und ihre Angehörigen war es das Wichtigste, miteinander in Verbindung zu bleiben, um zu wissen, wie es den Verwandten oder Freunden an der Front oder in der Heimat ging.[22] Dieses Interesse wurde von den Politikern und Militärs grundsätzlich anerkannt und mit der Einrichtung der »Feldpost« bedient, trugen doch die zwischen der Heimat und der Front verschickten Briefe, Postkarten, Pakete, Päckchen etc. erheblich zur Beruhigung der Soldaten und der Zivilbevölkerung bei – so lange jedenfalls, wie sich die Schreiber an die nicht direkt ausgesprochene, aber meistens für selbstverständlich erachtete Maxime hielten, den oder die Empfänger nicht mit allzu schlechten oder sogar defätistischen Nachrichten zu beunruhigen. Mittels der Feldpost blieben die Soldaten auch aus der Ferne in einem gewissen Maß in familiäre Angelegenheiten eingebunden und konnten sich ihrerseits – oftmals mit der Autorität des eigentlichen Familienoberhauptes – dazu äußern. Umgekehrt war für die Menschen daheim jede Post von der Front zunächst und vor allem eines: ein Lebenszeichen.

Im Deutschen Reich wurden im gesamten Krieg schätzungsweise 28,7 Milliarden Sendungen durch die Feldpost befördert.[23] Aus der Heimat gingen täglich knapp 10 Millionen Sendungen an die Front, in der umgekehrten Richtung waren es täglich 6,8 Millionen Sendungen.[24] Hierzu war ein kompliziertes Verteilungssystem notwendig, für das allein ca. 8000 Beamte und Soldaten tätig waren. Eingestellt wurde die Beförderung im Fall sogenannter Feldpostsperren, d. h. Zeiten, in denen Truppenbewegungen möglichst geheim gehalten werden sollten.

Für die Feldpost galt das Briefgeheimnis nicht. Aus Gründen der Geheimhaltung war es den Soldaten verboten, sich in ihren Briefen und Postkarten über das konkrete Kriegsgeschehen in ihrem Umfeld zu äußern. Äußerungen, die auf die Heimat entmutigend wirken konnten, waren ebenfalls verboten, obwohl oftmals schwer zu bestimmen war, wann eine Äußerung als defätistisch galt. Auf deutscher Seite wurde die Feldpost in den ersten 21 Monaten des Krieges zunächst von den unmittelbaren Disziplinarvorgesetzten auf der Ebene der Kompanien oder Regimenter kontrolliert. Weil dieses Vorgehen zu Unmut und zu Beschwerden und damit zu Spannungen in den Einheiten führte, richtete man ab April 1916 Postüberwachungsstellen bei den Armeeoberkommandos ein. Damit war die Überwachung und Zensur der Soldatenbriefe durch direkte Vorgesetzte in der Praxis allerdings noch lange nicht beendet.

Die Durchsicht der Post war für die Militärs und Politiker nicht nur wegen der Ermittlung von konkreten Verstößen gegen das Dienstrecht von Interesse. Die Lektüre der Briefe und Postkarten ermöglichte den Behörden auch wichtige Einsichten in die Stimmung an der Front und in der Heimat, die in entsprechenden »Stimmungsberichten« zusammengefasst wurden. So fiel den Überwachungsstellen im September 1916, als die Werbekampagne für die 5. Kriegsanleihe lief, auf, dass in Soldatenbriefen die Heimat dazu aufgefordert wurde, keine Anleihen zu zeichnen, weil dies nur den Krieg verlängere. Ungefähr ab demselben Zeitpunkt wurden aus Sorge um die Moral der Truppe sogenannte »Jammerbriefe«, die die Soldaten über die schlechten Lebensbedingungen in der Heimat, insbesondere über die steigenden Preise, informierten, unter Zensur gestellt.[25] Es ist kaum verwunderlich, dass nach Wegen gesucht wurde, um Briefe an der Zensur vorbeizuschmuggeln. Davon zeugen insbesondere Verbote, Heimaturlaubern Briefe mitzugeben.[26]

Umgekehrt war die Veröffentlichung von patriotischen Feldpostbriefen und -anthologien schon während des Krieges ein beliebtes Mittel, um der Bevölkerung die gewünschte Haltung zu Krieg und Tod nahezubringen. Die wohl bekannteste dieser Briefsammlungen gab der Freiburger Germanist Philipp Witkop Anfang 1916 unter dem Titel »Kriegsbriefe gefallener Soldaten« heraus. Nach mehreren Neuausgaben erschien sie seit 1918 unter dem Titel »Kriegsbriefe gefallener Studenten«.[27] Sie fehlte in der Nachkriegszeit in kaum einem Bücherschrank.

Ungefähr ein Viertel der deutschen Feldpostsendungen waren Bildpostkarten, die portofrei befördert wurden. Die Bilder auf den Feldpostkarten vermittelten meistens eindeutige propagandistische und kriegsmoralische Botschaften. Allerdings zeigten sie weder kriegerische Gewalt noch Tote, sondern verschwiegen oder verharmlosten die »finsteren« Seiten und reproduzierten lauter Klischees: Frauen, die treu am Herd oder in der Wohnung an die Männer denken; Soldaten, die kameradschaftlich zusammensitzen, gut versorgt werden und Karten spielen; Soldaten, die sich im Feindesland um die Zivilbevölkerung kümmern; »edle Krieger«, die einander zu Pferd, in Ausgehuniform und mit dem Säbel bekämpfen; Soldaten, die – medizinisch gut erstversorgt – einen schönen Tod unter freiem Himmel sterben, ohne die Miene vor Schmerz zu verziehen und oftmals begleitet von treuen Kameraden; gut gepflegte, mit Kreuzen geschmückte Gräber in idyllischer Landschaft.[28]

Sowohl die großen christlichen Konfessionen als auch die jüdischen Glaubensgemeinschaften unterstützten die Kriegsanstrengungen der jeweiligen Staaten nahezu ohne Vorbehalte. Es war für sie selbstverständlich, den Gläubigen, die in die Schlacht geschickt wurden, zu verkünden, dass Gott auf ihrer Seite stehe. Die Geistlichen hatten dabei – wie so oft in der Geschichte – kein Problem damit, dass auch der Feind sich auf denselben (christlichen) Gott berief. Die vom eigenen Staat verlangte Opferbereitschaft für das Vaterland wurde vielmehr als Prüfung aufgefasst, die Gott den Gläubigen auferlegt habe. Sie anzunehmen und zu bestehen, sei religiöse Pflicht. So betrachtet erschien die Teilnahme an dem unerbittlichen Kampf der christlichen Nationen gegeneinander als eine Art Test darauf, in welchem Volk der Glaube am tiefsten verwurzelt war. In den Predigten tauchte deshalb immer wieder der Topos auf, in den anderen Völkern herrsche nur ein oberflächlicher Glaube, man selbst könne aber wegen des tieferen Glaubens des Sieges gewiss sein. Die Kirchen beschränkten sich aber nicht nur auf die religiöse Untermauerung der Kriegsmoral. Angetrieben vom Geist tätiger christlicher Nächstenliebe, engagierten sie sich auch praktisch mit sozialen Dienstleistungen, z. B. bei der Pflege und Betreuung von Verwundeten und Versehrten oder bei der Unterstützung notleidender Familien.

An der allseitigen engen Verbindung von religiöser und patriotischer Begeisterung während des Krieges dürfte es auch gelegen haben, dass Mahnungen und Aufforderungen von Papst Bendikt XV. zum Frieden keinen Erfolg hatten. Der italienischstämmige Papst war am 3. September 1914 gewählt worden. Er stellte von Beginn seines bis 1920 dauernden Pontifikats an deutlich klar, dass er den Krieg ablehnte. Seine Position brachte ihm aber von den Kriegsparteien nur den Verdacht ein, er stünde auf der Seite des Feindes. Georges Clemenceau bezeichnete ihn als »le pape boche«, und Erich Ludendorff sprach umgekehrt von dem »Franzosenpapst«. Am 1. August 1917, genau drei Jahre nach Kriegsanfang, veröffentlichte der Papst seinen wichtigsten Friedensappell (*Dès le début*; dt.: seit dem Beginn unseres Pontifikates), in dem er die kriegführenden Mächte zu Friedensverhandlungen aufforderte. Er sprach sich für Abrüstung, internationale Schiedsgerichte zu zwischenstaatlichen Konflikten und den Verzicht auf Annexionen aus. Der Plan stieß auf Ablehnung, weil jeder der kriegführenden Staaten glaubte, durch ihn benachteiligt zu werden.

Bürger jüdischen Glaubens sahen den Krieg oftmals als eine Gelegenheit, dem verbreiteten Antisemitismus mit dem praktischen Beweis entgegenzutreten, dass Juden mindestens genauso patriotisch und opferbereit seien wie Christen. Nichtsdestoweniger gab es in der deutschen Gesellschaft von Kriegsbeginn an Gerüchte antisemitischer Kräfte, die behaupteten, Juden würden sich nicht im selben Maß wie Nichtjuden für das Vaterland einsetzen, sich beispielsweise seltener freiwillig verpflichten, sich in die Etappe verdrücken und weniger oft im Kampf fallen. Als sich im Herbst 1916 aufgrund der militärischen Lage die Aussicht auf einen Sieg erheblich verschlechterte und die Frage auftauchte, ob wirklich alle personellen Ressourcen ausgeschöpft seien, ließ sich die OHL davon überzeugen, dass die Kriegsbereitschaft der Juden untersucht werden müsse. Am 1. November 1916 wurde eine Zählung der Juden beim Heer und bei den Ausgemusterten und Zurückgestellten durchgeführt. Das Ergebnis, das allerdings nur partiell veröffentlicht wurde, bestand darin, dass keine signifikanten Unterschiede zwischen jüdischen Soldaten und den anderen Soldaten festgestellt werden konnten. Die Durchführung der Zählung war von heftigen Protesten jüdischer Verbände begleitet, die zu Recht allein schon die Tatsache der Untersuchung als einen ungerechtfertigten Verdacht gegen die Juden und als Diskriminierung verurteilten.[29]

Es kann nicht nachgewiesen werden, dass der Krieg in seinen ersten Jahren zu einer Intensivierung und Ausbreitung religiösen Empfindens führte. An der Front und zu Hause trug der Glaube sicherlich bei so manchem dazu bei, das Leid zu ertragen und durchzuhalten, weil er dem Krieg einen höheren Sinn verlieh und damit Trost und Hoffnung spendete. War es aber nach Verdun und Tannenberg nicht eigentlich naheliegender, den Glauben zu verlieren? Auch ein solcher Effekt des Krieges ist nur schwer nachweisbar. Größere Zweifel an der religiösen Legitimation des Kriegs zeigten sich bei einzelnen Christen erst gegen Ende des Krieges – z. B. bei christlich eingestellten Künstlern wie Ernst Barlach, Käthe Kollwitz oder Max Beckmann, die dazu übergingen, das Leid und den Schrecken in ihren Werken in den Mittelpunkt zu stellen.[30]

Wissenschaftler, Schriftsteller und Künstler

Unter Intellektuellen aus verschiedensten Ländern gab es schon vor dem Juli 1914 eine schöngeistige Tendenz, sich einen Krieg herbeizusehnen, weil das Alltagsleben als borniert und erstarrt empfunden wurde. Der Italiener Filippo Marinetti verkündete 1909 in seinem berühmten *Futuristischen Manifest*, mit Blick auf die »Hygiene der Welt« solle man den Krieg, den Militarismus, den Patriotismus und die schönen Ideen, für die man sterbe, verherrlichen. Georg Heym, einer der bekanntesten expressionistischen Dichter, schrieb 1912: »Es ist immer das gleiche, so langweilig, langweilig, langweilig. […] Geschähe doch einmal etwas. Würden einmal wieder Barrikaden gebaut. Ich wäre der erste, der sich darauf stellte, ich wollte noch mit der Kugel im Herzen den Rausch der Begeisterung spüren. Oder sei es auch nur, daß man einen Krieg begänne, er kann ungerecht sein. Dieser Frieden ist so faul ölig und schmierig wie eine Leimpolitur auf alten Möbeln.«[31] In ähnlicher Weise hofften viel jüngere Intellektuelle auf ein »reinigendes Gewitter«, das die angeblich in alten Vorstellungen und Sitten befangene Menschheit befreien und zu zeitgemäßen Tugenden führen sollte. Krieg wurde als Ende von Kleingeisterei, Streiterei und Egoismus und als Beginn einer irgendwie besseren und moderneren Form gesellschaftlichen Zusammenlebens begrüßt.[32]

Zu Beginn des Krieges stellten sich Akademiker und Intellektuelle dann überall nahezu geschlossen auf die Seite ihrer Nationen. Von den Männern des Geistes und der Wissenschaft waren zu den kriegsträchtigen Entscheidungen ihrer Regierungen und Staaten kaum kritisch-distanzierte oder analytische Überlegungen zu vernehmen. Sie fühlten sich vielmehr sehr grundsätzlich dazu verpflichtet, mit ihrer besonderen Autorität als »Geistesgrößen« die Sache der eigenen Nation zu verteidigen, ins Recht zu setzen und zu verherrlichen und die gegnerischen Nationen zu diskreditieren. Parallel zu dem Krieg auf den Schlachtfeldern wurde deshalb von den ersten Kriegstagen an auch ein »Krieg der Geister« ausgetragen, an dem sich so berühmte Intellektuelle wie Thomas Mann, Sigmund Freud, Émile Durkheim, Ernst Haekel, Stefan George, Rudyard Kipling u. v. m. beteiligten. Einige wenige Intellektuelle wie Karl Kraus oder Kurt Tucholsky, die vor dem Krieg gegen bürgerliche Dummheit, Heuchelei und Bigotterie angeschrieben hatten, verstummten 1914 zunächst und äußerten sich erst ab dem nächsten Jahr allmählich wieder kritisch. Auch Freud verlor seine Kriegseuphorie sehr rasch und fand mit der Schrift *Zeitgemäßes über Krieg und Tod* 1915 zu kritischer Distanz gegenüber seiner eigenen ehemaligen Begeisterung. Andere Intellektuelle evozierten in ihren Ländern unter ihresgleichen Proteststürme – aber nicht etwa, weil sie den Krieg konsequent ablehnten, sondern weil sie eine gewisse Distanz zu der platten Gegenüberstellung von Gut und Böse und zu der Kriegshysterie zu erkennen gaben. George Bernard Shaw wurde in England wegen der Aussage, der Krieg würde von allen Seiten aus machtpolitischen Gründen geführt, angefeindet, und Anatole France erntete in Frankreich helle Empörung, als er angesichts des deutschen Bombardements der Kathedrale von Reims die Hoffnung äußerte, Frankreich möge nach einem Sieg keine Vergeltung üben, sondern die Deutschen mit Respekt behandeln.[33]

Als ein besonders drastisches Beispiel für den Nationalismus der Intellektuellen kann der Lyriker und Dramatiker Ernst Lissauer gelten, von Zeitgenossen als der »deutscheste aller jüdischen Dichter« eingestuft. Er publizierte 1914 das Gedicht »Hassgesang gegen England«, in dem es heißt, der Hass der Deutschen gelte nicht den Russen und den Franzosen, sondern allein England, das »geduckt hinter der grauen Flut, voll Neid, voll Wut, voll Schläue, voll List« sitze. Es sei der einzige wirkliche Feind aller Deutschen.[34] Das Gedicht fand in Deutschland großen Anklang und wurde ein fester Bestandteil der offiziellen Kriegspropaganda. Die weit verbreitete Parole und Grußformel »Gott strafe England« ging darauf zurück.

Von dem deutsch-nationalen Schriftsteller Walter Flex, der sich als Kriegsfreiwilliger gemeldet hatte, erschien 1916 das Werk *Wanderer zwischen den Welten*, das im Deutschen Reich zum erfolgreichsten belletristischen Kriegsbuch wurde. Mit durchaus modernen stilistischen Mitteln verherrlicht es die soldatische Kameradschaft. Das in ihm enthaltene Gedicht »Wildgänse rauschen durch die Nacht« wurde schon bald vertont und avancierte noch während des Krieges zu einem festen Bestandteil des deutschen Liederkanons. Der Vergleich mit den Zugvögeln gab dem Zug der grau gekleideten Soldaten an die Front den Charakter eines naturgesetzlich bestimmten Handelns, mit dem man sich als gottgewollt abzufinden hatte:

»Wir sind wie ihr ein graues Heer
Und fahr'n in Kaisers Namen,
Und fahr'n wir ohne Wiederkehr,
Rauscht uns im Herbst ein Amen!«

Solche martialischen Reime waren keine deutsche Besonderheit. Auch Dichter anderer Staaten verstanden sich gut darauf, die nationale Stimmung mit gesetzten Versen anzuheizen. Der Engländer Rudyard Kipling, der 1905 den Literaturnobelpreis erhalten hatte, schrieb im September 1914 das vielleicht berühmteste englische Kriegsgedicht »For all we have and are«. Es beginnt so:

»For all we have and are
For all our children's fate
Stand up and take the war
The Huns are at the gate.«[35]

Neben solchen brachialen Begründungen und Legitimierungen des Hasses auf den perfiden Feind stellten Dichter und Schriftsteller den Krieg und die Stellung des eigenen Staates und Volkes in ihm auch auf vielfältige andere Art als sinnvolles Geschehen dar: als überfällige göttliche Strafe, als Gelegenheit, existenzielle Erfahrungen zu machen, als Läuterung der nationalen Gemeinschaft von den Übeln und Sünden der modernen Zivilisation, als Beschwörung der historisch-kulturellen Überlegenheit des eigenen Vaterlandes und als Lobpreisung der besonderen und nun bedrohten heimatlichen Werte. Letztendlich liefen die Gedichte immer darauf hinaus, den Tod des Soldaten auf dem Schlachtfeld als notwendiges Opfer für den Erhalt all des Guten, Edlen und Wahren aufzufassen, das angeblich die eigene Nation repräsentierte. Dichter wie Georg Trakl und August Stramm, die ihre eigene Kriegserfahrung in die Lyrik einfließen ließen, und im übrigen jeder auf seine Weise an dieser Erfahrung zugrunde gingen, verstanden sich als Soldaten, nicht als Kriegsgegner.

Thomas Mann ist ein gutes Beispiel für einen Intellektuellen, der sich für und durch den Krieg von der kulturellen Überlegenheit der Deutschen über die feindlichen Völker überzeugt zeigte. In der Vorrede zu seinem Buch *Betrachtungen eines Unpolitischen*, an dem er seit 1914 gearbeitet hatte und das 1918 erschien, fasste er seine feinsinnigen Überlegungen zum Unterschied zwischen deutscher »Kultur« und der »Zivilisation« der Feinde zusammen: »Der Unterschied von Geist und Politik enthält den von Kultur und Zivilisation, von Seele und Gesellschaft, von Freiheit und Stimmrecht, von Kunst und Literatur; und Deutschtum, das ist Kultur, Seele, Freiheit, Kunst und nicht Zivilisation, Gesellschaft, Stimmrecht, Literatur.«[36] Statt die Lügen, Übertreibungen und falschen Verallgemeinerungen der nationalen Feindbilder und Vorurteile zu kritisieren, griff die große Mehrheit der Intellektuellen das Prinzip dieses Denkens wie selbstverständlich auf und sah sich selbst damit beauftragt, es in gesetzte Worte, gefällige Kunstwerke und tiefere Einsichten zu fassen. Der deutsche Theologe und Philosoph Ernst Troeltsch bekannte sich 1915 sehr klar zu der Auffassung, dass bürgerliche Gesellschaften nach einer besonderen Art der Begründung für einen Krieg verlangten, weil in ihnen im Prinzip das gesamte Volk dazu verpflichtet sei, das »Vaterland« zu verteidigen, und weil immer mehr Bürger das Stimmrecht und damit Einfluss auf die Politik erhielten: »Derart demokratisierte Nationen führen Kriege nur als Volkskriege, nur mit allgemein einleuchtenden moralischen Gründen. Sie schaudern im

Ganzen überhaupt vor ihnen zurück, weil sie ein ganz ungeheueres Schicksal für jedes Haus und jeden Besitz bedeuten. Um so zwingender, einleuchtender und prinzipieller müssen die Kriegsgründe sein, wenn es nun doch zu den Waffen gehen soll.«[37] Troeltsch sprach damit als eine Art methodische Anweisung offen aus, dass Intellektuelle und Wissenschaftler den Krieg nicht einfach erklären sollten. Die von ihnen angebotenen »Erkenntnisse« des Kriegsgrundes sollten vielmehr unmittelbar zusammenfallen mit der »Einsicht«, dass man als Bürger an ihm mitwirken muss. Diese Parteinahme wurde erreicht, indem man den kriegerischen Konflikt als überfälliges Aufeinanderprallen von wahrer und falscher, tiefer und oberflächlicher Kultur darstellte. Diese Art der Begründung von Kriegen hat sich bis in die Gegenwart kaum verändert.

Nicht wenige Schriftsteller, Philosophen und Wissenschaftler überhöhten in ihren Schriften die eigenen Kriegserlebnisse im Sinn einer Teilhabe an einer neuen Stufe der Menschheits- und Kulturentwicklung. Bestes Beispiel hierfür ist Ernst Jüngers *In Stahlgewittern*, das auf Tagebuchaufzeichnungen während der Somme-Schlacht beruht und 1920 erschien. Hingegen war der italienische Dichter und Schriftsteller Gabriele d'Annunzio schon vor dem Kriegseintritt seines Staates im Jahr 1915 mit Publikationen hervorgetreten, in denen aus einer elitären Gesinnung heraus (»Übermenschen«) das Leben und Sterben im Krieg verherrlicht wurde. D'Annunzio nahm selbst mit Begeisterung am Krieg teil. Legendär wurde sein eigenmächtiger Propagandaflug am 9. August 1918 über das feindliche Wien, bei dem er nationalistische Flugblätter abwarf. Sowohl seine Ideen als auch sein praktisches politisches Handeln (z. B. die wesentlich von ihm organisierte Besetzung Fiumes im September 1919 durch italienische Freischärler) machten d'Annunzio zu einem wichtigen Vorläufer der faschistischen Bewegung in Italien.

In Frankreich lässt sich das Aufkommen einer realistisch-kritischen literarischen Auseinandersetzung mit dem Krieg beobachten. Am bekanntesten dürfte der Roman *Le Feu. Journal d'une escouade* (dt.: Das Feuer. Tagebuch einer Korporalschaft) von Henri Barbusse sein, der 1916 erschien, auf eigenen Erfahrungen des Autors beruhte und ein ungeschminktes Bild des Geschehens an der Front vermittelte.

Eine ähnliche Entwicklung lässt sich für Deutschland nicht feststellen. Zwar nahm die Zahl realistischer Schilderungen des Lebens der Soldaten an der Front langsam zu, sie blieben aber dem ideologischen Muster der Zuschreibung eines höheren Sinns verbunden.[38] Erst am Ende und nach dem Krieg setzte unter deutschen Malern, Graphikern und Bildhauern eine Tendenz ein, den Krieg schonungsloser und drastischer darzustellen. Ein Beispiel hierfür ist Max Beckmann, der bewusst als freiwilliger Sanitätshelfer gedient hatte, weil er weder auf Franzosen noch auf Russen schießen wollte. In den ersten Nachkriegsjahren eint ihn mit Otto Dix und George Grosz der krasse Stil: harte Striche, splitterhafte Bildelemente etc. Der Maler und Graphiker Otto Dix beobachtete als Kriegsfreiwilliger den Krieg zunächst als ein Geschehen, in dem Menschen existenzieller Bedrohung ausgesetzt sind und dadurch bisher unbekannte Energien und Verhaltensweisen entwickeln. Erst nach dem Krieg nahmen seine Bilder einen pazifistischen Grundzug an, vor allem in der Darstellung von Kriegskrüppeln. George Grosz (d. i. Georg Ehrenfried Groß), Kriegsfreiwilliger, der 1915 wegen Kriegsuntauglichkeit entlassen wurde, entwickelte sich ebenfalls zum entschiedenen Pazifisten und Internationalisten und brachte dies wie sein Freund John Heartfield (d. i. Helmut Herzfelde) durch die Anglisierung seines Namens zum Ausdruck.

Deutsche Wissenschaftler – sowohl aus den Natur- als auch aus den Sozial- und Geisteswissenschaften – genossen während des Kaiserreichs weltweit einen ausgezeichneten Ruf. Davon zeugen die Zahl der Patente, die Nobelpreise und die deutliche Bewunderung, mit der im Ausland über die Qualität der Forschung und Lehre an deutschen Hochschulen gesprochen wurde. Der Aufschwung der Wissenschaft war mit einer Internationalisierung der Forschung verbunden, für die grenzüberschreitende Kongresse, Fachverbände und Zeitschriften eine immer größere Bedeutung erlangten. All dies hielt die meisten Wissenschaftler aber nicht davon ab, sich zu Kriegsbeginn nachdrücklich auf die Seite ihres jeweiligen Staates zu stellen. Dabei war es unerheblich, ob die Bereiche, in denen sie forschten und lehrten, staats- und ideologienah waren (wie z. B. bei Historikern oder Volkskundlern) oder nicht.

Im Deutschen Reich wurde während der ersten Wochen des Krieges der Schulterschluss zwischen Wissenschaft und Nation besonders durch den »Aufruf an die Kulturwelt« symbolisiert. Er war von 93 bekannten deutschen Intellektuellen, unter ihnen viele Wissenschaftler, unterzeichnet, erschien in den großen Tageszeitungen des Reiches und wurde in zehn Sprachen übersetzt. Der Aufruf wies die Vorwürfe zurück, Deutschland habe Schuld an dem Krieg, die Deutschen hätten bei ihrem Vormarsch Kriegsgreuel begangen und Kulturdenkmäler wie die Bibliothek von Löwen und die Kathedrale von Reims zerstört. In dem Aufruf hieß es, man könne nicht den deutschen Militarismus gegen die deutsche Kultur ausspielen, könne nicht die aktuelle Kriegsführung in einen Gegensatz stellen zu dem deutschen Anspruch, eine Kulturnation zu sein. Gegen diese Auffassung ging das Manifest mit der Behauptung in die Offensive, es habe die hochentwickelte deutsche Kultur nie ohne den Schutz durch den deutschen Militarismus gegeben: »Deutsches Heer und deutsches Volk sind eins«. Der Aufruf endete mit der an das Ausland gerichteten Beteuerung: »Glaubt, daß wir diesen Kampf zu Ende kämpfen werden als ein Kulturvolk, dem das Vermächtnis eines Goethe, eines Beethoven, eines Kant ebenso heilig ist wie sein Herd und seine Scholle. Dafür stehen wir Euch ein mit unserem Namen und mit unserer Ehre!«[39] Das »Manifest der 93« war vom Nachrichtendienst im Reichsmarineamt in Auftrag gegeben worden und dann an Wissenschaftler verschickt worden mit der Aufforderung, es zu unterzeichnen.[40] In einer ähnlichen Eloge auf die besondere deutsche Mission hieß es am 16. Oktober 1914 in einer »Erklärung der Hochschullehrer des Deutschen Reiches«, die über 4000 Unterschriften aufwies: »Unser Glaube ist, dass für die ganze Kultur Europas das Heil an dem Siege hängt, den der deutsche ›Militarismus‹ erkämpfen wird, die Manneszucht, die Treue, der Opfermut des einträchtigen freien Volkes.«[41] In diesem Sinne hatten deutsche Naturwissenschaftler und Techniker dann auch keine Bedenken, ihre Forschungen unmittelbar an den Erfordernissen des Krieges auszurichten.

In Frankreich und England erschienen schon bald Antworten von Intellektuellen, die dem »Manifest« oder der »Erklärung« widersprachen und den deutschen Wissenschaftlern Unterwürfigkeit gegenüber Staat und Militär vorwarfen. Der deutschen Nation wurde der Rang einer »Kulturnation« abgesprochen, die Deutschen als *educated barbarians* (dt.: erzogene Barbaren) bezeichnet, die allenfalls oberflächlich kultiviert seien. So riss der Krieg tiefe Gräben auf zwischen den geistigen Eliten Europas. Zwar reihten sich einzelne Wissenschaftler nicht in die nationale Front ein (z. B. Albert Einstein in Deutschland) oder schlugen im Laufe des Krieges moderatere Töne an (z. B. Max Planck), jedoch entstand während der vier Kriegsjahre insgesamt eine *scientific war culture* (dt.: wissenschaftliche Kriegskultur), die den Forschungsprozess vollständig den (vermeintlichen) Notwendigkeiten der nationalen Kriegsführung unterordnete. Noch lange Jahre nach dem Friedensschluss wollten die Wissenschaftler in den Ländern der Alliierten mit ihren deutschen Kollegen, denen sie Verrat an den Grundsätzen der Wissenschaft vorwarfen, nichts mehr zu tun haben.[42]

Frauen, Kinder und Jugendliche

Eine aktive Beteiligung von Frauen an den Kämpfen war in allen Ländern mit den vorherrschenden Rollenbildern absolut unvereinbar. Kriegführen war Männersache. Trotzdem waren Frauen existenziell von dem Krieg betroffen und in ihn eingebunden. Auch von ihnen, die sich ansonsten der Männerwelt zu fügen hatten, wurde nun erwartet, sich als »gute Deutsche« (oder Französin, Engländerin etc.) zu verstehen und zu verhalten. Sie sollten begreifen, dass sie kriegswichtige Funktionen erfüllten, indem sie sich ohne Murren um ihre Familien kümmerten, indem sie die Männer an der Front mit ihren alltäglichen Sorgen und Nöten »verschonten« und indem sie sich im Rahmen ihres sozialen Standes mild- und wohltätig engagierten. Von dem Furor des Nationalismus und des Militarismus machten Frauen keine Ausnahme. Viele sahen es als selbstverständliche bürgerliche Pflicht an, dass ihre Männer und Söhne zur Verteidigung der Nation an die Front gingen. Sie empfanden nicht nur Angst davor, was ihnen dort widerfahren mochte, sondern auch Stolz darauf, dass sie damit ihren Beitrag zur Verteidigung des Vaterlandes leisteten. Andererseits unterlagen Soldatenfrauen einer moralischen Aufsicht durch ihre Umwelt. Es wurde von ihnen eine zurückhaltende Lebensführung erwartet. Vor allem sollten sie keinen Belustigungen nachgehen oder gar mit anderen Männern anbändeln, selbst wenn das Leben noch so hart, eintönig und entbehrungsreich war. Wegen der verschlechterten Lebensbedingungen und wegen der Abwesenheit der Ehemänner wundert es wenig, dass sich der Trend des Geburtenrückgangs, der schon um 1900 eingesetzt hatte, erheblich verstärkte. Bessere Kenntnisse über Verhütungsmethoden machten es auch leichter, nicht gewünschte Kinder zu vermeiden. Die Geburtenrate sank von 1914 bis 1918 in 60 deutschen Städten um 40 %. Die Zahl der Geburten ging während des Krieges in Deutschland um 2,2 Millionen zurück.[43]

Vermögendere (groß)bürgerliche Familien machten sich freiwillig nationale Hilfsbereitschaft und Wohltätigkeit zur Aufgabe. Sie nahmen – zumindest nach außen – oftmals einen bescheideneren Lebensstil an und versuchten zu zeigen, dass auch die »besseren Kreise« bereit waren, der großen nationalen Anstrengung wegen Entbehrungen auf sich zu nehmen. Das Zusammenstellen von Päckchen mit Lebens- und Genussmitteln, selbstgestrickten Kleidungsstücken, Verbandszeug etc. (»Liebesgaben«) für anonyme Soldaten wurde zu einer Art Volkssport. Zu Beginn des Krieges war auch die Pflege von Verwundeten in Privathäusern ein beliebtes Zeichen nationaler Opferbereitschaft. Bürgerliche Frauenvereine engagierten sich in der Kriegsfürsorge für notleidende Frauen und Kinder, berieten in Ernährungsfragen und organisierten Sammlungen der verschiedensten Art.

Für die meisten Familien, deren Väter und Söhne zum Krieg eingezogen wurden, ergab sich aber unmittelbar das Problem, wovon sie nun eigentlich leben sollten. Gemäß einem Gesetz aus dem Jahr 1888 erhielten im Deutschen Reich Soldatenfamilien auf Antrag und unter der Voraussetzung der Bedürftigkeit von den Städten und Kreisen einen Zuschuss. Ehefrauen wurden monatlich mit 6 Mark im Sommer bzw. mit 9 Mark im Winter unterstützt. Für jedes Kind wurden zudem 4 Mark gezahlt. Gleich zu Beginn des Krieges wurden diese Sätze erhöht: Bei den Ehefrauen auf 9 bzw. 12 Mark und bei den Kindern auf 6 Mark. »Bedürftigkeit« lag nach einer Verordnung aus dem Januar 1916 dann vor, wenn das letzte jährliche Familieneinkommen unter 1000 Mark gelegen hatte.[44] Die Unterstützungen für die Familien lagen allerdings weit unter dem, was ein Arbeiter durchschnittlich verdient hatte, und erreichten oftmals nicht den »Notbedarfssatz« zur Sicherung des Existenzminimums, der für eine Frau mit Kind zu dieser Zeit auf monatlich 39 Mark festgesetzt war. Manche, aber längst nicht alle Gemeinden und Städte stockten die Familieneinkommen zwar auf, konnten aber mit den steigenden Lebenshaltungskosten nicht mithalten. Unter diesen Umständen blieb vielen Frauen und Jugendlichen aus ärmeren Verhältnissen nichts anderes übrig als arbeiten zu gehen, meistens in kriegswichtigen Betrieben, die relativ gute Löhne zahlten (s. o. Kap. »Arbeitskräfte«).

Wurde der Ehemann und Vater als gemeiner Soldat an der Front getötet, erhielt die Witwe eine jährliche Rente von 400 Mark, zu der pro Kind 168 Mark hinzukamen. Auf der Ebene der Offiziere zeigte sich der Staat großzügiger: Die Witwe eines Leutnants bezog eine Jahresrente von 1600 Mark und erhielt pro Kind 200 Mark hinzu. Nahmen die Frauen eine Arbeit an, um ihr Einkommen zu verbessern, so wurde ihnen ihr Verdienst sowohl auf die Kriegsunterstützung als auch auf die Kriegerwitwenrente angerechnet. Eine Witwe bekam dann vom Staat jährlich nur noch 100 Mark für sich und 108 Mark für jedes Kind. Es ist wenig verwunderlich, dass unter diesen Umständen viele Soldatenwitwen schwarzarbeiteten.[45]

Das absolut und wegen der steigenden Lebensmittelpreise zudem auch noch relativ sinkende Haushaltseinkommen und damit verbundene Probleme machten viele Familien hilfsbedürftig. Die Fürsorge für sie bestand in erster Linie in privaten, kirchlichen oder staatlichen Maßnahmen zur Unterstützung der Kinderbetreuung (Kinderhorte, Tagesheime, Kinderpflegerinnen), wenn diese nicht mehr ausreichend von Angehörigen, Nachbarn, älteren Geschwistern etc. erbracht werden konnte. 1915 gründete man die »Nationalstiftung für die Hinterbliebenen der im Krieg Gefallenen«, die Mittel für Hinterbliebene sammelte, weil die staatliche Versorgung oftmals nicht ausreichte.[46] Die Unterstützungsmaßnahmen waren häufig mit Inspektionen der Haushalte, also mit einer gewissen Kontrolle, verbunden. Es wurden auch Kriegsküchen eingerichtet, gegen die jedoch in der Bevölkerung Vorbehalte bestanden, weil ihr Besuch die Armut öffentlich machte, ganz abgesehen von der schlechten Qualität des Essens.

Wenn auch nicht an der Front, so kamen Frauen doch im Hinterland der Front zum Einsatz, allerdings stets unter männlicher Leitung und Aufsicht. In Deutschland spielten dabei zwei Frauengruppen eine besondere Rolle, die Krankenschwestern und die Etappenhelferinnen.[47] Gängiges Betätigungsfeld für Frauen im Krieg war die Betreuung der Verwundeten und Kranken. In Deutschland waren vor dem Ersten Weltkrieg in der Krankenpflege ca. 130 000 Frauen tätig, v. a. Pflegerinnen, von denen ca. die Hälfte evangelische Diakonissen oder Schwestern aus katholischen Orden waren. Das Deutsche Rote Kreuz verfügte 1914 über 5000 ausgebildete Krankenschwestern, 1000 Hilfsschwestern und eine unbestimmte Zahl von Helferinnen aus den Frauenvereinen. Diese Frauenvereine waren zur Zeit der Einigungskriege mit der Absicht gegründet worden, Frauen »aus besseren Ständen« Gelegenheit zu geben, sich karitativ für die Nation einzusetzen. Die ausgebildeten Schwestern des Deutschen Roten Kreuzes wurden zu Beginn des Krieges dem Sanitätswesen in der Etappe zur Verfügung gestellt. Gleichzeitig wurden, mit großer Resonanz, Frauen dazu aufgerufen, sich zu Hilfsschwestern und Helferinnen ausbilden zu lassen. Während des Krieges arbeiteten hinter der Front und in der Etappe ca. 28 000 Schwestern, vorwiegend »Helferinnen« aus gutbürgerlichen Familien. Rotkreuzschwestern genossen ein hohes gesellschaftliches Renommee, weil ihre Pflege der Verwundeten als Inbegriff weiblicher Selbstaufopferung für die Sache der Nation galt.

Etappenhelferinnen waren seit Juni 1917 hauptsächlich als Schreib- und Küchenpersonal tätig, um Männer zu ersetzen, die an die Front abkommandiert wurden. Gegen Ende des Krieges waren es ca. 20 000 Frauen, die großenteils aus der unteren Mittelschicht stammten und relativ gut entlohnt wurden. Anders als die wegen ihrer Hingabe an die Verwundetenpflege idealisierten Rotkreuzschwestern wurden die Etappenhelferinnen nicht selten aus der Öffentlichkeit und aus Militärkreisen wegen eines angeblich »lockeren Lebenswandels« und wegen »niederer« materieller Beweggründe kritisiert.[48]

Überall, wo Truppen stationiert wurden, kam es ›natürlich‹ zu sexuellen Kontakten zwischen den Soldaten und einheimischen Frauen und Mädchen, egal, ob man sich auf eigenem oder fremdem Staatsgebiet befand. Es handelte sich oft um offene oder verdeckte Formen der Prostitution, aber zuweilen auch um aufrichtige Liebesbeziehungen. Insbesondere in den besetzten Gebieten, in denen aufgrund hoher Arbeitslosigkeit Armut herrschte, prostituierten sich viele Frauen. Der militärischen Führung waren solche Beziehungen aus mehreren Gründen suspekt. Sie widersprachen generell der rigiden Sexualmoral der Zeit, die vor- und außereheliche Sexualkontakte verurteilte. In den Fällen, in denen es sich um Beziehungen zu Frauen aus Feindstaaten handelte, war das Fraternisieren mit dem Verdacht verknüpft, das eindeutige Feindbild der Soldaten könne dadurch Schaden nehmen oder es könnten ihnen gar zwischen den Bettlaken wichtige Informationen und Geheimnisse entlockt werden. Schließlich befürchtete die militärische Führung die Beeinträchtigung der Gesundheit der Soldaten durch die Verbreitung von Geschlechtskrankheiten.

Es überrascht deshalb nicht, dass in Deutschland (und wohl auch in anderen Staaten) die Armee versuchte, das Bordellwesen zu beaufsichtigen. Dabei wurde besonders auf die regelmäßige medizinische Untersuchung der Prostituierten geachtet. Frauen, die trotz Infektion Geschlechtsverkehr mit Soldaten hatten, wurden hart bestraft, egal, ob es sich explizit um Prostituierte handelte oder nicht. Andererseits wurden die Soldaten darüber informiert, wie sie sich gegen Geschlechtskrankheiten schützen konnten – eine gänzlich neue Art von Volksaufklärung, die indirekt zur Lockerung der rigiden Sexualmoral beitragen konnte.[49]

Der Krieg betraf Kinder und Jugendliche auf vielfältige Weise. Zunächst verloren sie temporär oder gar für immer wichtige v.a. männliche Bezugspersonen – Väter, Großväter, Brüder, Onkel, Lehrer etc. Für Deutschland ist die genaue Zahl der Kriegswaisen nicht bekannt. Schätzungen sprechen von sechs Millionen, jedoch dürfte diese Zahl sehr hoch gegriffen sein.[50] Selbst dann, wenn die Männer aus dem Krieg in die Familien zurückkehrten, waren sie meistens nicht mehr die, als die sie eingezogen worden waren. Man kann nur vermuten, wie sich die Rückkehr körperlich oder geistig Versehrter auf ihre Kinder auswirkte.

In Abhängigkeit von der Zugehörigkeit zu sozialen Klassen führte die mit dem Krieg einhergehende Verschlechterung der Lebensbedingungen und Ernährungsverhältnisse (v.a. ab 1916) bei Kindern und Jugendlichen zu gravierenden gesundheitlichen Problemen. Untersuchungen und Veröffentlichungen hierzu wurden staatlicherseits allerdings nicht gestattet.[51] Familien mit geringen Einkommen waren immer mehr auf die Beteiligung ihrer Kinder am Überlebenskampf angewiesen. Deshalb wurden 1917/18 in Deutschland vermehrt Kinder aus den Städten zu Bauern auf das Land verschickt.[52] Dies entspannte die Lebensmittelversorgung in den Städten, führte aber der Landwirtschaft auch billige Hilfskräfte zu.

Kinder und Jugendliche waren in vielfacher Form Ziele der

Kriegspropaganda. Spiele, Spielzeug, Kinderbücher etc. griffen die gängigen Feindbilder und nationalen Stereotype auf.[53] Inwiefern die Propaganda bei den Kindern wirklich verfing, kann nicht festgestellt werden. Vor voreiligen Schlüssen und Verallgemeinerungen sollte man sich hüten. Viele Heranwachsende sprachen die Parolen sicher nach, ohne sich viel dabei zu denken, andere mögen sich resistent gezeigt haben. Und im Verlauf des Krieges wurden viele sicherlich desillusioniert und nahmen eine distanzierte Stellung zu ihrer früheren Kriegsbegeisterung ein.

In den Schulen war der Krieg permanent und vielfältig präsent – selbst dann, wenn Unterricht ausfiel, weil Lehrer eingezogen wurden. Die Schüler brachten ihre familiären Erfahrungen – von der Einberufung der Verwandten bis zur Nachricht von deren Tod oder Verwundung – und das, was sie andernorts über den Krieg hörten und lasen, mit in den Unterricht. Und die Lehrer sowie die Schulbehörden sahen ihre Aufgabe darin, Schüler und Schülerinnen zu einer patriotischen Haltung zu erziehen. Ständig wurde über die aktuellen Kriegsereignisse gesprochen. Die Schüler durften sich in verschiedenen Fächern in kleinen »Kriegsvorträgen« üben. Es wurden »Fremdwörter-Strafkassen« in Klassen eingerichtet und gemeinsam »Kriegstagebücher« verfasst. Lehrer aus Feindstaaten durften an deutschen Schulen nicht mehr unterrichten, »Feindkinder« (davon waren v.a. russische Juden betroffen) nicht mehr den Unterricht besuchen.[54] Aufgabenstellungen wurden dem Krieg angepasst, z.B. im Mathematikunterricht: »Ein Maschinengewehr verfeuert in der Sekunde 8 Schuß. In welcher Zeit sind die 300 Stück Patronen eines Maschinengewehrstreifens verfeuert?« Und anlässlich mancher Siege gab es schulfrei – im Jahr 1915 in Hamburg immerhin an 9 und 1916 an 5 Tagen.[55]

Von Schulen wurden vielfältige Aktionen organisiert, um die Soldaten an der Front ein klein wenig zu unterstützen und die Not an der Heimatfront etwas zu lindern. So stellten beispielsweise Schülerinnen im Handarbeitsunterricht für die Soldaten Kleidungsstücke her, die als »Liebesgaben« an die Front verschickt wurden. In den Schulen war es auch allgemein üblich, die Schüler zum Sammeln von knappen Rohstoffen (z.B. Altmetall) oder von Lebensmitteln anzuhalten. Solche Unternehmungen waren sicherlich nicht besonders kriegswichtig, sie erfüllten aber die kriegsmoralisch wichtige Funktion, die nachwachsende Generation von klein auf praktisch in die Gemeinschaft des kriegführenden Volkes zu integrieren.

Je länger der Krieg dauerte, je mehr Familien von Tod und Leid betroffen waren und je schlimmer die Versorgungslage wurde, umso mehr gerieten gängige Erziehungs- und Sozialisationspraktiken unter die Räder. Immer mehr Kinder und Jugendliche schwänzten die Schule, nicht nur weil sie von ihren arbeitenden Müttern nicht mehr hinreichend beaufsichtigt wurden, sondern weil sie mit eingespannt waren in die familiären Überlebensstrategien (z.B. beim Anstehen vor Läden). Folgerichtig nahm auch die Kinder- und Jugendkriminalität zu und in der Öffentlichkeit wurde zunehmend über die »Verwahrlosung« der jungen Menschen geklagt. Diese Klage hatte noch einen anderen Aspekt: Die Jugendlichen machten nach dem Ende der Schulzeit schon bald die Erfahrung, wie sehr auch ihre (ungelernte) Arbeitskraft gebraucht und dementsprechend gut bezahlt wurde (mit bis zu 30 Mark pro Woche). Hieraus ergab sich ein wachsendes Selbstbewusstsein, das von älteren Arbeitern als respektlos und unmoralisch empfunden wurde. Gut verdienende Jugendliche wurden deshalb 1916 in manchen Armeekorpsbezirken sogar zum »Zwangssparen« verpflichtet, um ihre Kaufkraft, die sie gerne demonstrierten, abzuschöpfen. Einen anschaulichen Eindruck von dem zwischen Kriegseuphorie und Desillusionierung schwankenden Leben und Heranwachsen Jugendlicher in einer deutschen

Kleinstadt während des Ersten Weltkriegs vermittelt der stark autobiographische Roman *Jahrgang 1902* (1928) von Ernst Glaeser.

Das war alles keine deutsche Besonderheit. Auch bei den Alliierten wurde der Schulalltag auf den Krieg hin orientiert. Der französische Unterrichtsminister äußerte beispielsweise in einem Rundschreiben an die Lehrer im September 1914, er könne sich nicht vorstellen, dass auch nur ein einziger französischer Lehrer »trotz des Krieges seine Lektionen unverändert an die Schüler weitergibt und in solch entscheidender Zeit weiterhin die alten Aufgaben und Unterrichtsinhalte vermitteln möchte«[56].

Kriegsgegnerschaft und Kriegsmüdigkeit

Auch wenn sehr viele Menschen in den kriegführenden Staaten von der Notwendigkeit und Legitimität des Krieges überzeugt waren, so gab es doch auch zu Beginn des Kriegs schon einige wenige Ausnahmen. Im Verlaufe des Krieges wuchsen dann auf allen Seiten Unzufriedenheit und Kritik, wenn auch aus verschiedenen Gründen, zu unterschiedlichen Zeitpunkten und mit unterschiedlichen Folgen.

Pazifisten

In Deutschland und Österreich-Ungarn gab es eine kleine Schar bürgerlicher Pazifisten. Am bekanntesten war die Österreicherin Bertha von Suttner, die 1905 für ihr Lebenswerk, zu dem u. a. der Roman *Die Waffen nieder!* und die Gründung der Deutschen Friedensgesellschaft (1892) zählten, den Friedensnobelpreis erhalten hatte. Sie starb wenige Wochen vor Beginn des Ersten Weltkriegs. Mit dem 1901 gestifteten Preis wurden in den Jahren vor dem Weltkrieg primär Vertreter von Organisationen ausgezeichnet, die sich für Institutionen und Verfahren zwischenstaatlicher Schiedsgerichtsbarkeit einsetzten. Unter diesen Pazifisten gab es zwei Strömungen. Die einen vertraten einen ethischen Pazifismus, der auf moralischen Prinzipien als Grundlage zwischenstaatlichen Handelns insistierte und davon ausging, dass Kriegen durch erzieherische und kulturelle Einwirkung auf die Menschen entgegengewirkt werden könne. Die anderen empfanden diese Hoffnung zunehmend als unrealistisch, weil ihr das faktische Verhalten der imperialistischen Mächte offensichtlich widersprach. Sie gingen davon aus, dass nicht so sehr an die Moral zu appellieren sei, sondern dass ein Verzicht auf kriegerisches Handeln sich aus der Einsicht ergeben müsse, wie eng die moderne Welt ökonomisch und technisch verflochten sei und wie sehr es deshalb notwendig sei, das Völkerrecht auszubauen und zwischenstaatliche Schiedsinstitutionen einzurichten. Die Idee eines solchen »wissenschaftlichen« oder »organisatorischen Pazifismus« wurde hauptsächlich von dem Österreicher Alfred Hermann Fried (Friedensnobelpreisträger 1911) entwickelt und von ihm in dem *Handbuch der Friedensbewegung* (1905) dargelegt. Ähnliche Gedanken einer rationalistisch-utilitaristisch begründeten Kriegsgegnerschaft entwickelte wenige Jahre später der britische Schriftsteller Norman Angell in seiner auch in Frankreich und den USA viel beachteten Schrift *The Great Illusion* (1909/10).[1]

Der »Deutschen Friedensgesellschaft« gehörten vor dem Krieg nach eigenen Angaben ca. 10 000 Personen an.[2] Seit Mai 1914 war Ludwig Quidde, ein linksliberaler Historiker und Publizist, Vorsitzender der Organisation. Quidde stand den Positionen der »organisatorischen Pazifisten« eher skeptisch gegenüber und vertrat die Ansicht, dass die Überwindung des Krieges letztlich doch von der moralischen Entscheidung der verantwortlichen Politiker abhänge. In den Reihen der DFG ging man gutgläubig davon aus, dass es den Politikern grundsätzlich und letztendlich doch auch um den Erhalt des Friedens gehen müsse, und richtete deshalb moralische Appelle an sie. Von den konservativen Parteien und den Nationalliberalen in Deutschland wurden pazifistische Ideen – egal welcher Prägung – hingegen entschieden zurückgewiesen. Nur unter den Linksliberalen und den Zentrumspolitikern gab es einige wenige Politiker, die keine Berührungsängste hatten.

Zu Kriegsbeginn teilte die DFG die Auffassung, Deutschland führe einen legitimen Krieg, weil es sich gegen eine Aggression von außen verteidige. Im »Zweiten Kriegsflugblatt der Deutschen Friedensgesellschaft« vom 15. August 1914 hieß es, die Organisation habe »stets das Recht und die Pflicht der nationalen Verteidigung anerkannt«. Jetzt sei Deutschland bedroht und befände sich »in einem schicksalsschweren Kampf«. Deshalb werde auch ein Pazifist »seine Pflichten gegenüber dem Vaterlande genau wie jeder andere Deutsche« erfüllen und sich dabei »an patriotischer Hingabe« nicht übertreffen lassen. Der Pazifist hege dabei die Hoffnung, dass am Ende ein Friede geschlossen werde, »der nicht den Keim neuer Kriege in sich trägt, sondern den Weg öffnet für eine dauernde Friedens- und Rechtsgemeinschaft der europäischen Kulturnationen«[3].

Bald kamen die deutschen Pazifisten aber zu der Überzeugung, der Krieg sei auf das Versagen und die Unfähigkeit aller beteiligten Staaten zurückzuführen. Deshalb forderten sie die Regierungen zu ehrlichen Friedensverhandlungen mit dem Ziel einer Rückkehr zu den Vorkriegsgrenzen auf. Ferner diskutierten sie Modelle und Ideen, wie ein Frieden durch Rüstungsbegrenzungen, internationale Schiedsgerichte und kulturelle Verständigung gesichert werden könnte. Von diesen pazifistischen Kräften, die penibel überwacht, kontrolliert, zensiert und, falls es nötig erschien, inhaftiert wurden, gingen aber keine entscheidenden Impulse für eine Beendigung des Krieges aus, weil sie über keine massenhafte Verankerung in der Gesellschaft verfügten.[4]

Arbeiterbewegung

Sozialisten aus verschiedenen Ländern, die trotz des Zusammenbruchs der Zweiten Internationale zu Kriegsbeginn an der Idee der internationalen Solidarität der Arbeiterparteien festhielten, mussten erst allmählich wieder Kontakte zueinander knüpfen. Im September 1915 fand in der Schweiz in dem Dorf Zimmerwald bei Bern erstmals wieder eine internationale Versammlung von Sozialisten statt. Am Ende der geheimen Konferenz, an der sich 37 Personen aus 12 Ländern beteiligten, wurde das »Zimmerwalder Manifest« verabschiedet, in dem ein Frieden ohne Annexionen und Reparationen auf der Grundlage des Selbstbestimmungsrechts der Völker gefordert wurde. Zu den Teilnehmern gehörte auch Lenin, unter dessen Einfluss mehrere Delegierte (»Zimmerwalder Linke«) einen antimilitaristischen und revolutionären Kurs befürworteten, der die Aufkündigung des Burgfriedens, den Bruch mit den sogenannten »Sozialpatrioten« und die Überführung des Kriegs in einen Bürgerkrieg umfasste.

In der deutschen Arbeiterbewegung gab es zu Beginn des Krieges nur sehr wenige Personen, die dem Kriegskurs der Regierung offen entgegentraten. Sie waren selbst von der weitgehend geschlossenen Zustimmung ihrer Organisationen zu dem Krieg überrascht und mussten sich erst nach und nach über die neue Situation und über das weitere Vorgehen verständigen. Leitfigur dieser politischen Strömung innerhalb der deutschen Sozialdemokratie war Karl Liebknecht, Sohn des Parteigründers Wilhelm Liebknecht und expliziter Gegner des Militarismus. Er beugte sich zunächst im August 1914 der Partei und stimmte als Reichstagsabgeordneter den Kriegskrediten zu, obwohl er tags zuvor noch mit 13 andern Abgeordneten in einer Sitzung der SPD-Reichstagsfraktion dagegengestimmt hatte. Vier Monate später sprach er sich aber als einziger Abgeordneter gegen weitere Kredite aus. Zwar blieb er zunächst noch SPD-Mitglied und Abgeordneter, nahm aber nun eine deutliche Außenseiterposition ein. Die entschiedenen Kriegsgegner aus dem Milieu der Arbeiterbewegung, zu denen auch die Publizistin Rosa Luxemburg zählte, sammelten sich mit Liebknecht ab Anfang 1916 in der »Gruppe Internationale«, dann in der »Spartakusgruppe«. Sie griffen die Burgfriedenspolitik der SPD scharf an und propagierten ein internationales Vorgehen der Arbeiterklasse gegen die »imperialistischen Kriegsmächte«. Wenig später wurde Liebknecht zusammen mit 19 anderen Abgeordneten, die wie er im Dezember 1915 gegen die Kriegskredite gestimmt hatten, aus der SPD-Fraktion ausgeschlossen. Nach einer weiteren Abstimmung über Kriegskredite im März 1916 spaltete sich von der SPD-Reichstagsfraktion die »Gruppe Haase« ab. Hugo Haase, seit 1911 einer der zwei Vorsitzenden der SPD, hatte am 24. März gegen die Annahme des Not-Etats gestimmt. Als Liebknecht am 1. Mai 1916 auf einer Antikriegsdemonstration in Berlin unter der Parole »Nieder mit dem Krieg! Nieder mit der Regierung!« sprach, wurde er verhaftet und wenig später wegen »Hochverrats« zu 4 Jahren Haft verurteilt. Am 1. Juni 1916, dem Eröffnungstag des Prozesses, kam es in Berlin zu einer unerwartet großen Solidaritätsdemonstration, an der sich 50 000 Menschen beteiligten. Ähnlich wie Liebknecht verbrachte auch Rosa Luxemburg seit Anfang 1915 die meiste Zeit im Gefängnis, weil sie wegen »hochverräterischer« Reden verurteilt worden war.

Im Zuge der Debatte um den U-Boot-Krieg und um die Zukunft Russlands entstand im April 1917 aus der »Gruppe Haase« die neue »Unabhängige Sozialdemokratische Partei Deutschlands« (USPD), der sich auch der Spartakusbund anschloss. Sie trat im Reichstag für ein sofortiges Ende des Krieges, für einen Verständigungs- und gegen einen Sieg- und Annexionsfrieden ein und lehnte deshalb sowohl die »Friedensresolution« vom 19. Juli 1917 als auch den Vertrag von Brest-Litowsk ab. Dem Parteivorstand der SPD machten sie den Vorwurf, die SPD ins »Regierungsfahrwasser« geführt und oppositionelle Parteimitglieder widerrechtlich aus der Partei »ausgestoßen« zu haben.[5] Der Vorstand der SPD warf seinerseits den »Unabhängigen« vor, ihnen fehle das Verständnis für die Lage, »in der sich unser Land und Volk in diesem Existenzkampf gegen die größten Weltreiche, gegen eine ungeheure Übermacht von Gegnern befand und noch immer befindet«. Sie wichen der Grundfrage, »der klaren Stellungnahme zur Landesverteidigung«, aus und übersähen, dass die Alliierten im Fall eines Sieges Deutschland Opfer auferlegen würden, »die den Ruin der deutschen Industrie und des deutschen Welthandels zur Folge hätten«[6]. Schlussendlich bezahlte die SPD ihre Zustimmung zu dem Krieg also mit der Abspaltung radikalerer Kräfte, aus deren Reihen dann Anfang 1919 die Kommunistische Partei Deutschlands hervorging. Dass die radikaleren Kräfte über weite Strecken des Krieges keinen größeren Einfluss gewannen, war sicherlich auch ihrer intensiven Beobachtung und Verfolgung durch Staat und Militär zuzuschreiben. Streikführer, »Agitatoren«, Flugblattverteiler etc. mussten immerzu mit harten und schnell verhängten (Gefängnis-)Strafen oder mit der Einziehung zum Militär und der Entsendung an die Front rechnen.[7]

Eine besondere Rolle bei der Domestizierung des wachsenden Unmutes in der Arbeiterschaft während des Krieges spielten die Gewerkschaftsführungen. Sie entwickelten sich mehr und mehr zu einem unentbehrlichen Vermittler zwischen einer zunehmend unzufriedenen Arbeiterschaft und den Unternehmen und wurden in eben dieser Rolle auch anerkannt. Bestes Beispiel ist ihre bereits erwähnte Berücksichtigung im Zuge des Hilfsdienstgesetzes von 1916. Es schrieb die neuen Arbeiter und Angestelltenausschüsse vor, die die Rechte der Zwangsverpflichteten sichern und die Arbeitsbedingungen überwachen sollten. Streitfälle konnten vor eine paritätisch aus Arbeitnehmern und Arbeitgebern besetzte Schiedsstelle gebracht werden. Für die Benennung der Arbeitnehmervertreter in den Ausschüssen und in den Schiedsstellen wurde den Gewerkschaften das Vorschlagsrecht zugesprochen. Im Zusammenhang mit dem Hilfsdienstgesetz trat auch erstmals ein Gewerkschaftsvertreter in das Kriegsamt ein.

Simulieren, desertieren, kapitulieren

Trotz aller öffentlichen Propaganda und Kriegsbegeisterung waren nicht alle Soldaten bereit, im Kampf für das Vaterland Gesundheit und Leben zu riskieren. Man musste kein expliziter Kriegsgegner oder Pazifist sein, um nach Möglichkeiten zu suchen, wie man sich dem Gemetzel ganz oder zumindest zeitweise entziehen konnte. Brachte doch die allseits propagierte und erwartete Bereitschaft, sich bedenkenlos für die Nation aufzuopfern, die Angst vor dem Tod und den Überlebenswillen nicht zum Verschwinden. Hieraus resultierten vielfältige Wege, wie man sich der Gefährdung ganz oder zumindest zeitweise zu entziehen suchte. Solche Wege konnten gegen eindeutige staatliche Gesetze und Vorschriften verstoßen und wurden von den militärischen Führungen konsequent verfolgt und hart bestraft. Andere Möglichkeiten, sich zu »drücken«, verstießen zwar nicht gegen das Recht, waren aber zumindest moralisch verpönt. Sie reichten von der Flucht ins neutrale Ausland, um sich dem Gestellungsbefehl zu entziehen, bis zu dem Bemühen um eine Dienststelle oder einen unabkömmlichen Arbeitsplatz fernab der Front in der Etappe oder gar in der Heimat. Manche Wehrpflichtige und Soldaten versuchten, sich durch die Simulation von Krankheiten und Gebrechen dem Einsatz an der Front zu entziehen, hatten damit aber bei den misstrauischen Militärärzten kaum Erfolg. Andere Soldaten fügten sich selbst gravierende Verletzungen zu, um als kriegsuntauglich eingestuft zu werden. Auch sie mussten damit rechnen, der Selbstverstümmelung überführt und bestraft zu werden.

Die Gesetze, die die männlichen Bürger zum Kriegsdienst zwangen, sahen eine Verweigerung nicht vor. Lediglich in Großbritannien und in den USA, wo erst im Verlauf des Kriegs (1916 bzw. 1917) die allgemeine Wehrpflicht eingeführt wurde, war die Situation anders. In Großbritannien bestand die Möglichkeit, den Kriegsdienst aus Gewissensgründen zu verweigern, allerdings musste man sich vor einem Tribunal rechtfertigen. Einen entsprechenden Antrag stellten ca. 16 000 Männer. Von ihnen traten ca. 10 000 einen Dienst ohne Waffe an. Ungefähr 6000 verweigerten auch den waffenlosen Dienst und wurden deshalb zu Gefängnisstrafen verurteilt. In den USA waren Mitglieder religiöser Sekten, die pazifistische Prinzipien vertraten, vom Kriegsdienst ausgenommen. Von insgesamt 65 000 entsprechenden Anträgen wurden ca. 57 000 anerkannt.[8]

Die Desertion oder »Fahnenflucht«, d. h. die nichtgenehmigte Entfernung eines Soldaten von seiner Einheit, kam während des größten Teils des Krieges bei allen Armeen verhältnismäßig selten vor. Schätzungen gehen beispielsweise für Deutschland von 100 000 Deserteuren während des gesamten Krieges aus.[9] Unter den Bedingungen des Stellungskrieges fiel das Desertieren direkt an der Front verhältnismäßig schwer. Häufiger kam es deshalb vor, dass Soldaten auf dem Weg an die Front, in der Etappe oder auf Heimaturlaub zeitweilig untertauchten. In Anbetracht der vielen Kontrollen durch die Militärpolizei und der Kriegsbefürwortung in weiten Kreisen der Bevölkerung war dies aber ein recht riskantes Unterfangen. Es war sehr schwierig, sich die diskrete Unterstützung, die man dafür benötigte, zu verschaffen, zumal dann, wenn man sich endgültig von der Truppe entfernen wollte. In größerem Ausmaß kam es erst zu Desertionen, wo sich unter den Soldaten die Auffassung verbreitete, die militärische Lage sei aussichtslos. So geschah es beispielsweise in der russischen Armee im Sommer 1917, im deutschen Heer im Spätsommer 1918 und in der österreichisch-ungarischen Armee im Herbst 1918.

Ein weiterer (scheinbarer) Ausweg, um der Hölle an der Front zu entgehen, war die Kapitulation: Man ergab sich kampflos dem Feind und wurde zum Kriegsgefangenen. Das widersprach dem von oben geforderten soldatischen Ehrenkodex. Es war auch mit der Ungewissheit verbunden, ob der Feind einem mitten in der Schlacht überhaupt die Gelegenheit einräumte, sich zu ergeben. In nicht wenigen Fällen wurden Kapitulierende einfach massakriert, weil der aufgeputschte Vernichtungswille überwog.[10] Kapitulation bedeutete auch eine ungewiss lange und unangenehme Internierung in Kriegsgefangenenlagern, in denen die Überlebenschancen wegen mangelnder Hygiene, schlechter Ernährung und Belastungen durch Zwangsarbeit sehr unterschiedlich sein konnten. So war die Sterblichkeitsrate von Soldaten der Mittelmächte in russischen Lagern im Vergleich zu westeuropäischen Lagern relativ hoch. Aber auch in habsburgischen Lagern wurde italienischen und serbischen Gefangenen das Leben zur Hölle gemacht. Zudem war die Kapitulation mit der Ungewissheit verbunden, welche Konsequenzen einen möglicherweise nach dem Kriegsende im Heimatland erwarteten. Sahen sich doch Kriegsgefangene bei ihrer Heimkehr nicht selten dem Verdacht ausgesetzt, dem entscheidenden Kampf aus dem Weg gegangen zu sein. Immerhin konnten die Gefangenen über das Schweizer Rote Kreuz in Genf Kontakte zu Familienangehörigen in ihren Heimatländern herstellen und über diesen Weg auch Briefe und Pakete empfangen.

Friedensbestrebungen und Risse im Burgfrieden und in der *Union sacrée*

Offizielle und inoffizielle Sondierungen des Deutschen Reiches nach den Möglichkeiten eines Separatfriedens mit verschiedenen feindlichen Staaten oder eines allgemeinen Friedens gab es seit 1914, sie blieben jedoch ohne Ergebnis. Größere Bedeutung kam der offenen Friedensnote der Mittelmächte vom 12. Dezember 1916 zu, die aber von den Alliierten Ende Dezember ebenso als unannehmbar zurückgewiesen wurde wie Wilsons Friedensnote vom 18. Dezember 1916. Unter dem Eindruck der Februarrevolution in Russland und der Abspaltung der USPD forderte die SPD am 19. April 1917 erstmals einen Kompromissfrieden ohne Annexionen und Kontributionen. Dagegen erhob das rechte Lager mit den Deutschnationalen und dem rechten Flügel der Nationalliberalen vehement Widerspruch, weil darin eine entscheidende Schwächung der deutschen Verhandlungsposition gesehen wurde. Kanzler Bethmann Hollweg nahm eine vermittelnde Position ein, wodurch die ohnehin schon große Unzufriedenheit mit seiner Politik bei der Generalität und im rechten Lager wuchs. Er wurde wegen seiner angeblich viel zu zaghaften Politik für den enttäuschenden Verlauf des U-Boot-Krieges und für die Verschlechterung der Stimmung in der Bevölkerung verantwortlich gemacht. Am 13. Juli 1917 musste er auf Verlangen der OHL – Ludendorff hatte einen Tag zuvor ultimativ mit seinem Rücktritt gedroht – zurücktreten. Georg Michaelis, bis dahin preußischer Staatskommissar für Volksernährung, wurde als eine Art »Verlegenheitslösung«[11] neuer Reichskanzler. Er setzte den Bestrebungen der OHL keinen Widerstand entgegen. Faktisch war die Macht zur Ernennung des Kanzlers vom Kaiser auf die OHL bzw. Ludendorff übergegangen. Spätestens ab diesem Zeitpunkt übte Ludendorff eine »heimliche Diktatur« über Deutschland aus.

Am 19. Juli 1917 verabschiedete eine Mehrheit des Deutschen Reichstags eine »Friedensresolution«, die zwar außenpolitisch keine Auswirkungen hatte, innenpolitisch jedoch einen wichtigen Schritt zur Aufweichung des Burgfriedens darstellte. Die Resolution war auf Initiative des neuen »Interfraktionellen Ausschusses« zustande gekommen, dem die Mitte-Links-Parteien angehörten. In dem Abstimmungsergebnis von 216 (Zentrum, MSPD und Fortschrittliche Volkspartei) zu 123 (Konservative und Nationalliberale) Stimmen (bei 17 Enthaltungen der USPD) spiegelte sich auf der parlamentarischen Ebene die Uneinigkeit zwischen Vertretern eines Verständigungsfriedens und Vertretern eines Siegfriedens wider. In der Resolution hieß es, der Reichstag erstrebe »einen Frieden der Verständigung und der dauernden Versöhnung der Völker«. Mit diesem Ziel seien »erzwungene Gebietserwerbungen und politische, wirtschaftliche oder finanzielle Vergewaltigungen« nicht vereinbar.[12] Im Reichstag hatte sich damit eine neue Mehrheit gebildet, die zum Kriegsende hin eine immer größere Rolle spielte und schon klar die Konturen der späteren Weimarer Koalition aufwies.

Wegen der zunehmenden Aufweichung des Burgfriedens und der, bis weit ins bürgerliche Lager hinein, wachsenden Bereitschaft zu einem »Verständigungsfrieden« sorgten sich OHL und nationalkonservative Kreise um die Akzeptanz ihrer weitgesteckten Kriegsziele. Deshalb wurde unter maßgeblicher Mitwirkung von Großadmiral Alfred von Tirpitz und des ostpreußischen Generallandschaftsdirektors Wolfgang Kapp Anfang September 1917 die »Deutsche Vaterlandspartei« ins Leben gerufen. Die Partei, die sich das Vorhaben einer »Zusammenfassung aller vaterländischen Kräfte ohne Unterschied der politischen Parteistellung« zum Ziel setzte, sprach sich explizit gegen einen Verständigungsfrieden und für Annexionen und Entschädigungen aus, damit Deutschland aus dem Krieg wirtschaftlich und politisch stärker als England und Frankreich hervorgehe. Man solle keine »Nervenschwäche« zeigen und habe »willig Not und Entbehrungen zu tragen«, damit das deutsche Volk einen »Hindenburg-Frieden« erreiche, »der den Siegespreis ungeheurer Opfer und Anstrengung heimbringt«. Die neue Partei verzeichnete einen äußerst regen Zulauf. Nach eigenen Angaben gehörten ihr im September 1918 800 000

Personen an. Auch die Einführung des »Vaterländischen Unterrichts« ist als Reaktion konservativer Politiker und Militärs auf die Friedensresolution zu betrachten. Nach der von Ludendorff verfassten Schrift *Leitsätze für den Vaterländischen Unterricht* sollten vor allem mit Broschüren und Filmen der Durchhaltewillen und die Moral gestärkt werden. Eigens zu diesem Zweck wurde das Bild- und Filmamt (BuFa) ins Leben gerufen, aus dem später die UFA hervorging (s. o.). Im Dezember 1918 löste sich die DLVP auf, weil ihr Ziel mit dem Abschluss des Waffenstillstandes hinfällig geworden war. Viele ihrer Mitglieder traten der bürgerlich-nationalkonservativen DNVP bei, die nach dem Krieg zum Sammelbecken restaurativer und monarchischer Kreise wurde, es aber vermied, offen als Fortsetzung jener durch die Revolution diskreditierten Kräfte aufzutreten, die während des Krieges den Siegfrieden propagiert hatten.[13]

Auch in Frankreich zeigten sich 1917 größere Risse in der *Union sacrée*. Unter dem Druck einer wachsenden Zahl von Kriegsgegnern in den eigenen Reihen ergab sich bei den Sozialisten eine Verschiebung hin zu solchen Positionen, die sich, gemäß russischen Vorschlägen, mit den Sozialisten aller kriegführenden Länder auf Friedensbedingungen verständigen wollten. Regierung und Militär befürchteten eine Destabilisierung der Front und untersagten es deshalb der französischen Sektion der Internationale, Delegierte zu der von niederländischen Sozialisten initiierten Stockholmer Friedenskonferenz zu entsenden. Damit stand das Ende der *Union sacrée* fest, weil die Sozialisten diese Maßnahme als Eingeständnis betrachteten, dass der französische Staat an einer raschen Beendigung des Krieges nicht interessiert sei, sondern expansionistische Ziele verfolge. Die politische Polarisierung zwischen nationalistischen Kräften einerseits und pazifistisch-sozialistischen Kräften andererseits wuchs. Die Sozialisten schieden aus der

Regierung aus. Es war nur konsequent, dass im November 1917 mit Georges Clemenceau ein militant-autoritärer Republikaner, der der Arbeiterbewegung ablehnend gegenüberstand, zum Ministerpräsidenten berufen wurde. Als politisches Urgestein der Dritten Republik appellierte er erfolgreich an die Vaterlandsliebe und die Opferbereitschaft der Bürger und griff Pazifisten und Defätisten heftig an. Parallelen zu der Entwicklung in Deutschland, wo Ludendorff kurz zuvor eine Art Militärdiktatur errichtet hatte, sind unübersehbar. Clemenceau nahm schrittweise stärkeren Einfluss auf militärische Operationen und effektivierte die Kriegswirtschaft. Vom Parlament wurden ihm im Februar 1918 außerordentliche Vollmachten bei Fragen der Ernährung und der Kriegsführung zugestanden. Eine neuerliche Streikwelle im Frühjahr 1918, die dieses Mal weniger von dem konkreten Kriegsgeschehen als vielmehr von Sorgen der Arbeiter in den Betrieben motiviert war, konnte relativ schnell beendet werden. Vor der letzten großen Gegenoffensive des Krieges im Juli 1918 war die Kriegsmoral in der französischen Gesellschaft wieder relativ intakt.[14]

Im Deutschen Reich wurde die innere Einheit vor allem nach den großen und verlustreichen Schlachten des Jahres 1916 auch von unten in Frage gestellt. In Briefen von Soldaten in die Heimat wurde dazu aufgerufen, keine weiteren Kriegsanleihen zu zeichnen, weil dadurch nur der blutige Krieg verlängert werde.[15] In der Heimat war es die Unzufriedenheit mit den Lebensbedingungen, die Teile der Bevölkerung zu Protesten und Streiks veranlasste. Schon im Sommer und Herbst 1916 kam es vereinzelt zu spontanen »Hungerkrawallen«, an denen auch viele Frauen und Jugendliche beteiligt waren. Im April und Mai 1917 durchlief eine Streikwelle in Rüstungsunternehmen das Deutsche Reich. Sie ging von Protesten gegen eine Kürzung der Verpflegungsrationen aus, griff aber bald auch politische Forderungen auf, z. B. die nach einem Frieden ohne Annexionen und nach dem Ende des Belagerungszustandes. Im Juli 1917 verweigerten erstmals Matrosen auf drei Schiffen der Hochseeflotte in Wilhelmshaven Befehle, weil sie gemeinsam mit Werftarbeitern eine Friedensdemonstration durchführen wollten.[16] Der Berliner Polizeipräsident erstattete Mitte Juli 1917 dem preußischen Innenminister einen Bericht über die explosive Stimmung in der Bevölkerung, die der schlechten Versorgung mit Lebensmitteln geschuldet sei: Brotrationen waren gekürzt worden, Kartoffeln waren ganz vom Markt verschwunden, Obst und Gemüse waren knapp und sehr teuer und für den Winter war schon wieder eine Kohlenknappheit absehbar.[17]

Die Streiks und Ausschreitungen, zu denen es dann im Januar 1918 in einigen Großstädten und industriellen Zentren kam und an deren Entstehung weder die Gewerkschaften noch die SPD mitgewirkt hatten, besaßen einen anderen Charakter: Sie entstanden, weil eine breitere Strömung innerhalb der Arbeiterschaft, angeführt von den USPD-nahen »Revolutionären Obleuten«, bessere Lebens- und Arbeitsbedingungen, ein Ende des Krieges und eine Demokratisierung von Staat und Gesellschaft forderte. An den Streiks, deren Schwerpunkt in Berlin lag, nahmen immerhin ca. eine Million Arbeiter teil. In den Protesten zeigte sich eine politische Stimmung innerhalb der Arbeiterschaft, die auf einen sofortigen Verständigungsfrieden ohne gegenseitige Annexionen und Demütigungen ausgerichtet war. Größeren Teilen der Bevölkerung war ein bedingungsloser Friedensschluss offenbar wichtiger als expansionistische Ziele, wie sie die deutsche Regierung in den Verhandlungen in Brest-Litowsk durchsetzen wollte. Die Streikenden befürchteten, wohl nicht ohne Grund, dass die überaus harten Bedingungen den Krieg an den verbleibenden Fronten eher verlängern und intensivieren würden, weil die Feinde Deutschlands sähen, womit sie im Fall eines deutschen Siegfriedens zu rechnen hatten.

Die Streiks und Massendemonstrationen bisher nicht bekannten Ausmaßes wurden mit Gewalt, Einzug zur Armee und Beschwichtigung durch sozialdemokratische Politiker und Gewerkschaftler unterbunden, so dass die deutsche Frühjahrsoffensive wie geplant begonnen werden konnte. Als auch diese Offensive keine Entscheidung brachte, verschlechterte sich die Kriegsmoral in der Heimat und an der Front weiter. Welche Stimmung im August 1918 unter den einfachen Soldaten herrschte, geht exemplarisch aus Feldpostbriefen hervor. Die Postüberwachungsstelle der 111. Bayerischen Infanteriedivision zitierte aus geöffneten Briefen: »Es wäre Zeit, daß unsere Regierung zum Frieden einlenkte, es kommen immer mehr Amerikaner herüber, und schließlich geht es uns doch dreckig; viele Hunde sind des Hasen Tod.« – »Der Krieg nimmt erst ein Ende, wenn die Großkapitalisten alle ums Leben gebracht werden.« – »Der Krieg wird nur für den Kapitalismus geführt; wenn man den Schwindel sieht, möchte man sonst was tun oder weglaufen.« – »Zu Hause müssen sie streiken, aber feste, und Revolution machen, dann muß es zum Frieden kommen. Wir hätten solchen schon 1916 haben können, wenn Hindenburg und Ludendorff nicht gewesen wären. Die Fliegerplage ist sehr groß, unsere Abwehrmaßnahmen sind völlig unzureichend.« – »Die Luft ist buchstäblich verpestet von englischen Fliegern, so daß man nicht begreift, woher die Zeitungen die vielen Heldentaten unserer Flieger kriegen«.[18] Und die Postüberprüfungsstelle der 6. Armee kam zur selben Zeit zu der Auffassung, dass die Soldaten das Interesse am Krieg verloren hätten und sie auf dem Standpunkt stünden »Ich drücke mich vor der Front, so gut ich kann«[19].

Kriegsende

Waffenstillstand

Solange zwischen den Kriegsparteien militärisch eine Patt-Situation bestand, war keine Seite ernsthaft zu Friedensverhandlungen bereit. Zwar gab es diverse Friedensinitiativen und -resolutionen von kriegführenden und nicht-kriegführenden Staaten und Organisationen, jedoch stießen sie bei den Gegnern auf keine Resonanz. Dies war insofern konsequent, als der Krieg ja schließlich nicht um konkrete Ziele, sondern um die Vormachtstellung auf dem europäischen Kontinent geführt wurde. Ein »Verständigungsfrieden« als Kompromiss zwischen Staaten, die einander damit als ebenbürtig akzeptierten, kam deshalb für die politischen und militärischen Führungen grundsätzlich nicht in Frage. Man setzte weiterhin darauf, militärisch doch noch einen entscheidenden Vorteil erringen zu können, von dem aus man dem Gegner dann die Bedingungen eines Friedensschlusses diktieren konnte. Dieses Ziel war im Prinzip auch durch den zu Kriegsbeginn zwischen den *Entente*-Mächten Frankreich, Russland und Großbritannien abgeschlossenen Vertrag von London vorgegeben, mit dem sie sich verpflichteten, keinen Separatfrieden abzuschließen.

Einen wichtigen Bezugspunkt für Friedensverhandlungen schuf die amerikanische Regierung, als sie Anfang 1918, 10 Monate nach ihrem Kriegseintritt, ihre Vorstellungen von einem Frieden veröffentlichte. Präsident Wilson nannte in einer Rede 14 Punkte, die über Vorschläge zur politischen Ordnung Europas nach dem Krieg weit hinaus gingen. Sie benannten auch Prinzipien, an denen sich in Zukunft die gesamte Weltpolitik ausrichten sollte. Zu diesen Grundsätzen gehörten die Öffentlichkeit von Verträgen und diplomatischen Verhandlungen, die Freiheit der Meere (jenseits der Territorialgewässer) in

Friedens- und Kriegszeiten, die Beseitigung wirtschaftlicher Schranken zwischen den Staaten, die kontrollierte Abrüstung der Staaten, der unparteiische Ausgleich aller kolonialen Ansprüche (inklusive der der indigenen Bevölkerungen) sowie die Gründung des Völkerbundes als Institution zur Regelung zwischenstaatlicher Konflikte. Bezüglich Europas verlangte Wilson den Rückzug Deutschlands aus den russischen Gebieten und aus Frankreich, die Rückgabe Elsass-Lothringens an Frankreich, die Wiederherstellung Belgiens, Serbiens, Montenegros und Rumäniens, die Abtretung italienischsprachiger Gebiete Österreichs an Italien, freiest mögliche Gelegenheit zu autonomer Entwicklung für die Völker Österreich-Ungarns, Selbstbestimmungsrecht für die nichttürkischen Völker des Osmanischen Reiches und die Etablierung eines unabhängigen polnischen Staates mit freiem Zugang zur Ostsee.

Wilsons Vorschläge spiegelten das während des Krieges gewachsene amerikanische Selbstbewusstsein wider, nunmehr die eindeutig größte und stärkste Wirtschaftsmacht der Welt zu sein. Als solche waren die USA bestrebt, günstige Bedingungen für ihr weiteres Wirtschaftswachstum durchzusetzen. Dies implizierte auch Gegensätze zu den Interessen der alliierten Mitstreiter, v.a. der alten Kolonialmächte England und Frankreich. Für die Gestaltung der politischen Landkarte Europas nach dem Krieg rückte Wilson das Selbstbestimmungsrecht der Völker in den Mittelpunkt, allerdings mit einer Reihe von Ausnahmen und Inkonsequenzen, die den eigenen Interessen und der Rücksichtnahme auf die Interessen der Verbündeten geschuldet waren. Mit Ausnahme Polens wurden die Völker des russischen Staates (z.B. im Baltikum oder in der Ukraine) nicht erwähnt, weil Washington offenbar noch nicht ausschließen wollte, dass das revolutionäre Russland doch noch auf der Seite der Alliierten den Krieg fortsetzen werde. Und bei allem Insistieren auf dem Selbstbestimmungsrecht war auch klar, dass die Mittelmächte im Fall ihrer Niederlage mit einer sehr restriktiven Auslegung ihres Rechts auf Selbstbestimmung zu rechnen hatten.

Ludendorff war schon kurz nach dem 8. August, dem »schwarzen Tag der deutschen Armee«, bewusst gewesen, dass der Krieg beendigt werden musste. Aber erst am 29. September 1918 tat die OHL den entscheidenden offiziellen Schritt und forderte die Regierung dazu auf, wegen der militärischen Lage und der Kriegsmüdigkeit sowohl bei den Soldaten als auch bei der Zivilbevölkerung die »sofortige Herausgabe des Friedensangebotes an unsere Feinde« auf der Basis der 14 Punkte von Wilson zu vollziehen. Der an sich monarchistisch eingestellten OHL war klar, dass gemäß der Forderung Wilsons ein solcher Waffenstillstand nur von einer parlamentarisch legitimierten Regierung abgeschlossen werden konnte. Ludendorff und anderen hohen Offizieren war diese Verschiebung der Regierungsgewalt vom Kaiser und den alten Führungseliten zum Parlament aber insofern sehr recht, als die Verantwortung für den verlorenen Krieg damit nicht von ihnen, sondern von zivilen Politikern aus dem Umkreis jener Parteien getragen wurde, die für einen Frieden ohne Annexionen eintraten. In den Augen der Militärs sollten diejenigen »die Suppe auslöffeln«, die angeblich die Kriegs- und die Heimatfront von innen geschwächt hatten. An der Regierung seien, so hieß es, unverzüglich »diejenigen Kreise« zu beteiligen, »denen wir es in der Hauptsache zu verdanken haben, daß wir soweit gekommen sind [...]. Die sollen nun den Frieden schließen, der jetzt geschlossen werden muß«[1]. Ludendorff griff damit auf seine Art das vage Versprechen einer stärkeren Parlamentarisierung auf, die Wilhelm II. 1917 mit seiner von Bethmann Hollweg angeregten »Osterbotschaft« in Aussicht gestellt hatte.

Auf der Basis dieser Überlegungen leitete man im Deutschen Reich die unverzügliche Parlamentarisierung der Regierung ein. Die politische Spitze, die bisher die OHL bedingungslos unterstützt hatte, wurde ausgetauscht. In einer Art »Revolution von oben« wurde Graf Hertling als Reichskanzler durch Prinz Max von Baden abgelöst, der schon länger für einen Verhandlungsfrieden plädiert und sich beim Deutschen Roten Kreuz für Kriegsgefangene eingesetzt hatte. Als Minister oder Staatssekretär ließen sich auch Politiker der Mehrheitsparteien (MSPD, Zentrum und Fortschrittspartei) in die Regierung einbeziehen, an deren Spitze jedoch immer noch ein vom Kaiser eingesetzter und nicht etwa ein vom Parlament gewählter Kanzler stand. Zum ersten Mal in der deutschen Geschichte traten mit Philipp Scheidemann und Gustav Bauer Sozialdemokraten als Staatssekretäre in eine Regierung ein.

Die neue Regierung war zwar von der desolaten militärischen Lage überrascht, tat aber unverzüglich, was von ihr erwartet wurde: Sie suchte am 3. Oktober bei den USA um Friedensverhandlungen und einen sofortigen Waffenstillstand nach. In den nächsten Tagen betonte sie aber auch – beschwichtigend gegenüber der aufgeregten eigenen Öffentlichkeit und drohend gegenüber den Alliierten –, den Krieg fortsetzen zu wollen, falls unannehmbare Waffenstillstandsbedingungen gestellt würden. Die OHL sprach sich nun, da der Schwarze Peter bei der Regierung lag, besonders vehement für einen »ehrenhaften Frieden« aus. Andernfalls müsse man eben einen »Endkampf« führen.

Es war spätestens ab Anfang Oktober 1918 abzusehen, dass sowohl die autokratische Herrschaft der Hohenzollern als auch die OHL unter Ludendorffs Führung das Kriegsende nicht überstehen würden. Im Verlauf des Oktobers eskalierten die Spannungen zwischen der Regierung, die auf diplomatischem Weg einen Waffenstillstand anstrebte, und der OHL, die dafür keine substantiellen Konzessionen eingehen wollte. Die Spannungen wurden durch insgesamt drei Noten des US-Präsidenten Wilson geschürt. Sie stellten mit zunehmender Deutlichkeit klar, dass Verhandlungen nur stattfinden würden, wenn Deutschland den U-Boot-Krieg aufgebe, die besetzten Gebiete räume und die Monarchie aufgebe. Wilson ließ am 23. Oktober nochmals explizit verlauten, in dem Kaiser und der OHL sehe er keinen Ansprechpartner für Friedensverhandlungen. Auch innerhalb der neuen Regierung kamen Stimmen auf, die eine Abdankung des Kaisers forderten, um schneller zu einem Frieden zu kommen und dem deutschen Volk härtere Friedensbedingungen zu ersparen.[2] Wilhelm II. begab sich deshalb auf Anraten Hindenburgs ins Hauptquartier der OHL im belgischen Spa.

Nachdem Ludendorff am 24. Oktober gegen den Willen der Regierung versucht hatte, einen Erlass zur Wiederaufnahme des Kampfes in Umlauf zu bringen, wurde er am 26. Oktober auf Verlangen des Kanzlers Max von Baden vom Kaiser zum Rücktritt gedrängt und setzte sich unmittelbar darauf nach Schweden ab. Hindenburg hingegen blieb (bis Juli 1919) weiterhin an der Spitze des deutschen Heeres. Neuer Generalquartiermeister wurde General Wilhelm Groener.

Auch für eine Demokratisierung der Reichsverfassung wurden nun die nötigen Schritte eingeleitet. Nachdem das preußische Herrenhaus am 24. Oktober mit der Abschaffung des Dreiklassenwahlrechts den Weg zu einem demokratischen Wahlrecht freigemacht hatte, verabschiedete der Reichstag am 28. Oktober eine Reform der Reichsverfassung. Die Regierung wurde gegenüber dem Parlament rechenschaftspflichtig und damit gegenüber Kaiser und Armee erheblich gestärkt. Auch wenn die so reformierte Verfassung nur eine kurze Lebensdauer hatte, so stellte sie doch die entscheidenden Weichen für die Abkehr von einem monarchischen und für die Hinwendung zu einer demokratisch-parlamentarischen Staatsform.

Zwischen den Alliierten herrschte keineswegs Einigkeit darüber, welche Bedingungen für einen Waffenstillstand festgesetzt werden sollten. Nachdem aber Wilson Deutschland dazu gebracht hatte, Bedingungen anzuerkennen, die faktisch einer Entwaffnung gleichkamen, akzeptierten auf der Pariser Konferenz vom 29. Oktober bis 4. November 1918 England und Frankreich weitgehend Wilsons 14 Punkte, wohl auch, um eine weitere Zunahme des amerikanischen Einflusses in Europa zu verhindern, die für den Fall einer Fortsetzung des Krieges absehbar war.[3] So zeichnete sich schon mit dem Waffenstillstand eine diplomatische Konstellation ab, die dann bei den Friedensverhandlungen dazu führte, dass die USA aus einer schwächeren Position als ihre europäischen Verbündeten agierten.

Die Vorgänge in Deutschland und die desolate militärische Lage führten zum Zusammenbruch Österreich-Ungarns. Es gelang nicht, Cisleithanien in einen Bund selbständiger Staaten zu überführen, wie es in dem Völkermanifest Wiens vom 16. Oktober vorgeschlagen wurde. Daraufhin konstituierte sich in Wien die Provisorische Nationalversammlung für Deutsch-Österreich (21. Oktober) mit dem Ziel, zumindest die Regionen mit mehrheitlich deutscher Bevölkerung in einem Staat zusammenzufassen. Am 26. Oktober stimmte das Habsburgerreich einem bedingungslosen Waffenstillstand zu und erklärte sich zu einem Separatfrieden bereit. Damit war der Verfall des Vielvölkerstaates definitiv nicht mehr aufzuhalten. Zwei Tage später riefen tschechische Politiker die Unabhängigkeit der Tschechoslowakei aus. Diesen Schritt hatten sie während des Krieges im Exil und im Untergrund mit Hilfe der Alliierten vorbereitet. Bis zur Oktoberrevolution hatte auf der Seite Russlands sogar eine eigene tschechische Legion gekämpft, deren Beteiligung am Krieg zur Berücksichtigung der Unabhängigkeitsbestrebungen nach einer Niederlage Österreich-Ungarns führen sollte. Ebenfalls am 28. Oktober entschloss sich Galizien, dem neuen polnischen Staat beizutreten. Rumänien übernahm am selben Tag die Macht in Siebenbürgen. Am 29. Oktober wurde für die ehemals österreichischen Provinzen des nordwestlichen Balkans der Staat der Slowenen, Kroaten und Serben ausgerufen, der sich schon bald mit Serbien vereinte und ab dem 1. Dezember 1918 in dem Staat der Serben, Kroaten und Slowenen (»Jugoslawien«) aufging. Als Ungarn dann am 31. Oktober offiziell die Personalunion mit Österreich aufkündigte, war das Ende der Doppelmonarchie besiegelt.

Novemberrevolution

In deutschen Offizierskreisen war im Herbst 1918 die auf traditionellen Ehrbegriffen basierende Auffassung weitverbreitet, man solle nicht auf die demütigenden Waffenstillstandsbedingungen der Alliierten eingehen, sondern lieber bis zum bitteren Ende weiterkämpfen. Diesem Standpunkt der puren Ehre entsprang am 25. Oktober 1918 der Beschluss der Seekriegsleitung, die Flotte zu einer letzten großen Seeschlacht gegen England auslaufen zu lassen. Gerüchte über die Absicht einer solchen »Todesfahrt« führten in den nächsten Tagen unter den kriegsmüden Mannschaften zu einer Welle von Befehlsverweigerungen, aufgrund derer das Vorhaben schließlich aufgegeben wurde. Auf den in die Häfen zurückbeorderten Schiffen wurde die Freilassung der Meuterer, denen drastische Strafen drohten, gefordert. Anfang November schlug in Kiel und Wilhelmshaven die Stimmung unter den Matrosen erstmals in offene Rebellion um: Gefangene wurden befreit, Offiziere entwaffnet. Die Widersetzlichkeiten griffen schnell auf die Stadt über, andere Soldaten weigerten sich, gegen die Matrosen vorzugehen und solidarisierten sich mit ihnen. Auch die Arbeiterschaft der Stadt unterstützte die Bewegung, zu deren Koordination ein Arbeiter- und Soldatenrat gebildet wurde.

Ungehorsam und Auflehnung gegen die bisherigen militärischen und politischen Autoritäten breiteten sich von den Marinehäfen aus über das ganze Land aus. An immer mehr Orten beanspruchten neu gebildete Soldaten- und Arbeiterräte die Macht. Die Aufstandsbewegung erreichte am 9. November die Hauptstadt Berlin. Um der revolutionären Stimmung entgegenzuwirken, ließ Kanzler Prinz Max von Baden eigenmächtig verlautbaren, der Kaiser habe sich entschlossen, »dem Thron zu entsagen«. Es sei beabsichtigt, Friedrich Ebert von der SPD zum Reichskanzler zu ernennen und Wahlen zu einer verfassungsgebenden Nationalversammlung vorzuschlagen. Gegen Mittag des 9. November übertrug Prinz Max von Baden das Amt des Reichskanzlers auf Friedrich Ebert, von dem bekannt war, dass er auch Führer der USPD in eine neue Regierung aufzunehmen bereit war. Ohne Rücksprache mit Ebert, der noch keine Entscheidung über die zukünftige Staatsform und die Stellung des bisherigen Kaisers in ihr treffen wollte, rief gegen 14 Uhr Philipp Scheidemann von einem Fenster des Berliner Reichstags aus die Republik aus. Er versicherte, der neuen Regierung würden »alle sozialistischen Parteien angehören«, und hob hervor, nun komme es auf Ruhe, Ordnung und Sicherheit an. Verfügungen und Anordnungen des Kriegsministers und des Oberkommandierenden seien zu respektieren, sofern sie von einem Mitglied der neuen Regierung gegengezeichnet seien.[4] Scheidemann kam mit seiner Proklamation der Republik der zwei Stunden später vom Berliner Stadtschloss aus erfolgten Ausrufung der »freien sozialistischen Republik« durch Karl Liebknecht zuvor. Noch am 9. November ging Wilhelm II. von Spa aus nach Holland ins Exil.

Am 11. November 1918 unterschrieb das Deutsche Reich, vertreten durch eine Kommission unter der Führung des Zentrumspolitikers Mathias Erzberger, in Compiègne im nordfranzösischen Département Oise den Waffenstillstand. Es akzeptierte damit strikte Bedingungen, die ihm eine Wiederaufnahme des Krieges unmöglich machen sollten: Umgehende Räumung der besetzten Gebiete (einschließlich Elsass-Lothringens) und Rückführung aller Truppen hinter die Grenzen von 1914 (bezeichnende Ausnahme: Russland), Räumung des linken Rheinufers und dessen Besetzung durch Alliierte, Verzicht auf die Friedensverträge von Brest-Litowsk und Bukarest, Ablieferung großer Mengen von Kriegsgerät (u. a. U-Boote und Flugzeuge) und Kriegsmaterial, Abrüstung und Kontrolle der Flotte. Um bis zum Abschluss eines Friedensvertrages weiterhin Druck auf das Deutsche Reich auszuüben, wurde die Seeblockade bis zum Abschluss der Pariser Vorortverträge mit Deutschland und Österreich im Sommer 1919 aufrechterhalten.

In den Wochen nach dem Kriegsende »verteidigte« die neue Regierung mit Hilfe der neu gegründeten paramilitärischen Freikorps, die zumeist aus zurückkehrenden, konservativ-monarchistisch eingestellten Soldaten gebildet wurden, die »Ordnung« im Land gegen die revolutionären Kräfte auf der Linken, die so revolutionär gar nicht waren. Weitergehende Eingriffe in die Eigentums- und Herrschaftsordnung sollten mit aller Macht verhindert werden.

Am Ende des Krieges waren in Deutschland sehr viele Menschen der Auffassung, dass der Krieg militärisch eigentlich gar nicht verloren gewesen sei. Hatte ihnen doch die Propaganda jahrelang die Lage viel positiver und hoffnungsvoller dargestellt, als sie in Wirklichkeit war. Außerdem war der Krieg ja seit mehr als vier Jahren fast vollständig außerhalb des eigenen Landes geführt worden. Kein einziger fremder Soldat stand am 11. November 1918 auf deutschem Boden, kein deutscher Landstrich war verwüstet. Angesichts dieser Situation war für viele derjenigen, die in dem bedingungslosen Einsatz aller für die Nation die Voraussetzung und das Mittel des Erfolgs sahen, schon der Gedanke an einen Kompromissfrieden defätistisch. In ihren Augen waren diejenigen, die nicht bereit waren, bis zum Letzten für den Sieg zu kämpfen, mindestens Feiglinge, wenn nicht Verräter an der Sache des Vaterlandes. Sie wollten nicht anerkennen, dass das, was ihnen jahrelang erzählt worden war und was sie geglaubt hatten, nicht zutraf: Dass nämlich der Sieg primär eine Frage persönlichen Einsatzes und persönlicher Fähigkeiten sei.

Friedensverhandlungen und Friedensverträge

Der Erste Weltkrieg wurde schließlich völkerrechtlich mit einer Reihe von Verträgen besiegelt. Die jeweiligen Verhandlungen, von denen die Verliererstaaten weitgehend ausgeschlossen waren, fanden an verschiedenen Orten rund um Paris statt. Der bekannteste dieser Verträge ist der von Versailles, der am 28. Juni 1919 unterzeichnet wurde und der die Bedingungen für Deutschland festlegte. Ebenfalls 1919 wurden in Saint-Germain-en Laye für Deutsch-Österreich und in Neuilly für Bulgarien Friedensverträge vereinbart. 1920 folgten in Trianon für Ungarn und in Sèvres für die Türkei entsprechende Verträge. Integraler Bestandteil aller Verträge war die Verpflichtung der Staaten auf die Satzung des neu gegründeten Völkerbundes und damit auf ein gemeinsames Regelwerk für den Fall zwischenstaatlicher Konflikte und Streitigkeiten.

Bei den Verhandlungen in Versailles zum Vertrag mit Deutschland trat die Orientierung an den 14 Punkten des amerikanischen Präsidenten Wilson mehr und mehr in den Hintergrund. In vielen Punkten setzte sich der französische Präsident Clemenceau durch. Ihm war daran gelegen, den östlichen Nachbarn langfristig politisch, militärisch und wirtschaftlich zu beschränken und Wiedergutmachungsleistungen (Reparationen) für die enormen Schäden zu erlangen, die Frankreich als Hauptkriegsschauplatz erlitten hatte. Aus der Sicht nicht weniger französischer (u. a. Pétain, Poincaré) und einiger amerikanischer Politiker und Militärs gingen die Waffenstillstands- und dann auch die Friedensbedingungen gegenüber Deutschland jedoch nicht weit genug. Sie sprachen sich deshalb dafür aus, den Krieg bis auf deutsches Territorium zu tragen, konnten sich aber damit nicht durchsetzen.[5]

Der Versailler Vertrag verpflichtete Deutschland u. a.

- zu Gebietsabtretungen: Elsass-Lothringen an Frankreich; Posen und Westpreußen an Polen; das Memelgebiet, das bis 1923 von Frankreich verwaltet, dann von Litauen annektiert wurde; das Hultschiner Ländchen an die Tschechoslowakei;
- zur Akzeptanz von Volksabstimmungen in einigen Gebieten über die staatliche Zugehörigkeit (Nordschleswig, Regierungsbezirk Marienwerder und Allenstein, Eupen-Malmédy, Oberschlesien, Saargebiet);
- zur »unabänderlichen« Anerkennung der Unabhängigkeit Österreichs;
- zur befristeten Hinnahme der Besetzung des linksrheinischen Gebietes (einschließlich der vier Brückenköpfe von Köln, Koblenz, Mainz und Kehl auf der rechten Rheinseite);
- zum Verzicht auf alle Kolonien; sie wurden als »Mandatsgebiete« des Völkerbundes betrachtet, gingen faktisch aber großenteils in die Macht Großbritanniens und Frankreichs über;
- zur Auslieferung des gesamten Kriegsmaterials, Auflösung der Großen Generalstabs, Aufhebung der allgemeinen Wehrpflicht und Anerkennung einer Obergrenze von 100 000 Mann für ein neues Landheer und von 15 000 Mann für eine neue Marine;

- zur Ablieferung größerer Handelsschiffe (über 1600 BRT), großer Mengen von Maschinen, Rohmaterialien, Lebensmittel etc.

Offengelassen wurde zunächst, in welcher Höhe Deutschland in den nächsten drei Jahrzehnten Reparationen in Geldform leisten sollte. Grundsätzlich wurde hierzu aber im »Kriegsschuldparagraph« § 231 festgelegt, dass »Deutschland und seine Verbündeten als Urheber aller Verluste und aller Schäden verantwortlich sind, welche die alliierten und assoziierten Regierungen und ihre Angehörigen infolge des ihnen durch den Angriff Deutschlands aufgezwungenen Krieges erlitten haben«. Zur Bestimmung der konkreten Höhe der Reparationen wurde eine Reparationskommission eingesetzt. Sie legte im Mai 1921 die Summe auf 132 Milliarden Goldmark fest.

»Schmachfrieden« – urteilten viele deutsche Bürger und Politiker, obwohl die Vertragsbedingungen das verbleibende ökonomische Potenzial der zweitgrößten Volkswirtschaft nicht ernsthaft gefährdeten. Dass Deutschland im Vertrag von Brest-Litowsk Russland weit härtere Bedingungen aufoktroyiert hatte, war schnell vergessen. Weit verbreitet war die Vorstellung, dass die Siegermächte nicht das moralische Recht hätten, den deutschen Staat in einem solchen Ausmaß zu beschneiden und zu beschränken und damit seine Machtbasis und sein zukünftiges Vorankommen zu schwächen. Viele enttäuschte deutsche Nationalisten standen deshalb dem neuen Staat, der Weimarer Republik, ablehnend gegenüber. Sie hielten ihn von vornherein nicht für willens und fähig, der Nation den Rang in der Welt zu verschaffen, der ihr nach ihrer Auffassung (immer noch) zustand. Für sie war es unbegreiflich, dass die Niederlage im entscheidenden Kampf um die Vorherrschaft auf dem europäischen Kontinent tatsächlich zu einem nachhaltigen Machtverlust für Deutschland geführt hatte. Aus ihrer Sicht resultierte die »Niederlage« auch nicht aus der militärischen Überlegenheit der Feinde, sondern aus dem fehlenden Siegeswillen des eigenen Volkes, der auch erst die »Novemberverbrecher« an die Macht gebracht habe. Unmittelbar nach dem Kriegsende kam deshalb die »Dolchstoßlegende« auf – die Vorstellung, »vaterlandslose Elemente« hätten mit Streiks und Unruhen die Heimatfront zersetzt und destabilisiert und seien dadurch den Kämpfern an der Front in den Rücken gefallen. Aus solcher Sicht erwuchs das politische Ziel, die nationale Einheit von Volk und Staat wiederherzustellen, um dann unter energischer Führung den verlorenen Status als Weltmacht wiederzuerlangen. An diese Vorstellung knüpften schon bald die Nationalsozialisten an und bauten sie zu ihrem nach innen und außen aggressiven politischen Programm aus.

Die Pariser Verträge fixierten nicht nur für Deutschland einschneidende neue Bedingungen staatlichen Handelns. Sie gestalteten auch die politische Landkarte von Ost- und Mitteleuropa ganz neu bzw. schrieben eine Gestaltung fort, die schon unter der deutschen Besatzung begonnen hatte. Die Westmächte sahen in dem bolschewistischen Russland aufgrund seiner antikapitalistischen Ausrichtung eine Gefahr für die innenpolitische Stabilität in anderen Ländern und für den Weltfrieden. Sie unterstützten deshalb nicht nur die »weißen Truppen« im russischen Bürgerkrieg, sondern waren auch daran interessiert, im östlichen Europa auf ehemals russischem Terrain eine Reihe von Staaten zu schaffen bzw. zu stärken, die als eine Art Quarantänegürtel (»cordon sanitaire«) gegen den revolutionären Bazillus fungieren sollte: Finnland, die baltischen Staaten (Estland, Lettland und Litauen), Polen und Rumänien. Dabei wurde fest damit gerechnet, dass das Selbstbestimmungsrecht, das diesen Staaten bzw. Völkern auf Kosten Russlands zugesprochen wurde, sie zu »natürlichen« Verbündeten der Westmächte machen werde.[6]

Auch das Territorium des ehemaligen Habsburgerreiches wurde dazu benutzt, neue Staaten zu schaffen und andere Staaten zu vergrößern. Österreich und Ungarn wurden jeweils zu Mittelstaaten degradiert und es wurde ihnen untersagt, ihre Herrschaft auf angrenzende Gebiete auszudehnen, in denen deutsch- bzw. ungarischsprachige Minderheiten lebten. Serbien, das trotz großer Verluste und Zerstörungen zu den Siegern des Krieges gehörte, wurde hingegen eine Ausdehnung über den Balkan zugestanden. Schon am 1. Dezember 1918 war das »Königreich der Serben, Kroaten und Slowenen« ausgerufen worden, zu dem auch Montenegro gehörte. Der neue multiethnische Staat wurde 1929 in »Jugoslawien« umbenannt und zerfiel erst in den ethnischen Bürgerkriegen der 1990er Jahre. Als gänzlich neuer Staat wurde die Tschechoslowakei anerkannt, ein gemeinsamer westslawischer Staat der Tschechen und Slowaken, der schon am 26. Oktober 1918 ausgerufen worden war und dem auch Gebiete mit größeren deutschen und ungarischen Minderheiten zugeschlagen wurden. Territoriale Zuwächse aus dem ehemaligen Habsburgerreich kamen auch Italien (Südtirol und Istrien), Rumänien (Siebenbürgen) und Polen (Galizien) zugute.

Auch der Türkei wurden mit dem Friedensvertrag von Sèvres (10. September 1920) harte Bedingungen auferlegt, zu denen erhebliche Gebietsabtretungen, wirtschaftliche Sonderrechte für *Entente*-Mächte und eine Kontrolle der Staatsfinanzen zählten. Gegen diesen Vertrag begehrte in der Türkei eine nationalrevolutionäre Bewegung auf, die sich schon vorher unter Mustafa Kemal (»Atatürk«) gebildet hatte. Ihr gelang es, griechische Truppen, die seit dem Frühjahr 1919 in den kontinentaleuropäischen Teil der Türkei und von Smyrna aus in die westliche Türkei eingedrungen waren, zurückzuwerfen. Im Frieden von Lausanne (24. Juli 1923) musste der Türkei die volle Souveränität in denjenigen Grenzen zugestanden werden, die sie bis dahin wiedergewonnen hatte. Was die Türkei allerdings grundsätzlich akzeptieren musste, waren die Mandate, die der Völkerbund 1920 für die arabischen Gebiete des vormaligen Osmanischen Reiches an Großbritannien (Mesopotamien bzw. Irak und Palästina) und Frankreich (Syrien und Libanon) vergeben hatte.

Der Krieg in der Rückschau

Der faktische Ausgang des Krieges bildete einen wesentlichen Bezugspunkt dafür, wie die Erinnerung an ihn in den Nationen und Gesellschaften geformt und gepflegt wurde. Bei Siegern und Besiegten entstanden jeweils spezifische Kulturen des Gedenkens und der Rückschau. Am Beispiel von Soldatenfriedhöfen und Denkmälern, von künstlerischen Verarbeitungen in Literatur und Film sowie von wissenschaftlichen Deutungen lässt sich dies besonders gut zeigen.

Friedhöfe und Denkmäler

Das öffentliche Gedenken an Bürger, die im Krieg »für das Vaterland gefallen« waren, ist eine Erscheinung des bürgerlich-demokratischen Zeitalters. In früheren Zeiten setzte man nach Kriegen den Feldherren und Herrschern Denkmäler, nicht aber einfachen Soldaten. Deren postume Wertschätzung und Ehrung ist vielmehr das Ergebnis eines politischen Systemwechsels, der mit der Französischen Revolution einsetzte und in dessen Verlauf Krieg zu einer Sache der Nation und ihrer Bürger wurde. Es ist deshalb wenig verwunderlich, dass die kriegführenden Staaten schon bald nach Kriegsbeginn Verwaltungsstellen gründeten, die sich damit befassten, wie die vielen Toten »würdig und angemessen« bestattet werden sollten. Dabei galt per definitionem jeder tote Soldat als »Held«, mochte er auch auf noch so jämmerliche Art ums Leben gekommen sein. Schon während des Krieges, erst recht aber danach wurde die brutale Wirklichkeit des Tötens und Sterbens ideell überhöht und zu einem Mythos des Kampfes und der Aufopferung für das »Vaterland« idealisiert.[1]

Im Kampf gestorbene Soldaten wurden zunächst oft provisorisch direkt auf oder bei den Schlachtfeldern beerdigt. Später bettete man sie um auf große Friedhöfe, die überall an den Fronten entstanden. Die Friedhöfe waren durch gleichgestaltete und symmetrisch angelegte Gräber und Grabkreuze gekennzeichnet, die mit ihrer Zahl und Gleichförmigkeit dem Massensterben in den Schützengräben entsprachen. Viele Kreuze trugen keinen Namen, weil viele Tote nicht mehr zu identifizieren waren. In der Mitte der Friedhöfe errichtete man meistens ein besonders gestaltetes Denkzeichen, i. d. R. ein riesiges Kreuz.

Erst nach dem Krieg ließen die Staaten in der Nähe der Schlachtfelder und der Soldatenfriedhöfe größere Denkmäler und Gedenkstätten bauen. Sie zeichneten sich oft durch eine monumentalistische Architektur aus, durch die die Toten heroisiert werden sollten. Beispiele hierfür sind das Monument von Thiepval bei Amiens, das an die vermissten englischen Soldaten der Somme-Schlacht von 1916 erinnert, und das Ossuarium (»Beinhaus«) von Douaumont bei Verdun, das Gebeine französischer Soldaten birgt, die in der Schlacht um Verdun umkamen. Deutsche Soldatenfriedhöfe an der ehemaligen Westfront in Frankreich und Belgien waren hingegen, wie es sich für den Verliererstaat ziemt, zurückhaltender gestaltet, z. B. in der Form sogenannter »Ehrenhaine«. An der ehemaligen Ostfront scheute sich aber auch Deutschland nicht, im Jahre 1927 mit dem Tannenbergdenkmal ein trutziges Monumentalbauwerk zu vollenden, das dem Sieg über die russischen Truppen im August 1914 gewidmet war. Das zentrale Hochkreuz der oktogonalen Anlage war über einem Massengrab bzw. »Kameradschaftsgrab« mit 20 unbekannten Soldaten errichtet.[2]

Zum Gedenken an die Opfer des Krieges entstanden schon bald in allen beteiligten Staaten lokale Kriegsdenkmäler, die zumeist von Vereinen und Initiativen geplant und finanziert wurden, für deren Gestaltung aber die jeweiligen Staaten Empfehlungen aussprachen. Mit ihnen sollten diejenigen Bürger geehrt werden, die »für das Vaterland gefallen« waren. Wer heute durch die damals kriegführenden Länder reist, wird kaum einen Ort ohne ein solches Denkmal finden. Zu ihm gehören meistens Gedenktafeln, auf denen die Namen der Gefallenen genannt werden. Vor allem in kleineren Orten lassen die vielen gleichen Namen den »Blutzoll« erahnen, den so manche Familien erbrachten. Eine Ausnahme von dieser Form des Gedenkens bildet das östliche Europa, v.a. Russland, weil das Kriegsende dort unmittelbar in Revolution und Bürgerkrieg überging. Unter der Herrschaft der Bolschewisten war es eben keine »Ehre« mehr, im Krieg für den Staat der Zaren gestorben zu sein.

Eine andere Funktion und damit einen anderen Charakter haben die zentralen nationalen Denkmäler, die zumeist in den Hauptstädten der am Krieg beteiligten Staaten entstanden. In Whitehall in London erinnert seit der britischen Siegesparade am 19. Juli 1919 der einfach gestaltete und nur spärlich mit Ornamenten verzierte Kenotaph an »The Glorious Dead« – so die Inschrift. Auch in Paris wurde zur Siegesfeier am 14. Juli 1919 ein Kenotaph »Aux Morts pour la Patrie« neben dem Arc de Triomphe errichtet. Die französische Regierung ließ das pathetisch gestaltete Denkmal jedoch schon 1920 wieder demontieren, weil ihr eine schlichtere Form des Gedenkens angemessener erschien. Unter dem Arc de Triomphe in Paris, der zum Ruhm der napoleonischen Armee erbaut worden war, und in der Westminster-Abbey in London, der Grablege der englischen Könige, wurden am 11. November 1920, dem zweiten Jahrestag des Waffenstillstandes, einfach gestaltete Gedenkstätten für den »Unbekannten Soldaten« eingeweiht. An den Zeremonien nahmen jeweils Hunderttausende Menschen teil. Mit dem neuen Denkmalstyp sollte der vielen nicht-identifizierbaren oder verschollenen Toten auf den Schlachtfeldern des Ersten Weltkriegs gedacht werden. Diese Form des Gedenkens wurde auch in vielen anderen Staaten aufgegriffen, allerdings weniger in Deutschland, wo sich ihr politisch konservative Kreise widersetzten, denen solche Gedenkstätten zu pazifistisch vorkamen.[3]

In Deutschland konnte während der gesamten Weimarer Republik kein politischer Konsens über ein zentrales »Reichsehrenmal« für die Gefallenen des Ersten Weltkriegs erzielt werden, so dass schließlich 1935 Hitler das Tannenbergdenkmal dazu dekretierte. Auf der Ebene der Länder und Kommunen waren zentrale Denkmäler hingegen einfacher durchzusetzen, z. B. das 1924 erbaute Kriegerdenkmal im Münchener Hofgarten vor dem ehemaligen Armeemuseum oder die »Gedächtnisstätte für die Gefallenen des Weltkriegs« in Berlin, für die die preußische Regierung seit 1930 die Neue Wache Unter den Linden umgestalten ließ. Das Kriegerdenkmal für die Gefallenen des Infanterieregiments Nr. 76 (»Hamburg«) am Hamburger Dammtorbahnhof, das 1936 aufgestellt wurde und das die kennzeichnende Inschrift »Deutschland muss leben und wenn wir sterben müssen« trägt, ist Ausdruck der Lehre, die die Nationalsozialisten aus dem Ersten Weltkrieg ziehen wollten. Die Formen, in denen Bildhauer die Erinnerung an den Krieg gestalteten, blieben während der Weimarer Republik umstritten. Wo Werke entstanden, die das Leben und den Tod der Soldaten nicht idealisierten, kam es regelmäßig zu Auseinandersetzungen. Bestes Beispiel sind die Kriegerdenkmäler von Ernst Barlach, die unter den Nationalsozialisten alle entfernt wurden.[4]

In allen Ländern waren die Gedenkstätten und Denkmäler auch immer Orte von Erinnerungszeremonien und Ritualen, die an offiziellen Gedenktagen stattfanden. So wurde beispielsweise in Deutschland 1926 der »Volkstrauertag« eingeführt, allerdings nicht als gesetzlicher Feiertag. Es ist schließlich noch darauf hinzuweisen, dass die Erinnerung an den

Krieg und seine Opfer nicht nur mittels Denk- und Grabmälern sowie Zeremonien und Ritualen aufrechterhalten wurde. Dieser Funktion dienten auch die vielerorts schon während des Krieges gegründeten Sammlungen, Bibliotheken, Museen, Archive etc.

Literatur und Film

Unmittelbar nach Kriegsende setzte eine unübersehbare Flut von Publikationen mit Erinnerungen an den Krieg ein. Sie stammten oftmals von Soldaten und verherrlichten das »Fronterlebnis«. Am bekanntesten wurde in dieser Hinsicht *In Stahlgewittern* (1920) von Ernst Jünger. Bücher, die sich kritisch-distanziert mit dem Krieg auseinandersetzten, fanden lange Zeit weniger Beachtung. Ernst Toller, der – wie viele andere Künstler auch – noch 1914 freiwillig in den Krieg gezogen und mit Orden ausgezeichnet worden war, wandelte sich ab 1916 zum entschiedenen Kriegsgegner und Revolutionär und vertrat diesen Standpunkt nach dem Krieg in zahlreichen Schriften. Karl Kraus arbeitete seit 1915 an *Die letzten Tage der Menschheit*. Die »Tragödie in fünf Akten« erschien 1922 mit einer Auflage von 5000 Stück. Der tschechische Schriftsteller Jaroslav Hašek veröffentlichte 1921–23 den modernen Schelmenroman *Die Abenteuer des braven Soldaten Schwejk*, in dem sich die Hauptfigur als »kleiner Mann« mit List und Tücke durch den Kriegsalltag schlägt. Von Thomas Mann erschien 1924 *Der Zauberberg*, ein Werk, das schon vor dem Krieg begonnen worden war, dann aber während und nach dem Krieg so ausgeweitet wurde, dass es zu einem Panorama des europäischen Geisteslebens am Vorabend des Krieges wurde. Seit der zweiten Hälfte der 1920er Jahre erschienen vermehrt Werke, die die Unmenschlichkeit, das Grauen und die brutalen Auswirkungen des Krieges in den Mittelpunkt rückten. In

Deutschland sind hierzu beispielsweise zu zählen *Der Streit um den Sergeanten Grischa* (1927) von Arnold Zweig, *Jahrgang 1902* (1928) von Ernst Glaeser oder *Heeresbericht* (1930) von Edlef Köppen. Besonderes Aufsehen erregte das Buch *Im Westen nichts Neues* von Erich Maria Remarque (1928/29), das alsbald in den USA verfilmt wurde. Nationalsozialisten und andere Nationalisten starteten gegen Buch und Film eine Diffamierungskampagne, weil Szenen mit mutlosen, ängstlichen oder verzweifelten deutschen Soldaten nach ihrer Auffassung dem eigentlich zutreffenden Bild des heldenhaften, opferbereiten und willensstarken Soldaten, das sie propagierten, widersprachen.

Wissenschaft

Zu den Gründen des Ersten Weltkriegs gibt es eine unüberschaubare Menge an wissenschaftlichen Erklärungen. Längst hat die Geschichtswissenschaft einen selbstreflexiven Punkt erreicht, an dem in Büchern und auf Konferenzen untersucht wird, warum der Erste Weltkrieg zu bestimmten Zeitpunkten auf eine bestimmte Art geschildert wurde. Obwohl sich die Frage nach dem Grund oder den Gründen des Ersten Weltkriegs deutlich von der Frage unterscheidet, wer für den Ersten Weltkrieg verantwortlich gewesen sein soll, bezogen und beziehen sich viele Darstellungen auf die Ebene der Schuldzuweisung, die im § 231 des Versailler Vertrages politisch fixiert worden war. Es erscheint nur logisch, dass Deutschland zwecks Revision des Vertrages in der Folge um den Nachweis bemüht war, nicht allein für den Krieg verantwortlich gewesen zu sein. So habe etwa Frankreich, insbesondere unter Raymond Poincaré (französischer Staatspräsident von 1913–1920), auf den Krieg hingearbeitet, um sich für die Niederlage im Deutsch-Französischen Krieg von 1870/71 zu revanchieren und den Verlust von Elsass-Lothringen rückgängig zu machen. Die Auffassung von einer geteilten Verantwortung für den Krieg wurde aber auch in anderen Staaten vertreten, selbst wenn sie zu den Siegern gehörten. Schon der amerikanische Präsident Wilson hatte behauptet, dass alle Staaten Opfer des internationalen Systems und seiner Geheimverträge gewesen seien. Auch dass der amerikanische Senat 1919 dem Versailler Vertrag nicht zustimmte, konnte als Einwand gegen die Behauptung von der deutschen Alleinschuld verstanden werden. Und David Lloyd George, immerhin von 1916 bis 1922 englischer Premierminister, schrieb Anfang der 1930er Jahre in seinen Memoiren: »The nations slithered over the brink into the boiling cauldron of war.«[5] In den 1920er Jahren setzte sich dementsprechend in den meisten europäischen Staaten und in den USA eine »revisionistische« Sicht auf die Gründe des Ersten Weltkriegs durch, die die deutsche Schuld erheblich relativierte.

Die These von der alleinigen deutschen Kriegsschuld wurde auch aus der Perspektive der jungen UdSSR zurückgewiesen, allerdings aus einer grundsätzlich anderen Perspektive. Lenin hatte schon 1916 in der berühmten Schrift *Imperialismus – das höchste Stadium des Kapitalismus* die Konkurrenz der kapitalistischen Staaten um Kolonien, Märkte und Investitionen als hauptsächlichen Grund der Kriege unter ihnen herausgestellt. Die bolschewistische Sowjetunion, die ein alternatives Gesellschaftsmodell zu diesem Kapitalismus aufbauen wollte, war deshalb an dem Nachweis interessiert, dass auch andere kapitalistische Staaten den Krieg verursacht hatten. Aus innenpolitischen Gründen lag ihr zudem besonders daran, zu zeigen, dass das einstige autokratische Zarenregime in Zusammenarbeit mit dem »bourgeoisen« Frankreich, bei dem es hoch verschuldet war, für den Kriegsausbruch verantwortlich gewesen sei.

Die Auseinandersetzungen um die Gründe und die Schuld am Ersten Weltkrieg veranlassten seit den 1920er Jahren die Regierungen aller Staaten, die daran beteiligt gewesen waren, zu umfangreichen Veröffentlichungen von diplomatischen Dokumenten. Dadurch sollte tendenziell belegt werden, dass man selbst nicht mehr als andere auf den Krieg hin gewirkt hatte. Mit der Veröffentlichung entsprechender Akten tat sich das bolschewistische Russland am leichtesten, weil es jede Kontinuität zu dem feudal-autokratischen Zarenregime ablehnte. Es hatte selbst ein Interesse an der Publizierung von Dokumenten, die zeigten, wie kriegstreiberisch sowohl die Regierung des Zaren als auch die bürgerliche Regierung nach der Februarrevolution gewesen waren. Dazu veröffentlichte man seit 1922 ein *Schwarzbuch* (*Un livre noir*, 3 vol., 1922–1934). Deutschland begann ebenfalls 1922 mit der Edition *Die Große Politik der europäischen Kabinette 1871–1914*, in deren Rahmen bis 1927 insgesamt 40 Bände erschienen. Die *British Documents on the Origin of the War, 1898–1914* erschienen seit 1926, die *Documents Diplomatiques Francais, 1871–1914* seit 1929 (bis 1959). Die Sowjetunion gab schließlich die *International Relations in the Era of Imperialism* (»Internationale Beziehungen im Zeitalter des Imperialismus«) heraus, deren erste Reihe mit fünf Bänden zum Jahr 1914 von 1931 bis 1934 erschien.

Wie sehr die Fixierung auf die Bestreitung der alleinigen deutschen Kriegsschuld die Politik und die Öffentlichkeit in Deutschland in der Zwischenkriegszeit dominierte, geht beispielhaft aus dem Schicksal des Gutachtens hervor, das der linksliberale Rechtshistoriker Hermann Kantorowicz im Auftrag des parlamentarischen Untersuchungsausschusses für die Schuldfragen des Ersten Weltkriegs, der schon von der verfassunggebenden Nationalversammlung eingerichtet worden war, verfasst hatte. Das 1927 fertiggestellte Gutachten wurde nicht publiziert, weil es zu dem politisch nicht gewünschten

Ergebnis gelangte, die Mittelmächte trügen die Hauptschuld am Krieg. Erst 40 Jahre später kam es zu einer Veröffentlichung[6].

Der Zweite Weltkrieg führte nach seinem Ende sowohl in Deutschland als auch in vielen anderen Ländern zunächst nicht dazu, dass an dem revisionistischen Bild von der gemeinsamen Verantwortung der europäischen Mächte für den Ersten Weltkrieg größere Änderungen vorgenommen wurden. Der Wille Westdeutschlands bzw. der Bundesrepublik, sich im beginnenden »Kalten Krieg« in den »freien Westen« zu integrieren, ließ es nicht ratsam erscheinen, über Kontinuitätslinien und Zusammenhänge zwischen der deutschen Verantwortung für den Ersten und den Zweiten Weltkrieg nachzudenken. Auch die ehemals feindlichen, nun aber gegen den Warschauer Pakt verbündeten westlichen Staaten hielten sich mit der Schuldzuweisung an Deutschland zurück. Angemessener erschien es, den Nationalsozialismus als eine einmalige Abirrung Deutschlands von einem historischen Weg zu schildern, der sich ansonsten nicht grundsätzlich von den Wegen anderer europäischer Nationen unterschied. Die Hervorhebung einer aktiven kriegstreiberischen Politik Deutschlands schon vor dem Ersten Weltkrieg hätte es der deutschen Politik nach 1945 auch schwerer gemacht, die angestrebte Wiedervereinigung mit der DDR moralisch zu rechtfertigen.

1961 veröffentlichte dann Fritz Fischer, Professor an der Universität Hamburg, unter dem Titel »Griff nach der Weltmacht« ein Buch, das eine äußerst heftige geschichtswissenschaftliche Kontroverse auslöste. Fischer vertrat die These, im wesentlichen habe doch die Führung des Deutschen Reiches den Ersten Weltkrieg zu verantworten. Deutschland habe gezielt und bewusst durch Annexionen und Formen der indirekten Herrschaft eine politische Vormachtstellung auf dem europäischen Kontinent und damit eine wirkliche Weltmachtposition angestrebt. Damit widersprach Fischer der unter westdeutschen Historikern eindeutig dominierenden Auffassung, alle Staaten hätten an der Eskalation der Situation 1914 mitgewirkt und man sei in den Krieg »hineingeschlittert«. Fischers Position schien vielen Historikern und Publizisten eine zu große Nähe zu der im Versailler Vertrag festgesetzten Behauptung von der deutschen Alleinschuld zu haben. Ferner ließ sich von Fischers Thesen von dem kriegstreiberischen Deutschen Reich eine Kontinuitätslinie zu dem aggressiv-kriegerischen Kurs des Dritten Reiches ziehen. Damit erschien auch der Nationalsozialismus, der den Zweiten Weltkrieg entfesselt hatte, in einem anderen Licht: Er konnte nicht mehr als eine Art Betriebsunfall und Ausrutscher der deutschen Geschichte an den Rand gedrängt werden. Vielmehr schien er Ausdruck eines Weltmachtstrebens zu sein, das sehr viel tiefer in der Vergangenheit und der Eigenart Deutschlands verankert war, als Öffentlichkeit und Geschichtswissenschaft bis dahin hatten wahrhaben wollen. Der Konflikt, in dessen Hintergrund also eigentlich die Frage nach den Ursachen und Bedingungen des Nationalsozialismus stand, ging so weit, dass eine Vortragsreise von Fischer in die USA von namhaften Historikern (z. B. Gerhard Ritter) und Politikern (z. B. dem damaligen Außenminister Gerhard Schröder) hintertrieben wurde.

Im Rückblick wird deutlich, dass eine erhebliche Schwäche der Debatte auf beiden Seiten darin lag, die internationale Politik nur am Rande zu berücksichtigen. Im Mittelpunkt stand die Rolle der führenden deutschen Politiker, Militärs und Unternehmer. Während Fischer und seine Anhänger sie allein für den Krieg verantwortlich machten, hielten Fischers Kontrahenten daran fest, Deutschland sei 1914 von feindlichen Mächten eingekreist gewesen und habe sich im Prinzip auch nicht anders verhalten als die anderen Mächte. Heute wird von (deutschen) Geschichtswissenschaftlern zumeist die Auffassung geteilt, dass Deutschland im Juli 1914 zur Sicherung seiner (angestrebten) Weltmachtstellung bewusst das Risiko eines großen Krieges eingegangen sei. Die »Einkreisungsvorstellung« wird dabei nicht einfach negiert oder als unwichtig abgetan, sondern als eine in der deutschen Gesellschaft und Politik verbreitete wirkmächtige Interpretation der politischen Lage angesehen. Das Interesse der Forschung gilt deshalb primär der Frage, wie sich eine solche Vorstellung, die den Blick auf alternative politische Handlungsoptionen verstellte, in der deutschen Gesellschaft hat durchsetzen können. Damit gewinnt auch der vergleichende Blick auf andere imperialistische Staaten (England, Frankreich, Russland u. a.) und deren Selbstverständnis nach innen und außen einen größeren Stellenwert.

Die Forschung zum Ersten Weltkrieg scheint sich in jüngerer Zeit wieder von der lange dominierenden Auffassung zu entfernen, das Deutsche Reich mit seinen Weltmachtambitionen sei maßgeblich für den Ersten Weltkrieg verantwortlich. Christopher Clark kommt in seiner bereits eingangs erwähnten Studie »The Sleepwalkers« (dt.: Die Schlafwandler) zu dem Ergebnis, dass sich die europäischen Großmächte bis 1914 in eine Konstellation hineinmanövriert hatten, in der sich alle wechselseitig existenziell bedroht fühlten. Dementsprechend hätten sie immer weiter aufgerüstet und ihre Bündnisbande verstärkt, ohne darauf Rücksicht zu nehmen, welche Befürchtungen und Ängste damit bei den Gegnern hervorgerufen wurden. So nähert man sich auf einer anderen Ebene wieder der alten These an, dass für den Krieg kein Haupt- oder gar Alleinschuldiger ausgemacht werden kann, sondern dass alle Staaten Anteil am Weg in die Katastrophe hatten.

Die Erforschung des Ersten Weltkriegs ist ein Prozess, den nicht nur die jeweiligen politischen Konstellationen in Europa und der Welt beeinflussen. Auch methodische und inhaltliche

Erweiterungen der Geschichtswissenschaft führten und führen zu neuen Perspektiven auf den Krieg und seine Gründe. Lange Zeit standen allein die Intentionen und Irrtümer der verantwortlichen Politiker und Militärs im Mittelpunkt. Dabei ging man stillschweigend von der Voraussetzung aus, dass der Krieg auf die Absichten und Entscheidungen einzelner Staaten und Politiker zurückzuführen sei. Ihr Handeln wurde als konsequente und unumgängliche Folge der objektiven außenpolitischen, militärischen und geopolitischen Lage (»Einkreisung«) gerechtfertigt. Für viele Historiker war es bis in die 1960er Jahre hinein auch selbstverständlich, in Schriften, Reden und Vorlesungen implizit oder explizit ein nationales »Wir« zum zentralen Bezugspunkt zu machen. Diesem »Wir« fühlte man sich emotional tief verbunden und wollte es von dem Makel freihalten, am Tod und Leid von Millionen von Menschen mehr schuld zu haben als andere Nationen. Die intentionalistische Betrachtungsweise wurde in der zweiten Hälfte des 20. Jahrhunderts immer mehr durch strukturalistische Ansätze ergänzt, teilweise sogar verdrängt. Solche Ansätze entwickeln die Prämisse, dass auch und gerade allgemeinere wirtschaftliche und soziale Strukturen als Kriegsgründe in Betracht gezogen werden müssen. Das Handeln der führenden Politiker und Militärs erscheint dann als eine mehr oder weniger abhängige Variable von Vorgängen und Verhältnissen, die ihren eigenen (Sach-)Gesetzlichkeiten folgen und dem politischen Handeln enge Grenzen setzen bzw. hinter dessen Rücken wirken. Ein gutes Beispiel für das strukturalistische Erklärungsmuster ist die von Lenin formulierte, an Karl Marx anknüpfende Theorie, dass der moderne Imperialismus notwendigerweise zu Kriegen zwischen den um Märkte und Anlagesphären konkurrierenden kapitalistischen Mächten führt. Auch andere gesellschaftliche Tendenzen wurden nach und nach als allgemeine, nicht nur einzelnen Staaten zuzuschreibende Faktoren ausgemacht, die den Krieg mitverursachten oder ihn zumindest erleichterten: der Nationalismus, der von immer breiteren Kreisen getragen und sozialdarwinistisch und rassistisch aufgeladen wurde; die zunehmende Militarisierung der Gesellschaften; das allgemeine Wettrüsten unter den europäischen Mächten; die Dominierung des internationalen politischen Systems durch zwei einander gegenüberstehende Blöcke – all diese Entwicklungen entfalteten jeweils eigene Dynamiken, die zum Weg in den Krieg beitrugen. Die strukturalistischen Betrachtungen des Ersten Weltkriegs müssen sich allerdings gegen den Verdacht verteidigen, sie stellten den Krieg als unausweichlich dar, weil sie ihn als Folge von Entwicklungen begreifen, die unabhängig vom Willen und den Entscheidungen einzelner Personen wirkten.

Neuerdings hat die Alltags-, Kultur- und Mentalitätsgeschichte an der Front und in der Heimat stärkeres wissenschaftliches Interesse gefunden. So ist gezeigt worden, dass die Kriegsbegeisterung längst nicht so verbreitet war, wie es ehemals geglaubt worden war. Und es wurde deutlich, wie der Krieg immer »totaler« wurde, immer mehr Lebensbereiche erfasste und seit 1916 in einen »industrialisierten Krieg« überging. Für diese Richtung der Forschung haben Lokal- und Regionalstudien eine besondere Bedeutung, weil sich die Vielfältigkeit und Interdependenz der Auswirkungen des Krieges an konkreten Fällen am besten untersuchen lassen.[7]

Schluss

Die großen Linien, die in der Darstellung herausgearbeitet wurden, betrafen den Grund, den Verlauf, die Ergebnisse und Folgen des Ersten Weltkriegs. Der »Große Krieg« hatte seine wesentliche Ursache in der Konkurrenz der kapitalistischen europäischen Großmächte um Einfluss auf ihrem Kontinent und auf der ganzen Welt. Das jahrzehntelang betriebene gegenseitige Blockieren und Antichambrieren war ihnen zunehmend unerträglich geworden, so dass ihnen eine definitive Entscheidung durch eine militärische Auseinandersetzung unausweichlich erschien. Der Große Krieg ergab sich somit weder aus dem schuldhaften Fehlverhalten einzelner oder mehrerer Staaten noch aus einem schicksalhaften gemeinsamen Handlungsreflex, dem sich kein Land entziehen konnte. Er resultierte vielmehr aus dem ständig verschärften Widerspruch zwischen den wachsenden Ansprüchen, Mitteln und Möglichkeiten der führenden Staaten, andere Staaten auf die eigenen nationalen Interessen zu verpflichten, und der Erfahrung, dabei doch immer wieder auf Schranken zu stoßen, die dem Einfluss und dem Einspruch der anderen Großmächte geschuldet waren. Dabei handelte es sich aber nicht einfach um ein abstraktes, überzeitliches Streben nach Macht. Es traten ja Staaten mit kapitalistischen Volkswirtschaften gegeneinander an, für deren Wachstum der stärkere Zugriff auf Märkte, Rohstoffe, Arbeitskräfte und Kapitalstandorte in fremden Herrschaftsbereichen immer dringender geworden war. Diese weltweiten Interessen ihrer Wirtschaft unterstützten die Staaten am besten dadurch, dass sie von ihresgleichen prinzipiell als Großmacht anerkannt wurden: Als Macht, deren Recht, überall Einfluss zu nehmen und mit zu entscheiden, allseits respektiert wurde.

Der Verlauf des militärischen Ringens um die Weltmacht war dadurch gekennzeichnet, dass sich die höchstentwickelten und potentesten Industriestaaten gegenüberstanden, die ihre materiellen und personellen Ressourcen immer umfassender und rücksichtsloser für den Kriegszweck vereinnahmten. Für die Kriegsführung verloren offensive Konzeptionen an Bedeutung, kennzeichnend wurde das Bestreben, den in stark befestigten Stellungen verschanzten Gegner auszubluten und zu ermatten. Die Staaten konnten bei der Inanspruchnahme ihrer Gesellschaft für den Krieg auf den alltäglichen Nationalismus der Bürger setzen, für die die Verteidigung ihres »Vaterlandes« eine selbstverständliche Pflicht war – zumindest so lange, wie eine halbwegs realistische Chance auf erfolgreiche Durchsetzung oder auch nur Behauptung in dem Ringen bestand. Zur Untermauerung und zum Erhalt der Kriegsbereitschaft bedurfte es trotzdem immer noch einer permanenten Kontrolle und Lenkung der Öffentlichkeit sowie einer systematischen Propagierung eigener Erfolge und gegnerischer Misserfolge. Künstler und Wissenschaftler trugen ihren Teil dazu bei, den Krieg mit eigenen Begründungen als notwendig, legitim und sinnvoll erscheinen zu lassen. Vieles spricht dafür, dass der Erste Weltkrieg mit seiner praktischen und ideologischen Inanspruchnahme der Bürger zwecks Rettung des »Vaterlandes« für Deutschland eine »Inkubationsphase eines neuen, aggressiven völkischen Nationalismus« bildete.[1]

Das unmittelbare außenpolitische Ergebnis des Krieges bestand in der Entscheidung der Machtkonkurrenz zugunsten der Alliierten. Deutschland war militärisch und politisch erheblich geschwächt. Das Habsburgerreich war in handhabbare Einzelstaaten zerlegt. Und auf dem westlichen und südwestlichen Territorium des alten russischen Reiches waren eine Reihe von Staaten entstanden, die nun als Pufferstaaten gegen das neue revolutionäre Russland dienten. Den USA war es nur teilweise gelungen, ihren Anteil am Sieg der Alliierten in weltpolitisches Kapital umzumünzen. England und Frankreich verblieben als die einzigen europäischen Großmächte und konnten als solche ihre kolonialen Einflusssphären in Afrika und im Vorderen Orient erheblich ausweiten. Jedoch zeigte sich in den nächsten Jahren, wie schwer es war, den durch Waffen errungenen politischen Status längerfristig zu behaupten. Der Friedensschluss war eben zugleich Ausgangspunkt für die Wiederaufnahme der friedlichen Konkurrenz zwischen den souveränen Staaten und ihren Volkswirtschaften. Die Voraussetzungen dafür waren für Frankreich und England längst nicht so günstig und für Deutschland nicht so ungünstig, wie es nach dem Ausgang des Krieges den Anschein hatte. Deutschland war immer noch das bevölkerungsreichste und das ökonomisch führende Land in Europa, von dessen Wirtschaftskraft viele kleine und mittlere europäische Staaten abhingen. Es war absehbar, dass die Restriktionen, die ihm durch den Versailler Vertrag auferlegt wurden, wahrscheinlich nur so lange Bestand haben würden, wie die Alliierten ernsthaft gewillt waren, auf deutsche Verstöße auch mit militärischen Aktionen zu reagieren.

Innenpolitisch bewirkte der Krieg in Deutschland zunächst eine weitgehende Verarmung der bürgerlichen Mittelschichten, deren Ausmaß so richtig erst mit der Hyperinflation des Jahres 1923 zutage trat. Die Arbeiterbewegung stand am Ende des Krieges paradoxerweise sowohl gestärkt als auch geschwächt da: Gestärkt, weil sie sich im Verlauf des Krieges und der Revolution als unentbehrlicher Faktor bei der Aufrechterhaltung staatlicher und gesellschaftlicher Ordnung erwiesen und dafür auch Anerkennung und Zugeständnisse erhalten hatte; geschwächt, weil der Preis für die enge Kooperation mit dem Bürgertum in der Aufspaltung der Bewegung in eine sozialdemokratische und eine kommunistische Strömung bestand, die einander unversöhnlich gegenüberstanden. Dies war besonders deshalb fatal, weil auf der Seite der politischen Rechten und der alten Eliten eine ideologische Entwicklung einsetzte, von der alle »Roten« betroffen waren.

Viele derjenigen, die in Deutschland bis zum Kriegsende bereit gewesen waren, sich bis zum Letzten für das Vaterland einzusetzen, wollten sich innerlich nicht mit der Niederlage und ihren Konsequenzen abfinden. Als enttäuschte Nationalisten sahen sie die Gründe für die Niederlage und die daraus entstandene soziale, wirtschaftliche und politische Lage nicht in der Überlegenheit der Gegner, sondern in der mangelnden Einsatz- und Opferbereitschaft des eigenen Volkes. Dafür machten sie wiederum Kräfte verantwortlich, die nach ihrer Ansicht den Zusammenhalt des Volkes zersetzt hatten, v. a. die »Sozis« und die Juden, zum Teil aber auch die alten bürgerlichen Eliten, die die Sache der Nation angeblich zu zaghaft und zu rücksichtsvoll vertreten hatten. Von solchen Überzeugungen aus lag der Übergang zu einer »völkischen« Politik nicht fern, die sich die Herstellung einer echten »Volksgemeinschaft« zum Ziel setzte.

Daten zur Bevölkerung und Wirtschaft der größten europäischen Staaten vor dem Ersten Weltkrieg

	Bruttosozialprodukt 1913		Bevölkerung (in Mio.)		Anteil in % der Wirtschaftssektoren Landwirtschaft (I.), Industrie (II.) und Dienstleistungen (III.)				Index d. industriellen Produktion 1860 und 1913 (Vereinigtes Königreich 1900 = 100)	
	(in Mill. US-$)	Anteil in Europa (in %)	1850	1910		I.	II.	III.	1860	1913
Deutsches Reich	49,760	19,4	33,7	64,9	1907:	35	40	25	11,0	138,0
Österreich-Ungarn	(26,050)	10,1	31,1	49,5	1910:	53	24	23	10,0	41,0
Ver. Königreich u. Irland	44,074	17,2	37,5	45,3	GB, 1911:	9	54	37	45,0	127,0
Frankreich	27,401	10,7	35,8	39,2	1911:	41	30	29	18,0	57,0
Russland (europäische Gouvernements)	54,090	20,4	62,1	130,8					16,0	77,0
Italien	15,624	6,1	23,9	34,7	1911:	56	27	17	6,0	23,0

(Quelle zu BSP: Handbuch der europäischen Wirtschafts- und Sozialgeschichte, Bd. 6, Stuttgart 1987, S. 91. Quelle zu Bevölkerung 1850 und 1910: Handbuch der europäischen Wirtschafts- und Sozialgeschichte, Bd. 5, 1985, S. 14. Quelle zu Anteil der Wirtschafts-

Militärisches Kräfteverhältnis (1914)

	Großbritannien	Frankreich	Russland	Deutschland	Österreich-Ungarn
Seestreitkräfte					
Großkampfschiffe	80			43	
Torpedoboote	155			88	
U-Boote	58			28	
Land- und Luftstreitkräfte					
Flugzeuge	130	156	263	232	79
Geschütze	552	4032	6796	5699	3684
Heeresstärke	155 000	1 867 000	3 420 000	2 398 000	1421000

(Nach: Burgdorff, Stephan / Wiegrefe, Klaus [Hrsg.]: Der Erste Weltkrieg. Die Urkatastrophe des 20. Jahrhunderts, München 2004, Umschlagklappe vorne innen)

Kosten des Krieges

	Großbritannien	Frankreich	Deutschland	Österreich-Ungarn	Russland
Bevölkerung 1910–11	40 460 000	39 192 000	64 296 000	51 356 000	160 700 000
Männliche Bevölkerung 1910–11	19 638 000	19 254 000	32 040 000	25 374 000	78 790 000
Mobilisierte Männer	6 211 427	8 660 000	13 250 000	8 000 000	13 700 000
Anteil der mobilisierten männlichen Bevölkerung	31,6 %	45,0 %	41,4 %	31,5 %	17,4 %
Militärische Verluste					
Insgesamt	2 437 964	3 100 000	6 193 058	6 4000 000	5 409 000
gefallen	744 702	1 400 000	2 044 900	1 100 000	1 660 000
verwundet	1 693 262	1 700 000	4 148 158	5 300 000	3 749 000
Anteil der Verluste auf 1000 Männer (1913)	124	161	193	252	69
Durch den Krieg getötete Zivilisten	292 000	500 000	624 000	2 320 000	5 050 000
Finanzielle Kosten (in US-$)					
Direkte Kosten	44 029 011 868	25 812 782 800	40 150 000 000	20 622 960 600	24 383 950 000
Kosten pro Kopf	1088	659	624	402	1 52
Eigentumsverluste	1 750 000	10 000 000 000	1 750 000 000		1 250 000 000

(Chickering 2005, S. 235; dort zusammengestellt aus verschiedenen Publikationen; vgl. auch die Tabelle bei Hirschfeld: Enzyklopädie 2004, S. 664/665)

Europa 1914
Mittelmächte
Kriegsbeitritt auf Seiten der Mittelmächte
Entente
Kriegsbeitritt auf Seiten der Entente
Neutrale Staaten
VEREINIGTES KÖNIGREICH
Nordsee
NORWEGEN
SCHWEDEN
DÄNEMARK
Ostsee
NIEDER-LANDE
BELGIEN
DEUTSCHES REICH
RUSSLAND
Aralsee
Atlantischer Ozean
FRANKREICH
SCHWEIZ
ÖSTERREICH-UNGARN
Kaspisches Meer
PORTUGAL
SPANIEN
KORSIKA
ITALIEN
SERBIEN
RUMÄNIEN
BULGARIEN
Schwarzes Meer
SARDINIEN
ALBANIEN
SPAN. MAROKKO
GRIECHEN-LAND
OSMANISCHES REICH
ALGERIEN (franz.)
MAROKKO (franz. Protektorat)
TUNESIEN (franz. Protektorat)
ZYPERN
KRETA
PERSIEN
Mittelmeer
0
500
1000 km
1 : 15 000 000
LIBYEN (ital.)
ÄGYPTEN (brit.)
ARABIEN
Persischer Golf

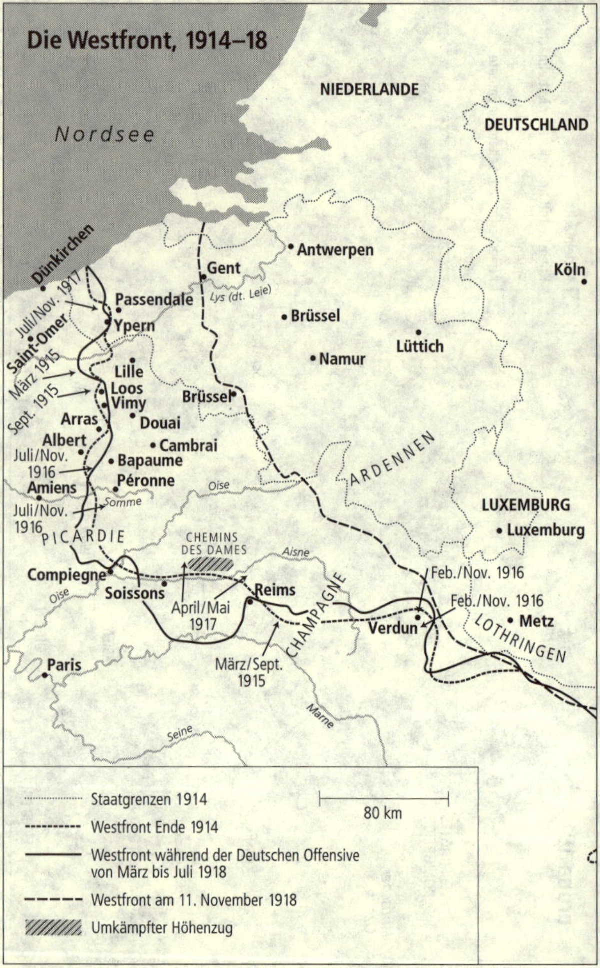
Die Westfront, 1914–18
NIEDERLANDE
DEUTSCHLAND
Nordsee
Dünkirchen
Antwerpen
Gent
Köln
Lys (dt. Leie)
Juli/Nov. 1917
Passendale
Ypern
Brüssel
Saint-Omer
Lüttich
Namur
März 1915
Lille
Loos
Sept. 1915
Vimy
Brüssel
Arras
Douai
Albert
Cambrai
ARDENNEN
Juli/Nov. 1916
Bapaume
Péronne
Amiens
Oise
LUXEMBURG
Somme
Luxemburg
Juli/Nov. 1916
PICARDIE
CHEMINS DES DAMES
Aisne
Feb./Nov. 1916
Compiegne
Soissons
Reims
Feb./Nov. 1916
Oise
April/Mai 1917
Metz
Verdun
CHAMPAGNE
LOTHRINGEN
Paris
März/Sept. 1915
Marne
Seine
Staatgrenzen 1914
80 km
Westfront Ende 1914
Westfront während der Deutschen Offensive von März bis Juli 1918
Westfront am 11. November 1918
Umkämpfter Höhenzug

Die Ostfront, 1914–17
Rigaischer Meerbusen
Riga
Ostsee
Dvinsk
Dvina
Memel
Königsberg
Danzig
Masurische Seen (6.–15.9.1914)
OSTPREUSSEN
Wilna
DEUTSCHLAND
Tannenburg
(27.–30.8.1914)
Augustova
Minsk
Thorn
Weichsel
Posen
Bialystok
RUSSLAND
Warschau
Lodz
Brest-Litowsk
Pinsk
Breslau
Bug
Lublin
SCHLESIEN
Brussilow-Offensive, Juni 1916
Krakau
Przemysl
Lemberg
KARPATEN
Tarnopol
GALIZIEN
Dniest
Czernowitz
ÖSTERREICH-UNGARN
Prut
RUMÄNIEN
Ostfront, Januar 1915
Ostfront, September 1915
100 km
Von Deutschland besetztes russisches Gebiet, Januar 1915
Von Russland besetztes österreichisches Gebiet während der russischen Offensive in Galizien 1914–15
Deutscher und österreichischer Vormarsch, Frühling/Sommer 1915
Brussilow-Offensive, Juni 1916

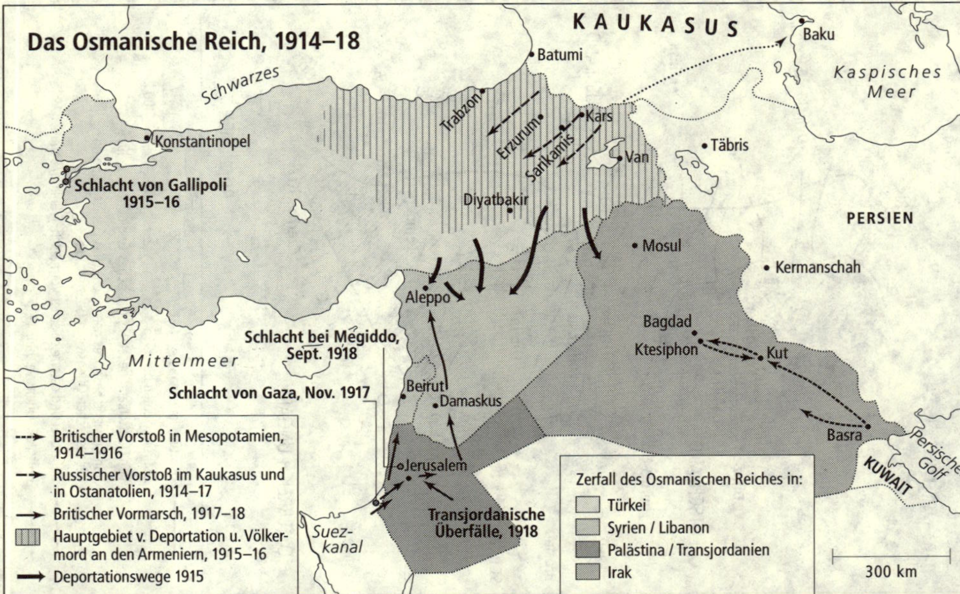
Das Osmanische Reich, 1914–18
KAUKASUS
Baku
Batumi
Kaspisches Meer
Schwarzes
Trabzon
Kars
Erzurum
Sarikamis
Konstantinopel
Täbris
Van
Schlacht von Gallipoli 1915–16
Diyatbakir
PERSIEN
Mosul
Kermanschah
Aleppo
Bagdad
Ktesiphon
Kut
Schlacht bei Megiddo, Sept. 1918
Mittelmeer
Schlacht von Gaza, Nov. 1917
Beirut
Damaskus
Basra
Persischer Golf
KUWAIT
Jerusalem
Transjordanische Überfälle, 1918
Suez-kanal
Britischer Vorstoß in Mesopotamien, 1914–1916
Russischer Vorstoß im Kaukasus und in Ostanatolien, 1914–17
Britischer Vormarsch, 1917–18
Hauptgebiet v. Deportation u. Völkermord an den Armeniern, 1915–16
Deportationswege 1915
Zerfall des Osmanischen Reiches in:
Türkei
Syrien / Libanon
Palästina / Transjordanien
Irak
300 km

Die österreichisch-italienische Front, 1915–18

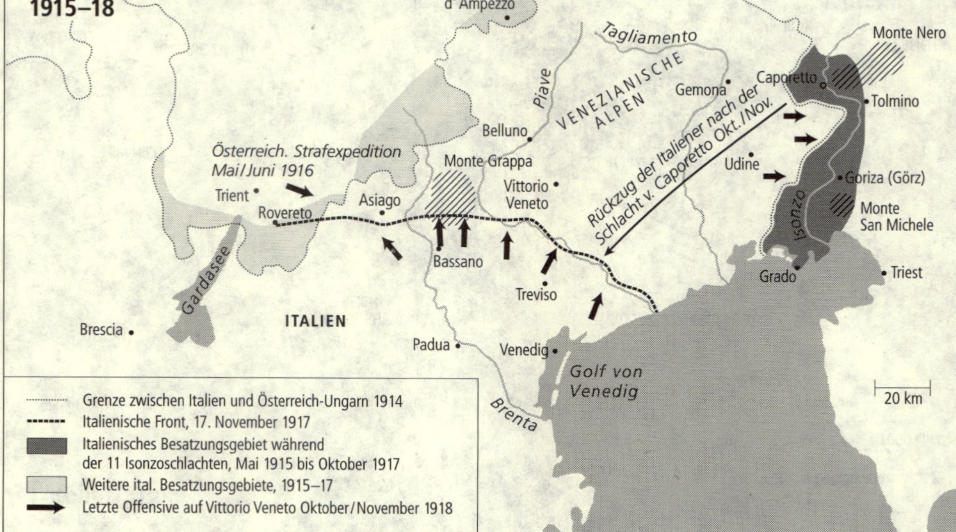

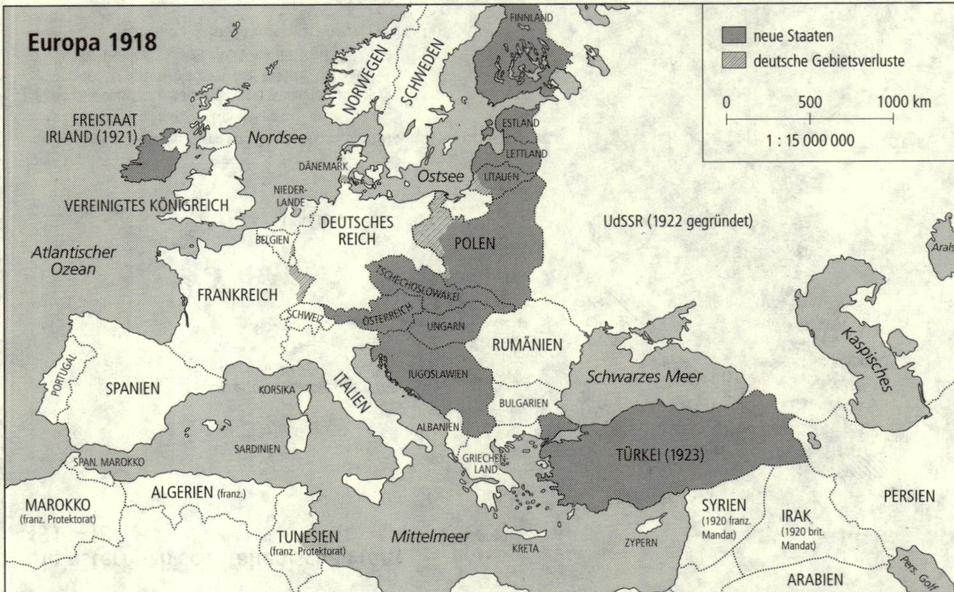
Europa 1918
neue Staaten
deutsche Gebietsverluste
0
500
1000 km
1 : 15 000 000
FREISTAAT IRLAND (1921)
VEREINIGTES KÖNIGREICH
Nordsee
NORWEGEN
SCHWEDEN
FINNLAND
ESTLAND
LETTLAND
LITAUEN
Ostsee
DÄNEMARK
NIEDER-LANDE
BELGIEN
DEUTSCHES REICH
POLEN
UdSSR (1922 gegründet)
Atlantischer Ozean
FRANKREICH
SCHWEIZ
TSCHECHOSLOWAKEI
ÖSTERREICH
UNGARN
RUMÄNIEN
Kaspisches
Aralsee
PORTUGAL
SPANIEN
KORSIKA
ITALIEN
JUGOSLAWIEN
Schwarzes Meer
BULGARIEN
ALBANIEN
SARDINIEN
TÜRKEI (1923)
SPAN. MAROKKO
GRIECHEN-LAND
MAROKKO
(franz. Protektorat)
ALGERIEN (franz.)
TUNESIEN
(franz. Protektorat)
Mittelmeer
KRETA
ZYPERN
SYRIEN
(1920 franz. Mandat)
IRAK
(1920 brit. Mandat)
PERSIEN
ARABIEN
Pers. Golf

Anmerkungen

Einleitung

1 Kennan 1981, S. 12.
2 Blom 2009, S. 475.
3 Clark 2012, S. 561.
4 Vgl. Clark 2012, S. 562.
5 Vgl. Hewitson 2004, S. 29 ff.
6 Vgl. Chickering 2007, S. 241–258.

Das Attentat von Sarajewo und die Julikrise

1 Vgl. Clark 2012, S. 3–64.
2 Geiss, Bd. 1, 1963, S. 58 f.
3 Bittner/Uebersberger, *Aussenpolitik*, Bd. 8, 1930, Dok. Nr. 9984, S. 250–252.
4 Ebd., S. 253–261.
5 Ebd., S. 262.
6 Ebd., Dok. Nr. 10058.
7 Kanzler Bethmann Hollweg über eine Unterredung mit Wilhelm II. am 5. Juli 1914, zit. nach: Geiss, Bd. 1, 1963, S. 85.
8 Ebd.
9 Schriftliche Auskunft Capelle, zit. nach: Geiss, Bd. 1, 1963, S. 96.
10 Wolff 1984, S. 63 ff.
11 Vgl. Hamilton/Herwig 2004, S. 46.
12 Erlass von Bethmann Hollweg am 28. Juli 1914 an die preußischen Gesandten bei den deutschen Bundesregierungen, zit. nach: Geiss, Bd. 2, 1964, Nr. 593, S. 198–200.
13 Vgl. Stevenson 1997.
14 Vgl. Keiger 1997, S. 186.
15 Hildebrandt 1989, S. 41.
16 Vgl. Hamilton/Herwig 2004, S. 89 f.

Die europäische Mächtekonstellation im Sommer 1914

1 Vgl. Hobsbawm 1999, S. 82 f.
2 Vgl. ebd., S. 91 f.
3 Pollard 1985, S. 492.
4 Loth 1992, S. 13.
5 Vgl. Clark 2012, S. 177 f.
6 Ebd., S. 190.
7 Vgl. Ferguson 1999, S. 124.
8 Stenographischer Bericht über die Verhandlungen des Deutschen Reichstags, Bd. 268, S. 7730.
9 Vgl. Becker/Krumeich 2010, S. 43.
10 Schreiben Moltkes vom 25. November 1912 an das preußische Kriegsministerium, in: *Kriegsrüstung und Kriegswirtschaft*, 1930, S. 146–148.
11 Vgl. Röhl 1978.
12 Denkschrift des Chefs des Generalstabes, 21. Dezember 1912, in: *Kriegsrüstung und Kriegswirtschaft*, 1930, S. 158–173.

Militärischer Verlauf und Kriegsschauplätze

1 Vgl. Kaufmann 1995.
2 Ferro 1988, S. 105.
3 Moltke 1922, S. 384 f.
4 Vgl. Kramer 2007, S. 34.
5 Vgl. Becker/Krumeich 2010, S. 219.
6 Vgl. Nebelin 2010, S. 173 ff.
7 Vgl. Ferro 1988, S. 134.
8 Vgl. Afflerbach 2007, S. 58 f.
9 Rauchensteiner 1994, S. 233.
10 Extraausgabe *Wiener Zeitung*, 24. Mai 1915, zit. nach: Afflerbach 2007, S. 54.
11 Vgl. Afflerbach 2007, S. 53.
12 Vgl. Kramer 2007, S. 58 f.
13 Vgl. Hirschfeld 2006, S. 87.
14 Vgl. Becker/Krumeich 2010, S. 225 f.

15 Ebd., S. 231.
16 Vgl. ebd., S. 263.
17 Beckett 2012, S. 126.
18 Vgl. ebd., S. 130.
19 Besprechung zwischen Reichskanzler Bethmann Hollweg und der OHL am 9. Januar 1917, in: Ludendorff 1920, S. 322–324.
20 Vgl. Petter 1997.
21 Vgl. Ferro 1988, S. 201 ff.
22 Vgl. Abdruck bei Hellmann 1984, S. 134.
23 Vgl. ebd., S. 189–191.
24 Vgl. Fuller 2002, S. 43, 57.
25 Becker/Krumeich 2010, S. 270.
26 Vgl. Abdruck bei Hellmann 1984, S. 312–318.
27 Vgl. ebd., S. 357–370.
28 Vgl. Chickering 2005, S. 213 ff.
29 Geyer 2006, S. 167.
30 Vgl. Kramer 2007, S. 40.
31 Winkler 2000, S. 358.
32 Lenin, »Zur Geschichte der Frage eines unglückseligen Friedens«, in: *Prawda*, 24. (11.) / Februar 1918, zit. nach: Lenin 1976, Bd. 2, S. 608.
33 Vgl. Ziemann 1998.
34 Vgl. Deist 1992.
35 Kantorowicz 1919.
36 Pöhlmann 2006, S. 203 ff.
37 Vgl. Ziemann 1998.
38 Vgl. Coffmann 1999.
39 Vgl. Chickering 2005, S. 223 ff.
40 Siehe Kap. »Kriegsende«.

Kriegsziele und nationale Kalküle

1 Zit. nach: Fischer 1967, S. 93 ff.
2 Winkler 2000, S. 341.
3 Vgl. Nebelin 2008, S. 343 ff.
4 Vgl. Horne 2012, S. 204 f.

5 Vgl. ebd.
6 Vgl. Cornwall 2012.
7 Vgl. Ferro 1988, S. 238 ff.
8 Vgl. ebd., S. 176 ff.

Kriegsführung

1 Ferro 1988, S. 169.
2 Vgl. Falkenhayn 1920, S. 176 ff.
3 Vgl. Rasmussen 2012.
4 Vgl. Pöppinhege 2009.
5 Vgl. Beckett 2012, S. 162 ff.
6 Fritz Haber, Vortrag vor Reichswehroffizieren am 11. November 1920, zit. nach: Martinetz 1996, S. 13 f.
7 Vgl. Szöllösi-Janze 1998; Martinetz 1996; Gradmann 1996.
8 Enzyklopädie 2004, S. 519.
9 Carl von Einem an seine Frau, 1. Februar 1917, in: Hohenborn, S. 167, Anm. 2.
10 Kriegstagebuch der 9. Armee, 14. Mai 1915, zit. nach: Martinetz 1996, S. 21 f.
11 Vgl. Gradmann 1996.
12 Vgl. Hirschfeld: Enzyklopädie 2003, S. 521.
13 Vgl. Ferro 1988, S. 220 f.
14 Vgl. Kramer 2012, S. 390 f., Becker/Krumeich 2010, S. 175 ff.
15 Vgl. Überegger 2008, S. 258 f.
16 Vgl. Hirschfeld: Enzyklopädie 2003, S. 281–292.
17 Vgl. Becker/Krumeich 2010, S. 176; Reed 1918.
18 Vgl. Becker/Krumeich 2010, S. 263.
19 Vgl. Überegger 2008, S. 261 ff.

Soldaten

1 Afflerbach 1994, S. 89.
2 Vgl. Förster 1994.
3 Vgl. Becker/Krumeich 2010, S. 139.
4 Vgl. ebd., S. 144 f.

5 Vgl. Gregory 2011, S. 31 f.
6 Vgl. Wende 2008, S. 244.
7 Vgl. Ferro 1988, S. 227 ff.
8 Zit. nach: Walther 2008, S. 372.
9 Vgl. Audrin-Rouzeau 2012.
10 Vgl. Becker/Krumeich 2010, S. 165 ff.
11 Vgl. Watson 2009.
12 Vgl. Becker/Krumeich 2010, S. 240.
13 Vgl. Ulrich/Ziemann 2008, S. 115.
14 Zit. nach: Hüppauf 1995, S. 56.
15 Ebd., S. 74.
16 Diehl 1976, S. 150.
17 Vgl. Enzyklopädie, S. 212 ff.; Eckart 1996, S. 299–319.
18 Schjerning 1921 ff.
19 Vgl. Thomann 1995.
20 Vgl. Frerich/Frey 1996, S. 170.
21 Vgl. Chickering 2009, S. 325.
22 Vgl. Müller 1996, S. 342.

Kriegsherrschaft

1 Vgl. Strazas 1993.
2 Vgl. Kramer 2007, S. 42.
3 Vgl. Balderston 2012.
4 Vgl. Ullmann 2004.
5 Vgl. Balderston 2012.
6 *Das Land Ober Ost* 1917, S. 85.
7 Vgl. Ludendorff 1920, S. 83 f.
8 *Reichsgesetzblatt* 1916, S. 1333–1339.
9 Vgl. Nebeling 2010, S. 261 ff.
10 Vgl. Zeidler 1997, S. 417 f.
11 Vgl. Ferro 1988, S. 229.
12 Vgl. Bruendel 2010.
13 *Beiträge zur Statistik der Stadt Barmen, Überblick über die Bevölkerungsentwicklung und wichtige wirtschaftliche Verhältnisse in Barmen in den Jahren 1913 bis 1919*, hrsg. vom Statistischen Amt

der Stadt Barmen, Barmen 1920, S. 14 f., Auszug bei: Flemming 2011, S. 265.

14 Vgl. Balderstone 2012, S. 223.
15 Vgl. Zeidler 1997, S. 426 f.
16 Vgl. ebd., S. 428.
17 Vgl. Ullmann 2004, S. 226.
18 Vgl. Frerich/Frey 1996, S. 167.
19 »Städtisches Fürsorgeamt für Kriegsfamilien in Hagen (Westf.), Ausübung einer Erwerbstätigkeit durch Kriegerfrauen, …« in: *Zeitschrift für Kommunalwirtschaft und Kommunalpolitik* 7 (15. Dezember 1917) Nr. 23/24, S. 301, abgedruckt bei: Flemming 2011, S. 219 f.
20 Vgl. Becker/Krumeich 2010, S. 163.
21 Vgl. ebd., S. 188.
22 Vgl. Westerhoff 2012, S. 10.
23 Vgl. ebd., S. 185.
24 Vgl. ebd., S. 184.
25 Vgl. Thiel 2008, S. 334.
26 Vgl. Nebeling 2010, S. 254.
27 Vgl. Westerhoff 2012, S. 200 ff.
28 Vgl. Ypserle 2004; Thiel 2007, S. 332.
29 Vgl. Chickering 2005, S. 106; Liulivicius 2012, S. 452; Westerhoff 2012, S. 330 ff.
30 Vgl. Hirschfeld: Enzyklopädie 2003, S. 641.
31 Jones 2011.
32 Hirschfeld: Enzyklopädie 2003, S. 645.
33 Vgl. »›Kosaken-Lieblinge‹: Bericht über ein Urteil des Landgerichts Flensburg gegen 7 Personen aus Hadersleben, die russischen Kriegsgefangenen ›Liebesgaben‹ zugesteckt hatten«, in: *Hamburger Nachrichten*, 5. Juli 1915, abgedruckt bei: Flemming 2011, S. 101 f.
34 Vgl. Chickering 2005, S. 55.
35 Vgl. Becker/Krumeich 2010, S. 115 ff.
36 Vgl. Chickering 2005, S. 59.
37 Vgl. ebd., S. 105.
38 Vgl. Roerkohl 1991.
39 Vgl. Chickering 2005, S. 60.

40 Vgl. Roerkohl 1991, S. 322.
41 Vgl. Becker 2006, S. 51 f.
42 Vgl. Krumeich 2006, S. 66 f.
43 Vgl. Broadberry/Harrison 2005, S. 12 f.; siehe auch S. 144.

Kriegskultur und Kulturkrieg

1 Vgl. Rohkrämer 1994.
2 *Frankfurter Zeitung*, Nr. 213, vom 3. August 1914.
3 Ferro 1988, S. 76.
4 Verhandlungen des Reichstags, XIII. Legislaturperiode, II. Session, 1914–1916, in: *Stenographische Berichte*, Bd. 306, Berlin 1916, S. 1 f.
5 Vgl. Becker/Krumeich 2010, S. 90.
6 Erlass des bayrischen Kriegsministeriums, 23. September 1914, zit. nach: Brocks, 2008, S. 30.
7 Ebd.
8 Vgl. Holzer 2012.
9 Vgl. Hamann 2008, S. 166.
10 Vgl. Demm 2002, S. 105.
11 Amtliche Kriegsdepeschen, 1. Bd., 1914/15, S. 79.
12 Ebd. S. 80 f.
13 Vgl. Schmidt 2006, S. 170 ff.
14 Vgl. Oppelt 2001, S. 66, 83.
15 Vgl. Sorlin 2012, S. 355 ff.
16 Ebd., S. 358 f.
17 Vgl. Oppelt 2001; Stiasny 2009.
18 Beratung der Aufklärungsoffiziere im Bereich des stellvertretenden Generalkommandos des XIV. Armeekorps zu Karlsruhe am 28. Juli 1918, Karlsruhe 1918, S. 8 f.; abgedruckt bei: Flemming, 2011, S. 170.
19 Vgl. Brocks 2008, 35 f., mit Abb.
20 Zit. nach: Schmidt 2006, S. 86.
21 Vgl. ebd., S. 82 ff.
22 Vgl. Ulrich 1997.
23 Hirschfeld: Enzyklopädie 2004, S. 473.
24 Ulrich 1989, S. 43.

25 Vgl. Becker/Krumeich 2010, S. 129; Ulrich 1989, S. 61.
26 Vgl. Ulrich 1997, S. 103.
27 Vgl. Hettling/Jeismann 1996.
28 Vgl. Brocks 2008.
29 Vgl. Hirschfeld: Enzyklopädie 2004, S. 599; Rosenthal 2007.
30 Vgl. Mommsen 2004, S. 168–180; Becker 2004.
31 Heym, *Werke*, Stuttgart 2006, S. 320.
32 Vgl. Stromberg 1982.
33 Vgl. ebd., S. 46 ff.
34 Anz/Vogl 1982, S. 185.
35 Zit. nach: Mommsen 2004, S. 156.
36 Thomas Mann, *Betrachtungen eines Unpolitischen*, Vorrede, S. XXXIII.
37 Ernst Troeltsch, »Der Kulturkrieg«, in: *Deutsche Reden in schwerer Zeit*, Bd. 3, Berlin 1915, S. 218.
38 Vgl. Mommsen 2004, S. 165.
39 Ungern-Sternberg 1996, S. 144 f.
40 Vgl. Becker/Krumeich 2010, S. 182.
41 »Erklärung der Hochschullehrer des Deutschen Reiches«, in: *Die Eiche. Vierteljahresschrift für Freundschaftsarbeit der Kirchen. Ein Organ für soziale und internationale Ethik*, 3 (1915) S. 100, zit. nach: Böhme 1975, S. 50.
42 Vgl. Brocke 1985; Ungern-Sternburg 1996.
43 Wex 1929, S. 22.
44 Vgl. Frerich/Frey 1996, S. 170.
45 Vgl. Demm 2002, S. 96 f.
46 Vgl. Frerich/Frey 1996, S. 170.
47 Vgl. Schönberger 2002.
48 Vgl. ebd.
49 Vgl. Sauerteig 1996.
50 Hirschfeld: Enzyklopädie 2003, S. 140, und Demm 2002, S. 100, nennen für 1918 1130 000 Waisen.
51 Vgl. Demm 2002, S. 102 ff.
52 Vgl. ebd., S. 86 f.
53 Vgl. ebd., 109 ff.; Hoffmann 1997.
54 Vgl. Demm 2002, S. 111 f.

55 Aufstellung der Hamburger Schulverwaltung über Siegesfeiern (9. September 1914 – 4. März 1918), abgedruckt bei: Flemming 2011, S. 223 f.
56 Zit. nach: Becker/Krumeich 2010, S. 105.

Kriegsgegnerschaft und Kriegsmüdigkeit

1 Vgl. Holl 1988, S. 75 ff.
2 Ebd., S. 79.
3 Quidde 1979, S. 244.
4 Vgl. Chickering 2005, S. 180 f.
5 Grundlinien der USPD, April 1917, in: *Deutscher Geschichtskalender* 33 (Leipzig 1917) Bd. 1,2, S. 782.
6 Aufruf der USPD, Mai 1917, in: Bihl 1991, S. 286–289.
7 Vgl. Kocka 1978, S. 55 ff.
8 Vgl. Nübel 2011; Bibbings 2009; Hirschfeld: Enzyklopädie 2003, S. 637.
9 Vgl. Hirschfeld: Enzyklopädie 2003, S. 437.
10 Vgl. Kramer 2007, S. 63.
11 Nebelin 2010, S. 338.
12 Verhandlungen des Reichstags, XIII. Legislaturperiode, II. Session, Bd. 321, Anlage zu den Stenographischen Berichten, Berlin 1914/18, S. 1747.
13 Vgl. Hagenlücke 1997.
14 Vgl. Loth 1992, S. 27 ff.
15 Vgl. Ulrich 1997, S. 101 f.
16 Vgl. Chickering 2005, S. 221.
17 Stimmungsbericht des Berliner Polizeipräsidenten an den preußischen Minister des Innern vom 21. Juli 1917, in: Materna/Schreckenbach 1987, S. 214–216.
18 Kronprinz Rupprecht von Bayern 1929, S. 430; Tagebuch vom 3. August 1918, zit. nach: Flemming 2011, S. 87 f.
19 Auszug aus einem geheimen Bericht der Postüberwachungsstelle der 6. Armee über die Prüfung der Heerespost vom 21. August bis 31. August 1918, abgedruckt in: Thimme 1932, S. 268 f., zit. nach: Flemming 2011, S. 88.

Kriegsende

1 Ludendorff am 1. Oktober 1918 vor seinen Stabsoffizieren, zit. nach: vom Bruch/Hoffmeister 2000, S. 458.
2 Z. B. Scheidemann, vgl. Prinz Max von Baden 1927, S. 630 ff.
3 Vgl. Stevenson 2002, S. 94.
4 *Deutscher Revolutionskalender* 1919, S. 72.
5 Vgl. Ferro 1988, S. 383.
6 Vgl. Hobsbawm 1999, S. 50 f.

Der Krieg in der Rückschau

1 Vgl. Mosse 1993.
2 Vgl. Tietz 1994.
3 Vgl. Inglis 1994.
4 Vgl. Berger 1994.
5 *War Memoirs*, 1933–36, vol. 1, p. 52, zit. nach: Keegan 2012, S. 26.
6 Kantorowicz 1967.
7 Vgl. Chickering 2009.

Schluss

1 Vgl. Mommsen 2002, S. 153.

Literaturhinweise

Quellen

Amtliche Kriegsdepeschen. Nach Berichten des Wolff'schen Telegr.-Bureaus, 1. Bd., Berlin 1914/15.

Anz, Thomas / Vogl, Josef: Die Dichter und der Krieg. Deutsche Lyrik 1914–1918, München 1982.

Auswärtiges Amt (Hrsg.): Amtliche Urkunden zur Vorgeschichte des Waffenstillstandes 1918, 2. Aufl., 1924.

Baden, Prinz Max von: Erinnerungen und Dokumente, Stuttgart/Berlin/Leipzig 1927.

Berghahn, Volker R. / Deist, Wilhelm (Hrsg.): Rüstung im Zeichen wilhelminischer Weltpolitik. Grundlegende Dokumente 1890–1914, Düsseldorf 1988.

Bihl, Wolfdieter (Hrsg.): Deutsche Quellen zur Geschichte des Ersten Weltkriegs (Freiherr vom Stein-Gedächtnisausgabe. Ausgewählte Quellen zur deutschen Geschichte der Neuzeit, Bd. 29), Darmstadt 1991.

Bittner, Ludwig / Uebersberger, Hans (Bearb.): Österreich-Ungarns Aussenpolitik von der Bosnischen Krise 1908 bis zum Kriegsausbruch 1914. Bd. 8: 1. Mai bis 1. August 1914, Wien/Leipzig 1930.

Böhme, Klaus (Hrsg.): Aufrufe und Reden deutscher Professoren im Ersten Weltkrieg, Stuttgart 1975.

Bruch, Rüdiger vom / Hofmeister, Björn (Hrsg.): Kaiserreich und Erster Weltkrieg (Deutsche Geschichte in Quellen und Darstellungen, Bd. 8), Stuttgart 2000.

Das Land Ober Ost: Deutsche Arbeit in den Verwaltungsgebieten Kurland, Litauen und Bialystok-Grodno. Hrsg. i. A. des Oberbefehlshabers Ost. Bearb. von der Presseabteilung Ober Ost, Stuttgart 1917.

Deist, Wilhelm (Hrsg.): Militär und Innenpolitik im Weltkrieg 1914–918, Bd. 1–2, Düsseldorf 1970.

Deutsche Reden in schwerer Zeit. Gehalten von Professoren an der Universität Berlin. Hrsg. von der Zentralstelle für Volkswohlfahrt und dem Verein für volkstümliche Kurse Berliner Hochschullehrer, 3 Bde., Berlin 1914.

Deutscher Revolutionskalender für das Jahr 1919 über die Ereignisse des Jahres 1918, hrsg. von Ernst Drahn und Ernst Friedegg, Hamburg/Berlin 1919.

Die britischen amtlichen Dokumente über den Ursprung des Weltkrieges: 1898–1914. Im Auftrag des Britischen Auswärtigen Amtes in elf Bänden hrsg. von G. P. Gooch (Dt. Ausgabe hrsg. von Hermann Lutz), Berlin 1928 ff.

Die Große Politik der europäischen Kabinette 1871–1914, hrsg. von Johannes Lepsius im Auftrag des Auswärtigen Amtes, 40 Bde., 1922 ff.

Die Internationalen Beziehungen im Zeitalter des Imperialismus: Dokumente aus den Archiven des Zarischen und der Provisorischen Regierung, hrsg. von der Kommission beim Zentralexekutivkomitee der Sowjetregierung unter dem Vorsitz von Michail N. Pokrowski. Namens der Deutschen Gesellschaft zum Studium Osteuropas hrsg. von Otto Hoetzsch, 16 Bde., Leipzig 1931 ff.

Documents Diplomatiques Francais, 1871–1914, Paris 1929 ff.

Engel, Gerhard (Hrsg.): Rote in Feldgrau. Kriegs- und Feldpostbriefe junger linkssozialdemokratischer Soldaten des Ersten Weltkriegs, Göttingen 2008.

Falkenhayn, Erich von: Die Oberste Heeresleitung 1914–1916 in ihren wichtigsten Entschließungen, Berlin 1920.

Flemming, Jens / Saul, Klaus / Witt, Peter-Christian (Hrsg.): Lebenswelten im Ausnahmezustand. Die Deutschen, der Alltag und der Krieg, 1914–1918 (Zivilisationen & Geschichte, Bd. 16), Frankfurt a. M. [u. a.] 2011.

Flex, Walter: Der Wanderer zwischen beiden Welten. Ein Kriegserlebnis, München 1916.

Geiss, Immanuel (Hrsg.): Julikrise und Kriegsausbruch 1914, 2 Bde., Hannover 1963–64.

Hellmann, Manfred (Hrsg.): Die Russische Revolution, 5. Aufl., München 1984.

Jünger, Ernst: Kriegstagebuch 1914–1918, hrsg. von Helmuth Kiesel, Stuttgart 2010.

Kriegsrüstung und Kriegswirtschaft. Anlagen zum 1. Band (Der Weltkrieg 1914 bis 1918. Bearb. im Reichsarchiv), Berlin 1930.

Kronprinz Rupprecht von Bayern: Mein Kriegstagebuch, hrsg. von Eugen von Frauenholz, Bd. 2, Berlin 1929.
Lenin, Wladimir I.: Ausgewählte Werke, 3 Bde, hrsg. vom Institut für Marxismus-Leninismus beim ZK der KPdSU, Berlin 1976.
Ludendorff, Erich (Hrsg.): Urkunden der Obersten Heeresleitung über ihre Tätigkeit 1916–1918, Berlin 1920.
– Meine Kriegserinnerungen 1914–1918, Berlin 1919.
Materna, Ingo / Schreckenbach, Hans-Joachim (Hrsg.): Berichte des Berliner Polizeipräsidenten zur Stimmung und Lage der Bevölkerung in Berlin 1914–1918, Weimar 1987.
Matthias, Erich (Hrsg.): Der interfraktionelle Ausschuß 1917/18, 2 Bde., Düsseldorf 1959.
– (Hrsg.): Die Regierung des Prinzen Max von Baden, Düsseldorf 1962.
– (Hrsg.): Die Reichstagsfraktion der deutschen Sozialdemokratie 1898 bis 1918, 2 Bde., Düsseldorf 1966.
Moltke, Helmuth von: Erinnerungen. Briefe. Dokumente, hrsg. von Eliza von Moltke, Stuttgart 1922.
Reed, John: The War in Eastern Europe, New York 1918.
Röhl, John: An der Schwelle zum Weltkrieg. Eine Dokumentation über den »Kriegsrat« vom 8. Dezember 1912. In: Militärgeschichtliche Mitteilungen 21 (1977), S. 77–134.
Schjerning, Otto von (Hrsg.): Handbuch der ärztlichen Erfahrungen im Weltkriege 1914–1918, Leipzig 1921 ff.
Ulrich, Bernd / Ziemann, Benjamin (Hrsg.): Frontalltag im Ersten Weltkrieg. Ein historisches Lesebuch, Essen 2008.
Un livre noir. Diplomatie d'avant-guerre d'après les documents des archives russe, 3 Vol., Paris 1922 ff.
Walther, Peter (Hrsg.): Endzeit Europa. Ein kollektives Tagebuch deutschsprachiger Schriftsteller, Künstler und Gelehrter im Ersten Weltkrieg, Göttingen 2008.
Wild von Hohenborn, Arnold: Briefe und Tagebuchaufzeichnungen des preußischen Generals als Kriegsminister und Truppenführer im Ersten Weltkrieg; hrsg. von Helmut Reichold (Schriften des Bundesarchivs, 34), Boppard 1986.
Wilson, Woodrow: Memoiren und Dokumente über den Vertrag zu Versailles anno MCMIX, Bd. 3, hrsg. von R. St. Baker, Leipzig 1923.

Witkop, Philipp (Hrsg.): Kriegsbriefe gefallener Studenten, 1919 (zuerst 1915 als »Kriegsbriefe gefallener Soldaten«, danach mehrere Neuausgaben; seit 1918 »Kriegsbriefe gefallener Studenten«).
Wolff, Theodor: Tagebücher 1914–1918. Hrsg. von Bernd Sösemann. Boppard 1984.

Darstellungen

Afflerbach, Holger: Vom Bündnispartner zum Kriegsgegner. Ursachen und Folgen des italienischen Kriegseintritts im Mai 1915, in: Hürter, Johannes / Rusconi, Gin Enrico (Hrsg.): Der Kriegseintritt Italiens im Mai 1915, München 2007, S. 53–69.
– »Bis zum letzten Mann und letzten Groschen«. Die Wehrpflicht im Deutschen Reich und ihre Auswirkungen auf das militärische Führungsdenken im Ersten Weltkrieg, in: Foerster 1994, S. 71–89.
Albertini, Luigi: The Origins of the War of 1914, London 1952 (engl. Übersetzung des italienischen Werkes aus den Jahren 1942/43).
Altenhöner, Florian: Kommunikation und Kontrolle. Gerüchte und städtische Öffentlichkeit in Berlin und London 1914/18, München 2008.
Audoin-Rouzeau, Stéphane: Combat, in: Horne 2012, S. 173–187.
Bajohr, Stefan: Die Hälfte der Fabrik. Geschichte der Frauenarbeit in Deutschland 1914 bis 1945, 2. Aufl., Marburg 1984.
Balderston, Theo: Industrial Mobilization and War Economics, in: Horne 2012, S. 217–233.
Barkhausen, Hans: Filmpropaganda für Deutschland im Ersten und Zweiten Weltkrieg, Hildesheim / Zürich / New York 1982.
Bauerkämper, Arnd / Julien, Elise (Hrsg.): Durchhalten! Krieg und Gesellschaft im Vergleich 1914–1918, Göttingen 2010.
Becker, Annette: Deutsche Besatzungsherrschaft in Nordfrankreich, in: Hirschfeld 2006, S. 51–78.
– Religion, in: Hirschfeld 2004, S. 192–197.
Becker, Jean-Jacques / Krumeich, Gerd: Der Große Krieg. Deutschland und Frankreich 1914–1918, Essen 2010.
Becker, Jean-Jacques: War Aims and Neutrality, in: Horne 2012, S. 202–216.

Beckett, Ian F. W.: The Making of the First World War, New Haven / London 2012.

Berger, Ursel: »Immer war die Plastik die Kunst nach dem Kriege«. Zur Rolle der Bildhauerei bei der Kriegerdenkmalproduktion in der Zeit der Weimarer Republik, in: Rother 1994, S. 423–434.

Berghahn, Volker: Der Erste Weltkrieg, 4. Aufl., München 2009.

Besier, Gerhard: Die protestantischen Kirchen Europas im Ersten Weltkrieg. Ein Quellen- und Arbeitsbuch, Göttingen 1984.

Bibbings, Lois S.: Telling Tales about Men: Conceptions of Conscientious Objectors to Military Service During the First World War, Manchester 2010.

Bieber, Hans Joachim: Gewerkschaften in Krieg und Revolution, Bd. 1–2, Hamburg 1981.

Blom, Philipp: Der taumenlnde Kontinent. Europa 1900–1914, München 2009.

Broadberry, Stephen / Harrison, Mark (Ed.): The Economics of World War I, New York 2005.

Brocke, Bernhard vom: Wissenschaft und Militarismus: Der Aufruf der 93 »An die Kulturwelt« und der Zusammenbruch der internationalen Gelehrtenrepublik im Ersten Weltkrieg, in: Calder, William M. (Hrsg.): Wilamowitz nach 50 Jahren, Darmstadt 1985, S. 649–719.

Brocks, Christine: Die bunte Welt des Krieges. Bildpostkarten aus dem Ersten Weltkrieg 1914–1918, Essen 2008.

Bruendel, Steffen: Volksgemeinschaft oder Volksstaat. Die »Ideen von 1914« und die Neuordnung Deutschlands im Ersten Weltkrieg, Berlin 2003.

– Vor-Bilder des Durchhaltens. Die deutsche Kriegsanleihe-Werbung 1917/18. In: Bauerkämper/Julien 2010, S. 81–108.

Burgdorff, Stephan / Wiegrefe, Klaus (Hrsg.): Der Erste Weltkrieg. Die Urkatastrophe des 20. Jahrhunderts, München 2004.

Canis, Konrad: Der Weg in den Abgrund. Geschichte der deutschen Außenpolitik 1870–1914, 3 Bde., Paderborn 2011.

Chickering, Roger: Das Deutsche Reich und der Erste Weltkrieg, 2. Aufl., München 2005 (engl. Erstausgabe 1998).

– Freiburg im Ersten Weltkrieg. Totaler Krieg und städtischer Alltag 1914–1918, Paderborn [u. a.] 2009.

Chickering, Roger: Krieg, Frieden und Geschichte. Gesammelte Aufsätze über patriotischen Aktionismus, Geschichtskultur und totalen Krieg (Beiträge zur Universitäts- und Wissenschaftsgeschichte, Bd. 21), Stuttgart 2007.

Chickering, Roger / Förster, Stig (Ed): Great War, Total War. Combat and Mobilization on the Western Front, 1914–1918, Washington 2000.

Clark, Christopher: The Sleepwalkers. How Europs went to War in 1914, London, 2012. (Dt.: Die Schlafwandler: Wie Europa in den Ersten Weltkrieg zog, München 2013.)

Coffmann, Edward D.: Militärische Operationen der US-Armee an der Westfront 1918, in: Duppler/Groß 1999, S. 145–157.

Cornwall, Mark: Austria-Hungary and »Yugoslavia«, in: Horne 2012, S. 371–385.

Daniel, Ute.: Arbeiterfrauen in der Kriegsgesellschaft. Beruf, Familie und Politik im Ersten Weltkrieg, Göttingen 1989.

– Fiktionen, Friktionen und Fakten – Frauenlohnarbeit im Ersten Weltkrieg, in: Michalka 1994, S. 530–562.

Deist, Wilhelm: Verdeckter Militärstreik im Kriegsjahr 1918? in: Wette, Wolfram (Hrsg.): Der Krieg des kleinen Mannes. Eine Militärgeschichte von unten, München 1992, S. 146–167.

Demm, Eberhard: Deutschlands Kinder im Ersten Weltkrieg. Zwischen Propaganda und Sozialfürsorge, in: Militärgeschichtliche Zeitschrift 60 (2001) S. 51–98.

– Ostpolitik und Propaganda im Ersten Weltkrieg, Frankfurt a. M. 2002.

Diehl, Ruth / Hoffmann, Detlef / Tabrizian, Ingrid (Hrsg.): Ein Krieg wird ausgestellt. Die Weltkriegssammlung des Historischen Museums (1914–1918). Ausstellungskatalog (Kleine Schriften des Historischen Museums, Bd. 8), Frankfurt a. M. 1976.

Dülfer, Jost: Kriegserwartung und Kriegsbild in Deutschland vor 1914, in: Michalka 1994, S. 778–798.

Duppler, Jörg / Groß, Gerhard P. (Hrsg.): Kriegsende 1918. Ereignis, Wirkung, Nachwirkung, München 1999.

Eckart, Wolfgang U. / Gradmann, Christoph (Hrsg.): Die Medizin und der Erste Weltkrieg, 2. Aufl., Herbolzheim 2003 (zuerst 1996).

Eckart, Wolfgang U.: »Der größte Versuch, den die Einbildungskraft ersinnen kann«. Der Krieg als hygienisch-bakteriologisches Laboratorium und Erfahrungsfeld, in: Eckart/Gradmann 1998, S. 299–317.

Eckart, Wolfgang U.: Medizin, Krieg und Gesellschaft 1914–1918, Paderborn 2011.

Eisenbeiss, Wilfried: Die bürgerliche Friedensbewegung in Deutschland während des Ersten Weltkriegs. Organisation, Selbstverständnis und politische Praxis 1913/14–1919, Frankfurt a. M. 1980.

Feldman, Gerald D.: Armee, Industrie und Arbeiterschaft in Deutschland 1914 bis 1918, Bonn 1985.

– Kriegswirtschaft und Zwangswirtschaft: Die Diskreditierung des »Sozialismus« in Deutschland während des Ersten Weltkriegs, in: Michalka 1994, S. 456–484.

Ferguson, Niall: Der falsche Krieg. Der Erste Weltkrieg und das 20. Jahrhundert, Stuttgart 1999 (engl. Originalausgabe London 1998).

Ferro, Marc: Der Große Krieg, Frankfurt a. M. 1988 (französische Originalausgabe 1969).

Fischer, Fritz: Griff nach der Weltmacht. Die Kriegszielpolitik des kaiserlichen Deutschland 1914/18, Düsseldorf 1961.

– Krieg der Illusionen. Die deutsche Politik von 1911 bis 1914, Düsseldorf 1969.

Flasch, Kurt: Die geistige Mobilmachung. Die deutsche Intellektuellen und der Erste Weltkrieg, Berlin 2000.

Foerster, Roland G. (Hrsg.): Die Wehrpflicht. Entstehung, Erscheinungsformen und politisch-militärische Wirkung, München 1994.

Förster, Stig: Einführende Bemerkungen, in: Groß 2006, S. 29–34.

– Militär und staatsbürgerliche Partizipation. Die allgemeine Wehrpflicht im Deutschen Kaiserreich 1871–1914, in: Foerster 1994, S. 55–70.

Frerich, Johannes / Frey, Marten: Handbuch der Geschichte der Sozialpolitik in Deutschland, Bd. 1, München/Wien 1996.

Frie, Ewald: Vorbild oder Spiegelbild? Kriegsbeschädigtenfürsorge in Deutschland 1914–1919, in: Michalka 1994, S. 563–580.

– Deutsche Schriftsteller im Ersten Weltkrieg, in: Michalka 1994, S. 825–848.

Fuller, William C.: Die Ostfront, in: Winter [u. a.] 2002, S. 34–70.
Geinitz, Christian: Kriegsfurcht und Kampfbereitschaft. Das Augusterlebnis in Freiburg. Eine Studie zum Kriegsbeginn 1914 (Schriften der Bibliothek für Zeitgeschichte – Neue Folge, Bd. 7), Essen 1998.
Geyer, Michael: Rückzug und Zerstörung 1917, in: Hirschfeld 2006, S. 163–202.
Gradmann, Christoph: »Vornehmlich beängstigend« – Medizin, Gesundheit und chemische Kriegsführung im deutschen Heer 1914–1918, in: Eckart/Gradmann 1996, S. 131–154.
Gregory, Adrian: The Last Great War. British Society and the First World War, Cambridge [u. a.] 2008.
Gumz, Jonathan E.: The Resurrection and Collapse of Empire in Habsburg Serbia, 1914–1918, Cambridge 2009.
Hämmerle, Christa: »Wir stricken und nähen Wäsche für Soldaten ...«, in: Homme 3 (1992) S. 88–128.
Hagemann, Karin / Schüler-Springorum (Hrsg.): Heimat – Front. Militär und Geschlechterverhältnisse im Zeitalter der Weltkriege, Frankfurt a. M. / New York 2002.
Hagenlücke, Heinz: Deutsche Vaterlandspartei. Die nationale Rechte am Ende des Kaiserreiches (Beiträge zur Geschichte des Parlamentarismus und der politischen Parteien, 108), Düsseldorf 1997.
Hamann, Brigitte: Der Erste Weltkrieg. Wahrheit und Lüge in Bildern und Texten, München/Zürich 2008.
Hamilton, Richard / Herwig, Holger H.: Decisions for War, 1914–1917, Cambridge 2004.
Hering, Sabine: Die Kriegsgewinnlerinnen. Praxis und Ideologie der deutschen Frauenbewegung im Ersten Weltkrieg, Pfaffenweiler 1990.
Hettling, Manfred / Jeismann, Michael: Der Weltkrieg als Epos. Philipp Witkops »Kriegsbriefe gefallener Soldaten«, in: Hirschfeld/Krumeich/Renz 1996, S. 205–234.
Hewitson, Mark: Germany and the Causes of the First World War, Oxford / New York 2004.
Hildebrand, Klaus: Deutsche Außenpolitik 1871–1918 (Enzyklopädie deutscher Geschichte, Bd. 2), München 1989.

– Staatskunst oder Systemzwang? Die »Deutsche Frage« als Problem der Weltpolitik, in: Historische Zeitschrift 228 (1979) S. 624–644.
– Der deutsche Eigenweg: Über das Problem der Normalität in der modernen Geschichte. In: Funke, M. [u. a.] (Hrsg.): Demokratie und Diktatur. Geist und Gestalt politischer Herrschaft in Deutschland und Europa. Festschrift für Karl Dietrich Bracher, Düsseldorf 1987, S. 15–35.
Hirschfeld, Gerhard [u. a.] (Hrsg.): Kriegserfahrungen. Studien zur Sozial- und Mentalitätsgeschichte des Ersten Weltkriegs, Essen 1997.
– / Krumeich, Gerd / Renz, Irina (Hrsg.): »Keiner fühlt sich hier mehr als Mensch …«. Erlebnis und Wirkung des Ersten Weltkriegs, Frankfurt a. M. 1996.
– / Krumeich, Gerd / Renz, Irina (Hrsg.): Enzyklopädie Erster Weltkrieg. Paderborn 2003.
– / Krumeich, Gerd / Renz, Irina (Hrsg.): Die Deutschen an der Somme 1914–1918. Krieg, Besatzung, Verbrannte Erde, Essen 2006.
Hobsbawm, Eric: Das Zeitalter der Extreme. Weltgeschichte des 20. Jahrhunderts, 2. Aufl., München 1999.
Hoffmann, Heike: »Schwarzer Peter im Weltkrieg«: Die deutsche Spielwarenindustrie 1914–1918, in: Hirschfeld 1997, S. 323–335.
Holl, Karl: Pazifismus in Deutschland, Frankfurt a. M. 1988.
Holzer, Anton: Das Lächeln der Henker. Der unbekannte Krieg gegen die Zivilbevölkerung 1914–1918, Darmstadt 2008.
– Die andere Front. Fotografie und Propaganda im Ersten Weltkrieg. 3. Aufl., Darmstadt 2012.
Horne, John (Ed.): A Companion to World War I, Blackwell 2012.
– / Kramer, Alan: Deutsche Kriegsgreuel 1914. Die umstrittene Wahrheit, Hamburg 2004 (Engl. Ausgabe 2001).
Hüppauf, Bernd (Ed.): War, Violence and the Modern Condition, Berlin 1997.
– (Hrsg.): Ansichten vom Krieg. Vergleichende Studien zum Ersten Weltkrieg in Literatur und Gesellschaft, Königstein/Ts. 1984.
– Kriegsfotografie, in: Michalka 1994, S. 875–909.
– Schlachtenmythen und die Konstruktion des »Neuen Menschen«, in: Hirschfeld/Krumeich/Renz 1995, S. 53–103.

Hürten, Heinz: Die katholische Kirche im Ersten Weltkrieg, in: Michalka 1994, S. 725–735.

Hürter, Johannes / Rusconi, Gin Enrico (Hrsg.): Der Kriegseintritt Italiens im Mai 1915, München 2007.

Inglis, Ken S.: Grabmäler des Unbekannten Soldaten, in: Rother 1994, S. 409–422.

Jahr, Christoph: Gewöhnliche Soldaten. Desertion und Deserteure im deutschen und britischen Heer, Göttingen 1998.

Joll, James: The Origins of the First World War. Second Edition, London / New York 1992.

Kantorowicz, Hermann: Der Offiziershaß im deutschen Heere, Freiburg i. Br. 1919.

– Der Geist der englischen Politik und das Gespenst der Einkreisung Deutschlands, Berlin 1929.

– Gutachten zur Kriegsschuldfrage 1914, Frankfurt a. M. 1967 (1927 fertiggestellt, aber nicht veröffentlicht).

Kaufmann, Stefan: Kommunikationstechnik und Kriegführung 1815–1945. Stufen telemedialer Rüstung, München 1996.

Keiger, John: Raymond Poincaré. Cambridge 1997.

Kennan, George F.: Bismarcks europäisches System in der Auflösung. Die französisch-russische Annäherung 1875–1890, Frankfurt a. M. / Berlin / Wien 1981.

Keegan, John: Der Erste Weltkrieg. Eine europäische Tragödie, 2. Aufl., Reinbek bei Hamburg 2000 (engl. Originalausgabe 1999).

Kienitz, Sabine: Beschädigte Helden. Kriegsinvalidität und Körperbilder 1914–1923 (Krieg in der Geschichte, Bd. 41), Paderborn [u. a.] 2008.

Klepsch, Michael: Romain Rolland im Ersten Weltkrieg. Ein Intellektueller auf verlorenem Posten, Stuttgart 2000.

Knoch, Peter (Hrsg.): Kriegsalltag. Die Rekonstruktion des Kriegsalltags als Aufgabe der historischen Forschung und Friedenserziehung, Stuttgart 1989.

Kocka, Jürgen: Klassengesellschaft im Krieg. Deutsche Sozialgeschichte 1914–1918, 2. Aufl., Göttingen 1978.

Kramer, Alan: Combatants and Noncombatants: Atrocities, Massacres, and War Crimes, in: Horne 2012, S. 188–201.

– Dynamic of Destruction. Culture and Mass Killing in the First World War, Oxford 2007.
Krumeich, Gerd [u.a.] (Hrsg.): »Gott mit uns«. Nation, Religion und Gewalt im 19. und frühen 20. Jahrhundert, Göttingen 2000.
Kruse, Wolfgang: Der Erste Weltkrieg, Darmstadt 2009.
– (Hrsg.): Eine Welt von Feinden. Der Große Krieg 1914–1918, Frankfurt a. M. 1997.
Liulivicius, Vegas Gabriel: German-occupied Eastern Europe, in: Horne 2012, S. 447–463.
Lipp, Anne: Friedenssehnsucht und Durchhaltebereitschaft. Wahrnehmungen und Erfahrungen deutscher Soldaten im Ersten Weltkrieg, in: Archiv für Sozialgeschichte 36 (1996), S. 279–292.
Llanque, Marcus: Demokratisches Denken im Krieg. Die deutsche Debatte im Ersten Weltkrieg, Berlin 2000.
Loth, Wilfried: Geschichte Frankreichs im 20. Jahrhundert, Frankfurt a. M. 1992.
Lurz, Meinhold: Kriegerdenkmäler in Deutschland, Bd. 3: 1. Weltkrieg, Heidelberg 1985.
Martinetz, Dieter: Der Gaskrieg 1914/18. Entwicklung, Herstellung und Einsatz chemischer Kampfstoffe. Das Zusammenwirken von militärischer Führung, Wissenschaft und Industrie, Bonn 1996.
Michalka, Wolfgang (Hrsg.): Der Erste Weltkrieg. Wirkung, Wahrnehmung, Analyse, München 1994.
– Kriegsrohstoffbewirtschaftung, Walter Rathenau und die »kommende Wirtschaft«, in: Ders. 1994, S. 485–505.
Mommsen, Wolfgang J.: Der Erste Weltkrieg. Anfang vom Ende des bürgerlichen Zeitalters, Frankfurt a. M. 2004.
– Der Große Krieg und die Historiker. Neue Wege der Geschichtsschreibung über den Ersten Weltkrieg (Stuttgarter Vorträge zur Zeitgeschichte, Bd. 6), Essen 2002.
– Die Urkatastrophe Deutschlands. Der Erste Weltkrieg (Gebhardt: Handbuch der deutschen Geschichte, Bd. 17), 10. Aufl., Stuttgart 2002.
– [u.a.] (Hrsg.): Kultur und Krieg. Die Rolle der Intellektuellen, Künstler und Schriftsteller im Ersten Weltkrieg, München 1996.
Mosse, George L.: Gefallen für das Vaterland. Nationales Heldentum und namenloses Sterben, Stuttgart 1993.

Mühlhausen, Walter: Die Sozialdemokratie am Scheideweg – Burgfrieden, Parteikrise und Spaltung im Ersten Weltkrieg, in: Michalka 1994, S. 649–671.
Müller, Jürgen: Die Spanische Influenza 1918/19. Einflüsse des Ersten Weltkrieges auf Ausbreitung, Krankheitsverlauf und Perzeption einer Pandemie, in: Eckart/Gradmann 1996, S. 321–342.
Müller, Sven Oliver: Die Nation als Waffe und Vorstellung. Nationalismus in Deutschland und Großbritannien im Ersten Weltkrieg (Kritische Studien zur Geschichtswissenschaft, Bd. 158), Göttingen 2002.
Nebelin, Manfred: Ludendorff. Diktator im Ersten Weltkrieg, München 2010.
Neitzel, Sönke: Weltkrieg und Revolution 1914–1918/19, Berlin 2008.
Nübel, Christoph: Die Mobilisierung der Kriegsgesellschaft. Propaganda und Alltag im Ersten Weltkrieg in Münster, Münster [u. a.] 2008.
– Neuere Forschungen zur Kultur- und Sozialgeschichte des Ersten Weltkriegs. Themen, Tendenzen, Perspektiven, in: H-Soz-u-Kult, 14. Juni 2011.
Offenstadt, Nicolas: Der Erste Weltkrieg im Spiegel der Gegenwart. Fragestellungen, Debatten, Forschungsansätze, in: Bauerkämper/Julien 2010, S. 54–77.
Oppelt, Ulrike: Film und Propaganda im Ersten Weltkrieg. Propaganda als Medienrealität im Aktualitäten- und Dokumentarfilm, Stuttgart 2002.
Petter, Wolfgang: Der Kampf um die deutschen Kolonien, in: Michalka 1997, S. 392–411.
Picht, Clemens: Zwischen Vaterland und Volk. Das deutsche Judentum im Ersten Weltkrieg, in: Michalka 1994, S. 736–755.
Pöhlmann, Markus: Die Rückkehr an die Somme 1918, in: Hirschfeld 2006, S. 203–230.
Pöppinghege, Rainer (Hrsg.): Tiere im Krieg. Von der Antike bis zur Gegenwart, Paderborn 2009.
Pollard, Sidney: Capital Exports 1870–1914: Harmful or Beneficial? In: Economic History Review 38 (1985) S. 489–514.
Pressel, Wilhelm: Die Kriegspredigt 1914–1918 in der Evangelischen Kirche Deutschlands, Göttingen 1967.
Pyta, Wolfgang / Kretschmann, Carsten (Hrsg.): Burgfrieden und

Union Sacrée. Literarische Deutungen und politische Ordnungsvorstellungen in Deutschland und Frankreich 1914–1933 (Historische Zeitschrift, Beihefte, NF, Bd. 54), München 2011.
Quidde, Ludwig: Der deutsche Pazifismus während des Ersten Weltkriegs (Schriften des Bundesarchivs, 23), Boppard am Rhein 1978.
Rasmussen, Arne: Science and Technology, in: Horne 2012, S. 307–322.
Ratz, Ursula: Zwischen Arbeitsgemeinschaft und Koalition. Bürgerliche Sozialreformer und Gewerkschaften im Ersten Weltkrieg, München 1994.
Rauchensteiner, Manfred: Der Tod des Doppeladlers. Österreich-Ungarn und der Erste Weltkrieg, 2. Aufl., Graz/Köln/Wien 1993 (überarb. und ergänzte Neuaufl., Wien 2013).
Röhl, John C. G.: Die Generalprobe. Zur Geschichte und Bedeutung des »Kriegsrates« vom 8. Dezember 1912, in: Stegmann, Dirk / Wendt, Bernd-Jürgen / Witt, Peter-Christian (Hrsg.): Industrielle Gesellschaft und politisches System, Bonn 1978, S. 357–373.
Roerkohl, A.: Hungerblockade und Heimatfront. Die kommunale Lebensmittelversorgung in Westfalen während des Ersten Weltkriegs (Studien zur Geschichte des Alltags, 10), Stuttgart 1991.
Rohkrämer, Thomas: August 1914 – Kriegsmentalität und ihre Voraussetzungen, in: Michalka 1994, S. 759–777.
Rosenthal, Jacob: Die Ehre des jüdischen Soldaten. Die Judenzählung im Ersten Weltkrieg und ihre Folgen, Frankfurt a. M. / New York 2007.
Rother, Rainer (Hrsg.): Die letzten Tage der Menschheit. Bilder des Ersten Weltkriegs, Berlin 1994.
– (Hrsg. im Auftrag des Deutschen Historischen Museums): Der Weltkrieg 1914–1918. Ereignis und Erinnerung, Wolfratshausen 2004.
Salewski, Michael: Der Erste Weltkrieg, 2. Aufl., Paderborn 2004.
Sauerteig, Lutz: Militär, Medizin und Moral: Sexualität im Ersten Weltkrieg, in: Eckart/Gradmann 1996, S. 197–226.
Schmidt, Anne: Belehrung – Propaganda – Vertrauensarbeit. Zum Wandel amtlicher Kommunikationspolitik in Deutschland 1914–1918, Essen 2006.

Schneider, Uwe [u. a.] (Hrsg.): Krieg der Geister. Erster Weltkrieg und literarische Moderne, Würzburg 2000.
Schöllgen, Gregor (Hrsg.): Flucht in den Krieg? Die Außenpolitik des kaiserlichen Deutschlands, Darmstadt 1991.
Schönberger, Bianca: Mütterliche Heldinnen und abenteuerlustige Mädchen. Rotkreuz-Schwestern und Etappenhelferinnen im Ersten Weltkrieg, in: Hagemann/Schüler-Soringorum 2002, 108–127.
Schönhoven, Klaus: Die Kriegspolitik der Gewerkschaften, in: Michalka 1994, S. 672–690.
Schubert-Weller, Christoph: »Kein schönrer Tod …«. Die Militarisierung der männlichen Jugend und ihr Einsatz im Ersten Weltkrieg 1890–1918, Weinheim 1998.
Schwabe, Klaus: Wissenschaft und Kriegsmoral. Die deutschen Hochschullehrer und die politischen Grundfragen des Ersten Weltkrieges, Göttingen 1969.
Segal, Joes: Krieg als Erlösung. Die deutschen Kunstdebatten 1910–1918, München 1997.
Sieg, Ulrich: Jüdische Intellektuelle im Ersten Weltkrieg. Kriegserfahrungen, weltanschauliche Debatten und kulturelle Neuentwürfe, Berlin 2001.
Sorlin, Pierre: Film and the War, in: Horne 2012, S. 353–367.
Stevenson, David: The Outbreak of the First World War. 1914 in Perspective, Basingstoke 1997.
– Die Politik der beiden Bündnisse, in: Winter [u. a.] 2002, S. 71–97.
Stiasny, Philipp: Das Kino und der Krieg. Deutschland 1914–1929, München 2009.
Strachan, Hew: Der Erste Weltkrieg. Eine neue illustrierte Geschichte, 3. Aufl., 2009 (engl. Originalausgabe 2003).
Strazas, Aba: Deutsche Ostpolitik im Ersten Weltkrieg. Der Fall Ober Ost 1915–1917, Wiesbaden 1993.
Stromberg, Ronald N.: Redemption by War. The Intellectuals and 1914, Lawrence Regents Press of Kansas 1982.
Stürmer, Michael: Das ruhelose Reich. Deutschland 1866–1918, Berlin 1983.
Szöllösi-Janze, Margit: Fritz Haber 1868–1934. Eine Biographie, München 1998.

Thiel, Jens: »Menschenbassin Belgien«. Anwerbung, Deportation und Zwangsarbeit im Ersten Weltkrieg (Schriften der Bibliothek für Zeitgeschichte, Neue Folge, Bd. 20), Essen 2007.
Thimme, Hans: Krieg ohne Waffen. Die Propaganda der Westmächte gegen Deutschland, ihre Wirkung und ihre Abwehr, Stuttgart/Berlin 1932.
Thomann, Klaus-Dieter: Die medizinische und soziale Fürsorge für die Kriegsversehrten, in: Eckart/Gradmann 1996, S. 183–196.
Tietz, Jürgen: Monumente des Gedenkens, in: Rother 1994, S. 397–408.
Überegger, Oswalt: »Verbrannte Erde« und »baumelnde Gehenkte«. Zur europäischen Dimension militärischer Normübertretungen im Ersten Weltkrieg, in: Neitzel, Sönke / Hohrath, Daniel (Hrsg.): Kriegsgreuel. Die Entgrenzung von Gewalt in kriegerischen Konflikten vom Mittelalter bis ins 20. Jahrhundert, Paderborn [u. a.] 2008, S. 241–278.
Ullmann, Hans-Peter: Kriegswirtschaft, in: Hirschfeld 2004, S. 220–232.
Ullrich, Volker: Die Hamburger Arbeiterbewegung vom Vorabend des Ersten Weltkrieges bis zur Revolution 1918/19, 2 Bde., Hamburg 1976.
– Kriegsalltag. Hamburg im Ersten Weltkrieg, Köln 1982.
– Kriegsalltag. Zur inneren Revolutionierung der Wilhelminischen Gesellschaft, in: Michalka 1994, S. 603–621.
Ulrich, Bernd: Die Augenzeugen. Deutsche Feldpostbriefe in Kriegs- und Nachkriegszeit 1914–1933, Essen 1997.
– Feldpostbriefe im Ersten Weltkrieg. Bedeutung und Zensur, in: Knoch, Peter (Hrsg.): Kriegsalltag, Stuttgart 1989, S. 40–83.
Ungern-Sternberg, Jürgen von [u. a.], Der Aufruf »An die Kulturwelt«. Das Manifest der 93 und die Anfänge der Kriegspropaganda im Ersten Weltkrieg. Mit einer Dokumentation, Stuttgart 1996.
Watson, Alexander: Enduring the Great War. Combat, Morale and collapse in the German and British Armies, 1914–1918, 2. Aufl., Cambridge [u. a.] 2009.
Wehler, Hans-Ulrich: Deutsche Gesellschaftsgeschichte. 4. Bd.: Vom Beginn des Ersten Weltkriegs bis zur Gründung der beiden deutschen Staaten, 1914–1949, München 2003.

Wende, Peter: Das Britische Empire. Geschichte eines Weltreichs, München 2008.
Westerhoff, Christian: Zwangsarbeit im Ersten Weltkrieg. Deutsche Arbeitskräftepolitik im besetzten Polen und Litauen (Studien zur Historischen Migrationsforschung, 25), Paderborn 2012.
Wette, Wolfram (Hrsg.): Der Krieg des kleinen Mannes. Eine Militärgeschichte von unten, 2. Aufl., München 1995.
Wex, Else: Die Entwicklung der sozialen Fürsorge in Deutschland 1914–1927, Berlin 1929.
Winkler, Heinrich August: Der lange Weg nach Westen. 1. Bd.: Deutsche Geschichte vom Ende des Alten Reiches bis zum Untergang der Weimarer Republik, München 2000.
Winter, Jay / Parker, Geoffrey / Habeck, Mary R. (Hrsg.): Der Erste Weltkrieg und das 20. Jahrhundert, Hamburg 2002.
Ypserle, Lawrence von: Belgien, in: Hirschfeld 2004, S. 44–49.
Zeidler, Manfred: Die deutsche Kriegsfinanzierung, in: Michalka 1997, S. 415–433.
Ziemann, Benjamin: Enttäuschte Erwartung und kollektive Erschöpfung. Die deutschen Soldaten an der Westfront 1918 auf dem Weg zur Revolution, in: Duppler/Groß 1998, S. 165–182.
– Fahnenflucht im deutschen Heer 1914–1918, in: Militärgeschichtliche Mitteilungen 55 (1996) S. 93–130.

Personenregister